上海汽车工业教育基金会资助项目
普通高等教育汽车类系列教材

汽车电子商务

第 2 版

主　编　刘艳玲
副主编　吴泗宗
参　编　张　峥　元明顺　于　磊
　　　　唐　坤　王奕俊

机械工业出版社

本书共 9 章，分别介绍了汽车电子商务综述、汽车电子商务的技术基础、汽车电子商务的运行环境、汽车企业的信息化——ERP、汽车营销与电子商务、汽车后市场的电子商务、汽车供应链的信息化管理、汽车物流的电子商务和汽车企业的客户关系管理。本书内容丰富，结构合理，有一定的可操作性。

本书可作为汽车服务工程专业本科教材，也可作为汽车类相关专业的本科教材，高职高专层次也可采用，还可供汽车行业技术人员及电子商务爱好者参考。

本书配有 PPT 课件、教学大纲、试卷及答案等配套资源，采用本书作为教材的教师，可以登录 www.cmpedu.com 注册下载，或向编辑（tian.lee9913@163.com）索取。

图书在版编目（CIP）数据

汽车电子商务/刘艳玲主编 .—2 版 .—北京：机械工业出版社，2019.6（2025.1 重印）

普通高等教育汽车类系列教材

ISBN 978-7-111-61983-3

Ⅰ.①汽… Ⅱ.①刘… Ⅲ.①汽车-电子商务-高等学校—教材 Ⅳ.①F766-39

中国版本图书馆 CIP 数据核字（2019）第 025794 号

机械工业出版社（北京市百万庄大街 22 号　邮政编码 100037）
策划编辑：宋学敏　责任编辑：宋学敏　杨　洋　商红云
责任校对：梁　静　封面设计：张　静
责任印制：单爱军
北京虎彩文化传播有限公司印刷
2025 年 1 月第 2 版第 8 次印刷
184mm×260mm·13.75 印张·340 千字
标准书号：ISBN 978-7-111-61983-3
定价：38.00 元

电话服务　　　　　　　　　　网络服务
客服电话：010-88361066　　　机　工　官　网：www.cmpbook.com
　　　　　010-88379833　　　机　工　官　博：weibo.com/cmp1952
　　　　　010-68326294　　　金　书　网：www.golden-book.com
封底无防伪标均为盗版　　　　机工教育服务网：www.cmpedu.com

普通高等教育汽车类专业

教材编审委员会

主　任：	北京理工大学	林　逸
副主任：	黑龙江工程学院	齐晓杰
	扬州大学	陈靖芯
	西华大学	黄海波
	机械工业出版社	冯春生
委　员：	吉林大学	方泳龙
	吉林大学	刘玉梅
	北京航空航天大学	高　峰
	同济大学	陈永革
	上海交通大学	喻　凡
	上海大学	何忧予
	哈尔滨理工大学	徐　霁
	武汉理工大学	张国方
	山东理工大学	邹广德
	山东交通学院	李祥贵
	燕山大学	韩宗奇
	长沙理工大学	张　新
	青岛理工大学	卢　燕
	河南科技大学	张文春
	南京工程学院	贺曙新
	淮阴工学院	刘远伟
秘　书：	机械工业出版社	宋学敏

序

汽车被称为"改变世界的机器"。由于汽车工业具有很强的产业关联度，因而被视为一个国家经济发展水平的重要标志。我国汽车工业自 2009 年以来产销量连续保持全球第一，它正在成为拉动国民经济增长的动力源。汽车工业的繁荣，使汽车及其相关产业的人才需求量大幅度增长。相应地，作为汽车工业人才培养主要基地的高等院校也得到了长足发展。据不完全统计，迄今全国开办汽车类专业的高等院校已达百余所。

从未来发展趋势看，打造我国自主品牌、开发核心技术是我国汽车工业的必然选择，但当前我国汽车工业还处在以技术引进、加工制造为主的阶段，这就要求在人才培养时既要具有前瞻性，又要与我国实际情况相结合。在注重培养具有自主开发能力的研究型人才的同时，应大力培养知识、能力、素质结构具有鲜明的"理论基础扎实，专业知识面广，实践能力强，综合素质高，有较高的科技运用、推广、转换能力"特点的应用型人才。这也意味着对我国高等教育的办学体制、机制、模式和人才培养理念等提出了全新的要求。

为了满足新形势下对汽车类高等工程技术人才培养的需求，在中国机械工业教育协会车辆工程学科教学委员会的领导下，成立了教材编审委员会，组织制订了多个系列的普通高等教育规划教材。其中，为了解决高等教育应用型人才培养中教材短缺、滞后等问题，组织编写了普通高等教育汽车类专业系列教材。

本系列教材在学科体系上适应普通高等院校培养应用型人才的需求；在内容上注重介绍新技术和新工艺，强调实用性和工程概念，减少理论推导；在教学上强调加强实践环节。此外，本系列教材将力求突出以下特点：

1) 全面性：目前本系列教材包括汽车设计与制造、汽车运用与维修、汽车服务工程、物流工程等专业方向，今后还将扩展专业领域，更全面地涵盖汽车类专业方向。

2) 完整性：对于每一个专业方向，今后还将继续根据行业变化对教学提出的要求填平补齐，使之更加完善。

3）优质性：在教材编审委员会的领导下，继续优化每一本教材的规划、编审、出版和修订过程，使教材的生产过程逐步实现优质和高效。

4）服务性：根据需要，为教材配备 CAI 课件和教学辅助教材，举办新教材讲习班，在相应网站开设研讨专栏等。

相信本系列教材的出版将对我国汽车类专业的高等教育产生积极的影响，为我国汽车行业应用型人才培养模式的创新做出有益的探索。由于我国汽车工业正处于快速发展阶段，对人才会不断提出新的要求，这也就决定了高等教育的人才培养模式和教材建设将处于不断变革之中。我们衷心希望更多的高等院校加入到本系列教材建设的队伍中来，使教材体系更加完善，以更好地为培养汽车类专业高等教育人才服务。

中国汽车工程学会　　常务理事

中国机械工业教育协会

车辆工程学科　　　　副主任

林　逸

第 2 版前言

按照摩尔定律，信息技术以每隔 18~24 个月翻一番的速度在发展。互联网已经成为人们生活中不可或缺的一部分。电子商务正在改变着社会经济生活的各个方面，各行各业都与互联网建立起了密切联系，汽车行业当然也不会例外。近年来，以汽车网站为重要投放媒体的汽车网络广告市场规模持续高速增长，2017 年达到 150.7 亿元，而这还只是汽车电子商务的一小部分！电子商务已经成为汽车制造、销售、服务链条中不可缺少的组成部分。作为现代人，尤其是汽车行业或者电子商务行业的从业人员，认识、了解、学习汽车电子商务是非常必要的。

通过电子商务，汽车制造企业采购零配件、制订生产计划、生产、入库再运送给经销商；经销商销售汽车，并自动将客户数据传递给汽车制造企业；服务商为客户提供服务，并采集数据，为整个汽车供应链中的企业所共享；政府提供电子化的管理模式。所有这些生产、经营、管理活动在网络中的应用构成了电子商务坚实的主体。电子商务极大地改变了现代汽车产业，提高了企业运营的效率，降低了成本。

当然，汽车电子商务作为一种新的商业运作模式，还有很多需要了解的地方。人们想知道汽车电子商务是怎样运作的，想了解汽车电子商务是怎样配送货物的，想认识汽车电子商务系统架构情况和安全是怎样得到保障的，想知道企业是如何实施电子商务的。作为一本汽车电子商务的教材和书籍，我们从大家所关心的基本问题出发，详尽地阐述了汽车电子商务的来龙去脉，为大家认识、学习汽车电子商务提供了一个良好的平台。

本书第 2 版共 9 章，分别介绍了汽车电子商务综述、汽车电子商务的技术基础、汽车电子商务的运行环境、汽车企业的信息化——ERP、汽车营销与电子商务、汽车后市场的电子商务、汽车供应链的信息化管理、汽车物流的电子商务、汽车企业的客户关系管理。通过该内容体系的学习，可以为汽车电子商务的学习者奠定坚实的专业基础。与第 1 版的区别主要在于，将原来第六章"汽车售后服务的电子商务"的内容扩展为"汽车后市场的电子商务"；将原来的第九章"汽车供应链的信息化管理"位置提前到第七章，并且对

每一章节的内容都进行了大量的更新，甚至完全重新编写。

本书依照汽车电子商务的运作规律，根据教学的需要，结合最新的数据和案例，结合电子商务的实务性要求来组织和编写各章节内容和实践内容。对于初学者来说，结合现实的实践来认识汽车电子商务是非常必要的。因为汽车电子商务本身是跨学科的，所以比较难；而且又是虚拟的，所以比较抽象。实践教学是学习电子商务中的一个重要环节，这是编写本书的一个重要出发点。

本次修订工作由刘艳玲任主编，吴泗宗任副主编。刘艳玲负责修订第一章、第二章、第九章；张峥负责修订第三章、第四章、第五章；元明顺负责修订第六章、第八章；于磊负责修订第七章。刘艳玲负责全书的统稿。第1版的参编者唐坤、王奕俊虽未参与本次修订，但他们在第1版中编写的部分内容仍然是第2版的重要组成部分。

由于编者的水平和能力有限，书中的错漏和不足之处在所难免，敬请读者批评指正，以便我们做进一步完善和修改。

编　者

第1版前言

按照摩尔定律，信息技术以每隔18～24个月翻一番的速度在发展。就在人们刚刚感受到互联网的大潮后不久，我国汽车类网站的收入在2007年预计将达到5.7亿元，而这还只是汽车电子商务的一部分！电子商务作为一个全新的事物，以难以估量的速度兴起，进而改变着社会经济生活的各个方面。电子商务正从一个概念慢慢变成汽车制造、销售、服务链条中不可缺少的一部分，作为现代人，尤其是汽车行业或者电子商务行业的从业人员，认识、了解、学习汽车电子商务是非常必要的。

电子商务已经成为现代汽车产业的一部分，通过电子商务汽车制造企业采购零配件、制订生产计划、生产、入库再运送给经销商；经销商销售汽车，并自动将客户数据传递给汽车制造企业；服务商为客户提供服务，并采集数据，为整个汽车供应链中的企业所共享；政府提供电子化的管理模式。所有这些在网络中的应用，构成了电子商务坚实的主体。电子商务极大地改变了现代汽车产业，大大提高了企业运营的效率，降低了成本。

当然，汽车电子商务作为一种全新的商业运作模式，还有很多需要了解的东西。人们想知道汽车电子商务是怎样运作的，想了解汽车电子商务是怎样配送货物的，想认识汽车电子商务系统架构情况和安全是怎样得到保障的，想知道汽车企业是如何实施电子商务的。作为一本汽车电子商务的教材和书籍，我们从大家所关心的基本问题出发，详尽地阐述了汽车电子商务的来龙去脉，为大家认识、学习汽车电子商务提供了一个良好的平台。本书共9章，论述的内容有汽车电子商务综述、汽车电子商务的技术基础、汽车电子商务的运行环境、汽车企业的信息化——ERP、汽车营销与电子商务、汽车售后服务的电子商务、汽车物流电子商务及其应用、汽车企业客户关系管理——CRM和汽车供应链的信息化管理。通过该内容体系的学习，可以为汽车电子商务的学习者奠定坚实的专业基础。

本书依照汽车电子商务的运作规律，根据教学的需要，结合最新的数据和案例，结合电子商务的实务性要求来组织和编写各章节内容和实践内容。对于初学者来说，结合现

实的实践来认识汽车电子商务是非常必要的。因为汽车电子商务本身是跨学科的,所以比较难;而且又是虚拟的,所以比较抽象。实践教学是学习电子商务中的一个重要环节,这是编写本书的一个重要的出发点。

本书由吴泗宗任主编,唐坤任副主编,参与编写的均为直接工作在汽车电子商务教学和科研领域的一线人员。本书第二、六、九章由唐坤编写,第一、八章由刘艳玲编写,第三、四章由张铮编写,第五、七章由王奕俊编写。全书由陈永革主审。另外,在此感谢同济大学经济与管理学院的各位同事对本书编写过程中给予的大力支持!

由于作者的水平和能力有限,书中的错漏和不足之处在所难免,敬请读者批评指正,以便我们作进一步完善和修改。

编 者

目　　录

序
第2版前言
第1版前言

第一章　汽车电子商务综述 …… 1
　第一节　电子商务概述 …………… 1
　第二节　汽车电子商务的类别、流程和
　　　　　功能 ……………………… 4
　第三节　汽车电子商务的特点与优越性 … 11
　第四节　汽车电子商务的发展 …… 14

第二章　汽车电子商务的技术基础 … 19
　第一节　网络与通信技术 ………… 19
　第二节　Web 应用技术 …………… 28
　第三节　移动互联技术 …………… 32
　第四节　数据管理技术 …………… 35
　第五节　安全技术 ………………… 39

第三章　汽车电子商务的运行环境 … 44
　第一节　汽车电子商务的企业环境 … 44
　第二节　汽车电子商务的国际贸易环境 … 49
　第三节　汽车电子商务的法律法规环境 … 51

**第四章　汽车企业的信息化——
　　　　　ERP** ………………………… 57
　第一节　汽车企业 ERP 概述 ……… 57
　第二节　汽车企业 ERP 的人力资源管理 … 61
　第三节　汽车企业 ERP 的采购管理 … 62
　第四节　汽车企业 ERP 的库存管理 … 64
　第五节　汽车企业 ERP 的财务管理 … 67
　第六节　汽车企业 ERP 的生产管理 … 68
　第七节　汽车企业 ERP 的质量管理 … 73

第五章　汽车营销与电子商务 …… 79
　第一节　汽车营销概述和互联网在汽车
　　　　　营销中的应用 …………… 79
　第二节　汽车生产企业的营销管理与电子
　　　　　商务 ……………………… 86
　第三节　汽车网络营销 …………… 88
　第四节　汽车经销商的电子商务 … 92

第六章　汽车后市场的电子商务 … 96
　第一节　汽车后市场电子商务概述 … 96
　第二节　汽车金融电子商务 ……… 101
　第三节　汽车养护电子商务 ……… 109
　第四节　汽车租赁电子商务 ……… 113
　第五节　二手车电子商务 ………… 121

第七章　汽车供应链的信息化管理 … 128
　第一节　供应链管理概述 ………… 128
　第二节　汽车产业供应链管理框架及
　　　　　特点 ……………………… 135
　第三节　汽车产业供应链管理的内容 … 138

第八章　汽车物流的电子商务 …… 149
　第一节　汽车物流的概念与分类 … 149
　第二节　汽车行业的第三方物流 … 151
　第三节　汽车物流的电子商务 …… 156
　第四节　汽车物流电子商务的技术及其
　　　　　应用 ……………………… 168
　第五节　国内汽车物流电子商务现状和
　　　　　对策 ……………………… 173

第九章　汽车企业的客户关系管理 … 178
　第一节　客户关系管理概述 ……… 178
　第二节　汽车企业 CRM 软件系统 … 187
　第三节　基于 CRM 系统的客户沟通和
　　　　　服务 ……………………… 193
　第四节　客户数据挖掘 …………… 204

参考文献 ………………………… 209

第一章　汽车电子商务综述

第一节　电子商务概述

随着网络、通信和信息技术的飞速发展，互联网已经逐渐成为人们工作、学习和生活中必不可少的工具。在持续而又强劲的新经济浪潮的冲击下，商业组织纷纷改变自己的组织结构和运行方式来适应这种不可抵挡的潮流。

电子商务正是为了适应这种全球性的变化而出现和发展起来的。它利用互联网技术，将企业、客户、供应商以及其他商业和贸易环节连接到现有的信息技术系统上，信息传播更加方便快捷；使销售商与供应商可以更紧密地联系起来，更好地满足客户的需求；也使生产厂家能够在全球范围内选择最佳供应商，在全球市场上销售产品。它以前所未有的方式，将商业活动纳入信息网络中，彻底改变了传统的业务作业方式和手段，充分利用了有限的资源，缩短了商业环节和周期，提高了应用效率，降低了成本，提高了客户服务质量。近年来电子商务的迅猛发展，对全球经济和社会发展产生了巨大的影响，是 21 世纪全球经济与社会发展的"朝阳"领域。

电子商务以其特有的高度创新性、渗透性、倍增性和带动性得到了传统产业的重视，各行各业相继推出符合自身特点的电子商务解决方案，汽车产业也不例外。从 20 世纪末开始，开始"触网"的汽车企业不胜枚举，其中更不乏斥巨资打造汽车电子商务平台的大型汽车厂商。

一、电子商务的概念

汽车企业要深入理解电子商务并应用电子商务，首先要了解电子商务的概念。电子商务自出现以来就一直在不断成长，逐步走向多样化，因此在不同的时期，不同的学者、专家对电子商务的含义有着不同的理解，甚至电子商务的英文表述也有 EB（Electronic Business）、EC（Electronic Commerce）、ES（Electronic Service）、EM（Electronic Management）等不同的方式。

联合国经济合作与发展组织（Organization for Economic Co-operation and Development，OECD）在有关电子商务的报告中对电子商务的定义是：电子商务是发生在开放的网络上的包含企业之间、企业和消费者之间的商业交易。

全球信息基础设施委员会（Global Information Infrastructure Committee，GIIC）电子商

务委员会报告草案中对电子商务的定义是：电子商务是运用电子通信作为手段的经济活动，通过这种方式人们可以对带有经济价值的产品和服务进行宣传、购买和结算。这种交易的方式不受地理位置、资金多少或零售渠道的所有权影响，私有企业、公司、政府组织、各种社会团体、一般公民、企业家都能自由地参加广泛的经济活动，其中包括农业、林业、渔业、工业、私营和政府的服务业。电子商务能使产品在世界范围内交易并向消费者提供多种多样的选择。

1997年11月6~7日在法国首都巴黎，国际商会（International Chamber of Commerce，ICC）举行了世界电子商务会议（The World Business Agent for Electronic Commerce）。全世界商业、信息技术、法律等领域的专家和政府部门的代表，共同探讨了电子商务的概念问题。这次会议对电子商务的概念提出了最有权威的阐述：

电子商务（Electronic Commerce）是指对整个贸易活动实现电子化。从涵盖范围方面可以定义为：交易各方以电子交易方式而不是通过当面交换或直接面谈的方式进行的任何形式的商业交易；从技术方面可以定义为：电子商务是一种多技术的集合体，包括交换数据（如电子数据交换、电子邮件）、获得数据（共享数据库、电子公告牌）以及自动捕获数据（条形码）等。

电子商务涵盖的业务包括：信息交换、售前售后服务（提供产品和服务的细节、产品使用技术指南，回答客户意见）、销售、电子支付（使用电子资金转账、信用卡、电子支票、电子现金）、运输（包括商品的发送管理和运输跟踪，以及可以电子化传送的产品的实际发送）、组建虚拟企业（组建一个物理上不存在的企业，集中一批独立的中小公司的权限，提供比任何单独公司多得多的产品和服务）、公司和贸易伙伴可以共同拥有和运营共享的商业方法等。

电子商务是传统产业所面临的新的经济环境、新的经营战略和新的运作方式。电子商务的目标是利用互联网技术，优化产品供应链及生产管理，优化客户服务体系，完成传统产业的提升与转化。

二、电子商务的内涵

1. 电子商务涵盖了丰富的内容

电子商务的内涵很广，不仅指基于互联网的交易，而且指所有利用电子信息技术来解决问题、降低成本、增加价值和创造商机的商务活动，包括通过网络实现从原材料查询、采购、产品展示、订购到出口、储运以及电子支付等一系列的贸易活动。

电子商务不同于网络营销。电子商务强调的是交易方式和交易过程的各个环节，而网络营销注重的是以互联网为主要手段的营销活动。发生在电子商务交易过程中的网上支付和交易之后的商品配送等问题并不是网络营销所能包含的内容，电子商务体系中所涉及的安全、法律等问题也不适合全部包括在网络营销中。

从贸易活动的角度分析，电子商务可以在多个环节实现，由此也可以将电子商务简单地分为两个层次：一是较低层次的电子商务，如电子商情、电子贸易、电子合同等；二是完整且高级的电子商务，即利用互联网进行全部的贸易活动——在网上将信息流、商流、资金流和部分的物流完整地实现，也就是说，从寻找客户开始，一直到洽谈、订货、

在线付（收）款、开具电子发票以至到电子报关、电子纳税等通过互联网一气呵成。

要实现完整的电子商务还会涉及很多方面，除了买家和卖家外，还要有银行或金融机构、政府机构、认证机构、配送中心等机构的加入。由于参与电子商务的各方在物理上是互不谋面的，因此整个电子商务过程并不是物理世界商务活动的翻版，网上银行、在线电子支付等条件和数据加密、电子签名等技术在电子商务中发挥着重要的不可或缺的作用。

2. 电子是手段，商务是目的

电子商务是企业通过电信网络进行的生产、营销、销售和流通活动。电子只是一种手段，而商务才是最终目的。电子商务的本质仍然是商务，而任何商务的本质都是价值交换，电子商务则是为各商务实体之间的价值交换提供了前所未有的信息交流和协作手段。

真正的电子商务，是企业各个经营环节的信息化过程，并不是简单地将过去的工作流程和规范信息化，而是要围绕电子技术和网络的应用，在科学管理和科学经营两个方面展开。因此，一个汽车企业仅仅是建立了网站，并在网上开展了一些采购和销售业务，并不算是实现了电子商务。因为传统的生产管理模式已不能适应新技术产业革命的变化，必须根据网络经济的特点将企业原有的管理模式，包括计划管理、采购管理、生产管理、物流管理、销售管理、成本管理、财务管理等诸多层面进行根本性的变革。同时，由于企业的电子商务也是企业信息化建设和企业资源计划系统的一个有机组成部分，故而电子商务的高效运行还有赖于一个能够为其提供大量、动态、有效的企业经营、开发、生产、库存、物流、财务、成本等信息的企业内部网络。二者应是一种紧密结合、互为作用的关系。

三、实施汽车电子商务的意义

在经济全球化的大趋势下，我国的汽车工业逐步融入全球经济。企业所面临的竞争范围从产品竞争发展到从原料和零部件采购开始，直到生产、销售、售后服务以及服务贸易的全部领域；并从"实地"的产品贸易发展到了虚拟空间中，并有加剧之势。因此实施电子商务，对我国的汽车工业有着重要的意义。

1. 汽车电子商务是我国汽车企业提高竞争力的机遇

我国汽车业面对全球汽车业的"列强"，在技术、设计等领域落后国外十几年，无法同国外汽车巨头相媲美，但在电子商务这一领域，与全球业界站在同一起跑线上，这是互联网时代赋予我国汽车业不可多得的机会。

不过，与国外汽车业电子商务相比，在我国发展汽车电子商务，要受到很多现实因素的限制，不能一蹴而就。因此，有业界人士对我国汽车业电子商务的未来发展提出了三段论：在汽车电子商务的初级阶段，落后的企业及厂商应该在专业汽车网站的支持下，迅速建立自己的网站或网页，用来向外界和客户发表新闻、宣传产品、提供技术知识、发展潜在用户；并在尽可能的情况下，尝试电子商务的营销创新。在第二阶段，企业与企业之间的购买订单将大量通过网络来进行，下游厂商能直接进入上游厂商的数据库中，了解新产品的发布日期和研发数据。在发展的第三阶段，汽车电子商务的表现形式将实现多样化的衍生，不仅仅体现在营销的电子商务化，还会出现产品的电子商务化和管理

的电子商务化。在这样的情况下，企业将变得更灵活，更富有竞争力。

2. 实施汽车电子商务是企业管理模式变革的契机

大型汽车集团公司要有效地实施汽车电子商务，其管理模式必须做适应性的变革。

（1）**改革管理组织**　电子商务时代，信息的传递方向由层级型变为水平型，体现在企业组织管理结构上，则表现为由从上到下的垂直结构向水平型的开放结构转变，与信息传递密切相关的企业组织结构从金字塔型转变成矩阵形式。

（2）**革新管理思想**　电子商务时代盛行多种新的管理思想，如"企业再造工程"，主张重新设计管理业务流程；"虚拟企业"思想，主张为顺应日益动荡的市场形势，应尽快抓住市场机遇，由不同的企业为某一特定任务组织成灵活的联合性企业；"学习型企业"的思想，主张企业需进行自我调整和改造，以适应不断变化的环境，求得有效的生存发展环境。

（3）**完善管理方法**　企业的管理会更注重职工的培训和学习，促进学习型组织的形成，使职工不断提高知识和技能，能更好地协调行动。

（4）**整合管理职能**　电子商务将积极地促进管理对象的合理重组，进一步综合集成各种相关的管理职能，从而使管理工作得到根本改观。实施电子商务，企业不仅可以大幅度降低管理成本，而且可极大地提升企业的组织竞争力和战略管理竞争力。

3. 汽车电子商务是汽车厂商营销创新的有效手段

汽车电子商务的出现，给全球的汽车厂商带来了营销创新的契机。可以说，谁能利用好电子商务，谁就掌握了互联网时代的营销主动权。在"互联网＋"的大背景下，互联网已成重要信息渠道，汽车电子商务已经成为汽车营销渠道里重要的组成部分。有调查报告显示：互联网已经成为购车者进行购车决策的重要信息渠道，有69%的用户在买车的时候会选择通过互联网来了解汽车的相关信息。

电子商务不仅影响着汽车整车销售和零部件的采购，而且对生产制造也有着举足轻重的影响。那是因为通过汽车电子商务平台，用户不仅可以买到汽车，而且还可以利用计算机进行汽车设计及制造的全程模拟。生产机器与设计数据库集成时，零部件和整车，都可立即按客户的定制要求投入运行。汽车厂家可以根据用户提供的方案重新设计、生产汽车，实现立即设计、立即制造、立即交货的便捷制造战略。由于可直接根据消费者需求，定制一辆生产一辆，汽车公司可以取消库存和相关费用，提高客户满意度。

成功建设的电子商务网络，可以将汽车厂商与全国各地的零售商、分销商、代理商连接起来，构成一个完美的供应链体系；还可以让汽车厂商通过该网站即将推出的全国物流配送系统，降低库存，迅速增强自己的市场辐射面。汽车电子商务将改变传统商贸模式，有助于汽车厂商突破地域限制，构筑全球市场。

第二节　汽车电子商务的类别、流程和功能

一、汽车电子商务的分类

电子商务的应用范围极其广泛，可分为不同的种类。

1. 按汽车电子商务活动的范围分类

按汽车电子商务活动的范围分类，可分为本地汽车电子商务、远程国内汽车电子商务和全球汽车电子商务。

（1）**本地汽车电子商务** 本地汽车电子商务是指利用同域或同区的网络系统所进行的汽车电子商务活动。同区的汽车电子商务活动是利用互联网、内联网或专用网将参与商务活动各方的电子信息系统、金融系统的电子信息系统、商品检验信息系统、税务和工商信息系统、物流信息系统、本地区电子数据交换（EDI）中心系统等连接成一个网络系统。本地汽车电子商务系统是远程国内汽车电子商务活动和全球汽车电子商务活动的基础系统，建立和完善本地汽车电子商务系统是实现全球汽车电子商务活动的起始条件。

（2）**远程国内汽车电子商务** 远程国内汽车电子商务是指在本国范围内进行的网上汽车电子商务活动。由于其活动范围比本地汽车电子商务的范围大，因此对软硬件技术要求较高。

（3）**全球汽车电子商务** 全球汽车电子商务是指在全世界范围内通过全球网络进行电子商务活动。全球汽车电子商务活动业务内容复杂、信息交换频繁、设计范围宽泛，如涉及进出口公司、海关、金融、认证、税务、商检、运输等环节和系统，这就要求全球汽车电子商务系统具有准确、安全、可靠的保证。而实现这些保证，就必须制定出全球统一的电子商务标准和电子商务协议。

2. 按汽车电子商务的交易对象分类

（1）**企业与企业之间的电子商务**（Business-to-Business，B2B） 这种电子商务是指汽车行业供、求企业之间以及协作企业之间利用网络交换信息，传递各种票据，支付贷款，从而使商务活动全过程实现电子化。通过专用网络或增值网络进行的电子数据交换（EDI），可以说是这种类型的电子商务最早而且最为典型的应用。近年来，随着互联网的发展，绝大多数企业已转向利用互联网进行贸易活动。

（2）**企业与消费者之间的电子商务**（Business-to-Consumer，B2C） 企业与消费者之间的汽车电子商务的典型应用便是网上购车，即电子化的销售。它随着互联网的出现而迅速发展起来。目前，在互联网上遍布着各种类型的汽车电子商务网站，提供不同品牌汽车的信息和购买服务。消费者可以在网上选购自己需要的车型，而不必亲自到专卖店去挑选。

（3）**消费者与企业之间的电子商务**（Consumer-to-Business，C2B） 这种电子商务是指由客户选择自己要些什么东西，要求的价格是什么，然后由商家来决定是否接受客户的要求。如果商家接受客户的要求，那么交易成功；如果商家不接受客户的要求，则交易失败。例如，汽车网上订制就属于C2B。

（4）**企业与政府之间的电子商务**（Business-to-Government，B2G） 这种电子商务活动可以覆盖企业、公司与政府组织间的各种事务。例如，政府采购清单通过互联网发布，企业、公司可以以电子化方式来完成对政府采购的响应，虽然目前在这方面的应用还比较少，但一旦政府身体力行带头利用电子商务技术，这类电子商务的业务就会迅速增长。

（5）**政府对消费者的电子商务**（Government-to-Consumer，G2C） 这种电子商务是指

政府通过互联网来管理公民的社会活动,如通过网络缴纳个人所得税、发放养老金、进行车辆年检等。政府在网上发布与消费者、公民生活相关的管理条例,提供咨询服务等。它也是电子政务的有机组成部分。

(6) 消费者对消费者的电子商务(Consumer-to-Consumer,C2C) 这种电子商务是指消费者个人间的电子商务行为,也就是消费者自己把东西放到网上去卖,如个人间的二手车或配件的网络交易就属于C2C。

(7) 企业、消费者、代理商三者相互转化(Agents-Business-Consumer) 在这样的电商平台上,企业、消费者、代理商三重身份可以相互转化,大家都是平台的主人,相互服务、相互支持、真正形成一个利益共同体、资源共享、产销共生,形成多赢的局面。

(8) O2O(Online to Offline) O2O是指将线下的商务机会与互联网结合,让互联网成为线下交易的前台。O2O的概念非常广泛,只要产业链中既可涉及线上,又可涉及线下,就可通称为O2O。O2O电子商务模式需具备五大要素:独立网上商城、国家级权威行业可信网站认证、在线网络广告营销推广、全面社交媒体与客户在线互动、线上线下一体化的会员营销系统。

(9) 企业内部的电子商务 企业通过防火墙等安全措施将企业内联网与互联网隔离,从而将企业内联网作为一种安全、有效的商务工具,用来自动处理商务操作及工作流程,实现企业内部数据库信息的共享,并为企业内部通信和联系提供快捷的通道。企业内联网的商务应用,可以增强企业商务活动处理的敏捷性,能够对市场状况的变化做出更加灵敏的反应,为客户提供更加全面、优质、高效的服务。

3. 按汽车电子商务的交易阶段分类

汽车电子商务按业务过程中的不同阶段可以划分为交易前、交易中和交易后三个阶段。

(1) **交易前**(Pro-Trade/Transaction) **汽车电子商务** 它主要包括在线采购、新车发布、汽车信息发布咨询等。

(2) **交易中**(Trade/Transaction) **汽车电子商务** 它主要包括汽车在线购买、定制、网上支付等。

(3) **交易后**(Post-Trade/Transaction) **汽车电子商务** 它主要是指各类汽车售后服务的电子商务。

4. 按汽车电子商务的交易内容分类

(1) **网上购车** 这种汽车电子商务活动是以实物商品为内容的。交易前信息的查询、订货及货款的支付过程都可以通过网络来完成,但是汽车产品最终到达客户手中,还需要依赖于传统的送货网络来完成。

(2) **网上信息商品服务** 网上信息商品服务是以无形的信息商品或服务为内容的汽车电子商务,如各种汽车行业信息、品牌信息、价格信息、汽车配置等的查询和网上信息咨询服务等。这种汽车电子商务的全过程都可以通过网络来完成。

(3) **电子银行与金融服务** 电子银行与金融服务是为以上两种汽车电子商务活动提供方便、快捷的电子支付手段的网上银行和相关金融组织的活动。这种活动是实现真正意义上的汽车电子商务的基本前提条件之一,同时也是货币电子化的根本原因。

5. 按汽车电子商务的网络基础分类

（1）**基于互联网(Internet)的汽车电子商务** 汽车商家通过互联网进行信息的发布、产品的宣传,以及网上销售、售前售后服务等,如虚拟商店、网上购车、网上信息服务等。

（2）**基于内联网(Intranet)的汽车电子商务** 通过内联网,完成企业内部信息的发布、交流、反馈,进行业务流程和人、财、物的协调、管理,加强对企业内部有关数据库及文件系统的管理,通过防火墙技术及设置访问权限等措施来保证企业机密信息的安全。

（3）**基于外联网(Extranet)的汽车电子商务** 相关企业之间,如企业与其供货商、购货商、代理商、大客户及维护服务中心等,以俱乐部的形式通过外联网相互沟通信息,协同运作,实现网上实时交易过程,以便提高运作效率和效益。

（4）**基于其他网络的汽车电子商务** 如在其他增值网上的传统的电子数据交换（EDI）、视频会议、视频点播（VOD）业务等。

二、汽车电子商务的流程

1. 汽车电子商务的主要参与者

汽车企业是汽车电子商务的主要推动者和受益者,汽车门户网站、综合性网站及汽车经销商等也有较大的热情投入汽车电子商务。消费者作为经济活动中不可缺少的一环也必然要介入汽车电子商务中。政府作为现代经济生活的调控者,在电子商务环境中应该起什么样的作用,是由每个国家的具体国情来决定的。最具电子商务特色的另外一个重要参与者是中介机构,大部分的金融性服务行业,如银行、保险公司、基金组织、风险投资公司都是中介机构；其他的像经纪人、代理人、仲裁机构等也都是中介机构。

2. 汽车电子商务实现的四个阶段

（1）**交易前的准备** 这一阶段包括买卖双方和参加交易的各方在签约前的各种准备活动。对组织市场上的买方而言,要在确定目标商品的前提下,进行货源市场调查和市场分析,准备购货款,制订购货计划,反复进行市场查询,最后确定和审批购货计划。对个人消费者而言,准备过程虽然不一定如此复杂,但也需要经历商品信息调查的过程。而卖方则根据自己所要销售的商品,制作广告在网上进行宣传,或召开商品新闻发布会；并通过全面的市场调查和市场分析得出的结果,制定适当的销售策略和销售方式；利用互联网寻找客户和交易机会。涉及交易的其他各方（中介方、银行金融机构、保险公司、税务系统、运输公司）也都为进行汽车电子商务交易做好准备。

（2）**交易谈判和签订合同** 电子商务的特点是可以签订电子商务贸易合同,因此在这一阶段,交易双方可以利用网络就交易的细节进行在线谈判,将双方在交易中的权利和义务,所购买商品的种类、数量、价格、交货地点、交货期、交易方式和运输方式、违约和索赔等合同条款,全部以电子交易合同做出全面详细的规定,并以书面文件形式或电子文件形式签订合同。以电子文件形式签订合同时,合同双方可以利用 EDI 进行签约，可以通过数字签名等方式签名。

（3）**办理交易进行前的手续**　这一阶段是指买卖双方签订合同后到合同开始履行之前办理各种手续的过程。电子商务交易要涉及很多有关方面，尤其是企业间的交易，买卖双方要利用 EDI 与有关各方进行各种电子票据和电子单证的交换，直到各种手续齐备，卖方已经可以将商品向买方发货为止。

（4）**交易合同的履行和索赔**　这一阶段是从买卖双方办完所有必要手续之后开始的。卖方要备货、组货，然后将商品交付给运输公司包装、起运。买卖双方可以跟踪发出的货物，当买方收到自己所购商品时，整个交易过程即告结束。索赔是在买卖双方交易过程中出现违约时，需要进行违约处理的工作，受损方要向违约方索赔。

在以上四个阶段中，除物流配送的实际实施以外，几乎所有过程都可以在计算机网络系统上以电子商务方式完成。

企业-消费者之间的汽车电子商务业务流程如图 1-1 所示。

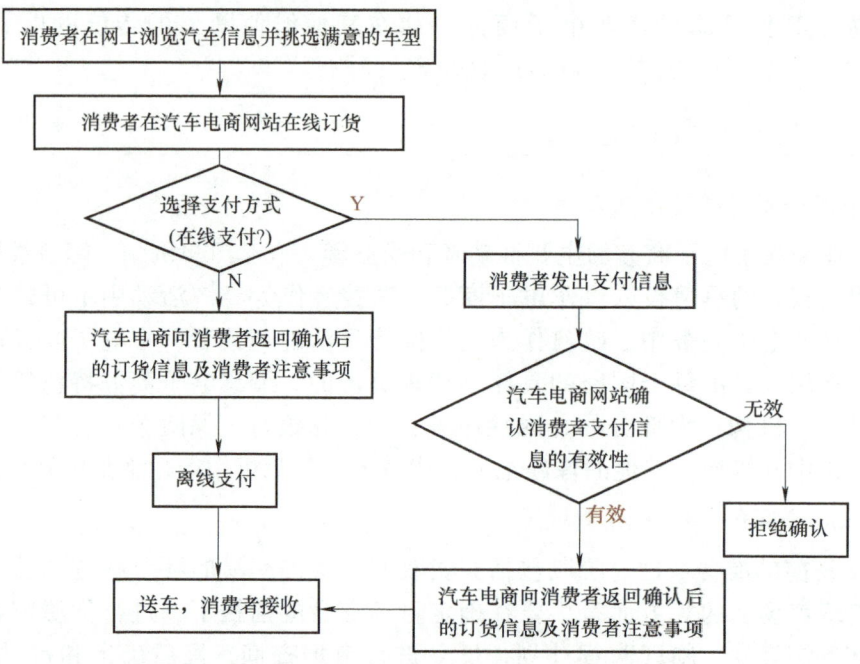

图 1-1　企业-消费者之间的汽车电子商务业务流程

三、汽车电子商务的主要功能

电子商务的出现不但具有改造传统商务框架的功能，而且会导致一种新经济秩序的出现。汽车电子商务的功能会随着网络技术和通信技术的发展越来越强，目前所能见的主要功能有以下几个方面：

1. 网上市场调查

市场调查是汽车企业经营的起点，通过调查可以发现机会，也可以避开风险。通过调查可以了解企业的形象和竞争地位，也可以发掘客户和了解市场容量，为经济决策提供

依据。但是，传统的市场调查不但费时费力，而且在一定的时间内很难收集到能指导决策的信息。

网上调查具备许多传统调查方式所不具备的优势。网上调查突破了时空的限制，企业可随时了解世界任何市场的相关信息，只要是互联网覆盖的范围，就不存在地点和工作时间的限制问题。网上调查的范围、被调查者的数量、调查结果的可靠性，都是传统市场调查无法比拟的。另外，网上调查的周期会大大缩短，它不但节约了大量人力物力，而且排除了大量企业难以应付的社会因素。由于网上调查的受众是主动参与，他们不但来自社会各个层面，而且不感兴趣的受众不会在网上应答，所以不存在遭受拒绝或时间冲突等问题，网上调查结果的时效性和可靠性也比传统市场调查有保证。

而且，汽车电子商务能十分方便地采用网页上的表单来收集用户对销售服务的反馈意见，这样使企业的市场运营能形成一个封闭的回路。客户的反馈意见不仅能提高售后服务的水平，更能使企业获得改进产品、发现市场的商业机会。

当然，由于网上调查的对象仅限于网民，网民的构成决定着调查受众的构成，这是网上调查的局限所在。

2. 咨询洽谈

电子商务可借助非实时的电子邮件（E-mail），新闻组（News Group）和实时的讨论组（Chat）来了解市场和商品信息、洽谈交易事务，如有进一步的需求，还可用网上的白板会议（Whiteboard Conference）来交流即时的图形信息。网上的咨询和洽谈能超越人们面对面洽谈的限制、提供多种方便的异地交谈形式。

3. 企业网上招投标

网上招投标是一种真正意义上的公开、公平、公正的交易方式。"电子招标网络系统"的可靠性和安全性，可以避免招投标过程中的暗箱操作，使不正当交易、招标人虚假招标、私泄标底、投标人串通投标、贿赂投标等腐败现象得以制止。而且，网上招标减轻了企业招投标过程小信息发布、信息交换等方面的负担，节约了企业资源，提高了工作效率，缩短了招投标周期，降低了招投标过程中的成本，有利于保证商品或项目的质量，减少了采购或投资费用。另外，网上招投标可以实行标书审核的电子化，既提高了工作效率，又充分体现了"择优录取"原则。

4. 网络营销

网络营销是一种建立在互联网上的全新营销体系。网络营销以其独特的优势成为企业参与市场经济竞争的重要手段，同时也是各类企业竞争优势的重要来源。尽管网络营销的过程与传统营销相同，但其营销战略和策略却相差很大。

网络营销是一种强调个性化的营销方式，在网上客户不受地域和时间的限制，可以根据自己的个人偏好更加自由地选择商品。网络营销可以使客户获得更多的客户让渡价值。因为在互联网上企业与客户直接联系，弱化了中间商的作用，降低了商品的流通成本。在互联网上，客户可以轻易地比较同一商品的价格，了解价格变化。为了吸引客户，销售商会使变化不定而且存在差异的价格水平趋于一致，从而节省了客户货币成本。网络营销使购物过程简化，大大节省了客户的购物时间，为客户节省了时间成本和精力成本。

网络营销的订购信息通常采用加密方式，以使客户和企业的信息不被泄密，客户在网上订购商品后，客户和企业之间可以在网上支付，这样既可以节约买卖双方的交易成本，又可以加速资金的周转。客户支付货款后可以通过网络及时了解所订商品的送达时间；企业也可以方便地运用网页收集客户对企业售后服务的反馈信息。

但是网络营销也面临一些国际性难题。例如，电子商务系统信息传递过程中的安全、完全、不被篡改及不可抵赖等方面的问题、税收管辖权问题、课税操作问题、检查稽查及商业管理问题等都有待完美地解决。

5. 网络广告

广告是营销的一种手段，网络广告在电子商务的营销过程中具有重要的地位。汽车企业可凭借企业的 Web 服务器，在互联网上发布各类产品信息。客户可借助网上的检索工具迅速地找到所需商品信息，而商家可利用网上主页、公众号、各种社交媒体和电子邮件在全球范围内做广告宣传。与以往的各类广告相比，网络广告具有覆盖面广、不受时空限制、媒体信息丰富多彩、广告效果易于统计、成本相对较低等特点；最重要的是还具有信息双向流通的交互功能。因为传统的媒体广告，无论是电视广告、广播广告，还是报纸广告、杂志广告，都只具备信息发布的功能，受众无法与广告交流，所以，传统广告只是单向信息输出；而网上广告具备完善的交互功能，可以反馈广告受众的询问，并可实现广告受众边浏览广告，边谈判交易，边在线订货。

6. 网上订购

网上订购通常都是在产品的介绍页面上提供十分友好的订购提示信息和订购交互格式框。当客户填完订购单后，通常系统会回复确认信息单来保证订购信息的收悉。订购信息也可采用加密的方式使客户和商家的商业信息不会泄漏。

7. 网上支付

电子商务要成为一个完整的过程，网上支付是重要的环节。客户和商家之间可采用银行卡在线支付和网上第三方平台支付等多种方式进行支付。在网上直接采用电子支付手段可以节省交易中很多人员的开销。网上支付必须有电子金融来支持，并需要更为可靠的信息传输安全机制以防止欺骗、窃听、冒用等非法行为，因此其可信度需配以必要技术措施来保证，如数字凭证、数字签名、加密等。

8. 网上服务

企业利用网络可以开展围绕产品的技术支持和售后服务，以满足客户的需求。网上服务的主要内容有：建立汽车使用与维护知识专栏；建立常见及疑难问题解答专栏；开通聊天室与讨论区；建立网上客户留言区；建立企业服务导航系统，对某种特殊服务，通过网上服务窗口将处理进程随时动态地展示给客户。

对于已付款的客户应将其订购的货物尽快地传递到他们手中。而有些货物在本地，有些货物在异地，可以在网络中进行物流的调配。最适合在网上直接传递的货物是信息产品，如软件、电子读物、信息服务等，它能直接从电子仓库中将货物发到用户端。

9. 网络财务管理

网络财务管理是基于银行、保险公司、其他金融公司等支持的网上服务建立的网络财

务系统。这种网络财务系统不再是传统手工会计的"模拟系统",而是以现代信息技术为依托,与现代社会、经济和技术环境相适应的新系统。该系统在管理方面能够对企业的所有下属机构实行集中记账、集中资金调配。在财务处理方面,网络财务不仅能够实现桌面系统中的所有财务功能,而且能够实现数据远程处理、数据的及时传递、远程报表、远程保障、远程查账、远程审计以及时务监控的同步运行,从而突破了传统财务体系在时空上的限制,为电子商务移动运作提供了重要手段。

第三节　汽车电子商务的特点与优越性

汽车电子商务之所以倍受推崇,是因为它具有传统商务所不具备的特点和优越性。

一、汽车电子商务系统的特点

完整的汽车电子商务系统是一个以互联网、电子数据处理、数据交换和资金汇总为基础,汇集订货、发货、商检、海关、运输、保险和银行结算为一体的综合商务信息处理系统。这样的系统不但大大简化了商务业务的手续,而且加快了业务活动的开展,规范了整个商务活动发展和结算的全过程。

汽车电子商务系统的特性可归结为以下几点:高效性、方便性、集成性、可扩展性和安全性。

1. 高效性

汽车电子商务系统最基本的特性是高效性,即为购销双方提供高效的服务方式、场所和机会。这种高效性体现在很多方面,如可以扩展市场,增加客户数量;汽车企业可通过记录客户每次访问、购买的情况和购货动态以及客户对产品的偏爱,来获知客户最想购买的产品,从而为产品的生产、开发提供有效的信息;还可以为企业节省大量的开支,如无须营业人员、无须实体店铺,却可以提供全天候服务,提高销售量,提高客户满意度和企业知名度等。

2. 方便性

在汽车电子商务环境中,传统交易受时间和空间距离限制这一局限性被打破,客户不再像以往那样因受地域的限制而只能在一定区域内、有限的几个商家中选择交易对象、寻找所需的商品。他们不仅可以在更大的范围内,甚至在全球范围寻找交易伙伴、选择商品,而且更为重要的是,他们的目光不再只是集中在商品的价格上,服务质量的好坏在某种意义上已成为商务活动成功与否的更为关键的因素。

企业将客户服务过程移至开放的网络上之后,过去客户要大费周折才能获得的服务,现在只要用一种非常简短、方便的方式便能够获得。例如,获取大量有关汽车企业及其产品的信息、查询订购货物的物流情况、寻找或购买不常用的稀有产品等,都可以足不出户就能够方便、实时地完成。电子商务的方便性使客户及企业都从中受益良多。

3. 集成性

汽车电子商务系统采用了大量计算机和网络通信技术,但是电子商务中新技术的运用

并非意味着企业原有的信息系统和设备将被全盘淘汰。电子商务网络系统的真正商业价值在于它能够协调新技术的开发运用和原有技术设备的改造利用，使汽车企业能更加有效地利用它们已有的资源和技术，从而更加高效地完成企业的生产、销售及客户服务。

汽车电子商务系统的集成性还在于事务处理的整体性和统一性，它能规范事务处理的工作流程，将人工操作和电子信息处理集成为一个不可分割的整体。这样，不仅能提高人员和设备的利用效率，也提高了系统运行的可靠性。

4. 可扩展性

要使汽车电子商务能够正常运作，必须确保电子商务系统的可扩展性。网络上的客户数以千万计，而且增长的速度非常快，这就要求电子商务系统能够有与其相适应的可扩展性，以便在网络客户数增加及出现传输高峰时，系统仍然能够正常运行。如果电子商务系统做不到随着客户数量的变化而进行方便、及时的扩展，那么客户访问速度就将急剧下降，严重时，甚至会导致整个系统的瘫痪，从而影响企业的业务收入、损害企业的形象和信誉。因此，汽车电子商务网络必须能够适应客户及业务量的增长状况，具有可扩展性。

5. 安全性

在汽车电子商务中，安全性是必须考虑和解决的核心问题。对客户而言，无论网上的物品具有怎样的吸引力，如果客户对交易安全性缺乏信心，他们就不敢贸然在网上进行交易。企业和企业间交易更是如此。信息系统中的欺骗、窃听、病毒和黑客的非法入侵都是汽车电子商务的大敌。因此，汽车电子商务网络应该能够提供安全解决方案，包括加密机制、签名机制、分布式安全管理、存取控制、防火墙、安全万维网服务器、防病毒保护等。

二、汽车电子商务的优越性

汽车电子商务具有比传统商务优越的特性，实施电子商务将对我国的汽车行业产生深远的影响。

1. 及时了解客户需求

利用网络技术，汽车企业不仅可以进行产品宣传和在线交易，而且可以随时在网上进行市场需求方面的调研。通过上网查询就可以得到世界各地的产品信息，这比搜寻传统媒体的产品需求信息要方便得多。而且，企业可以在网上对消费者发放问卷，对回收的电子文件及时进行分析，省去了数据的录入工作，比传统的定期和不定期的市场调研要快捷方便。这种方法能够使企业及时了解市场需求，并以此来安排生产，从而缩短生产周期，降低生产成本。

2. 全新时空优势

传统的汽车销售是以固定不变的销售地点（品牌专营店、特许经营零售店、汽车交易市场等）和固定不变的销售时间为特征的店铺式销售。互联网上的销售通过以信息库为特征的网上商店进行，所以它的销售空间随网络体系的延伸而延伸，没有任何地理障碍；它的零售时间是由消费者即网上用户自己决定的。因此，互联网上的销售相对于传

统销售模式具有全新的时空优势，没有了国界，也没有了昼夜之别，这种优势可在更大程度上、更大范围内满足网上用户的消费需求。

3. 全方位展示产品及服务，扩大市场机会

由于网络是永不闭幕的交易场所，汽车企业的商业机会将大大增加。而且传统媒体的受众一般都限定在一定的范围内，因而广告也只在一定的范围内起作用。但互联网却可以使企业的触角伸向世界各地，大大扩展了商业机会。

传统的销售在店铺中虽然可以把真实的商品展示给客户，但对一般客户而言，对所购商品的认识往往很肤浅，也无法了解商品的内在质量，往往容易被商品的外观、包装等外在因素所迷惑。而网络上的销售可以利用网上多媒体的性能（如精美的图片、逼真的声音和视频短片），以及虚拟现实（VR）技术，全方位展示产品及服务功能的内部结构，从而有助于消费者充分了解商品及服务，可以吸引更多理性的客户。而且汽车企业通过与潜在的客户建立网上商务关系，可以覆盖原来难以通过传统渠道覆盖的市场，增加市场机会。

4. 降低交易成本

汽车电子商务可以降低企业的采购成本，这在 B2B 电子商务中表现得最为明显。使用电子商务后，十分烦琐的产品采购工作可以通过网络在瞬间完成，极大地节省了劳动力和打印、邮寄成本。

汽车电子商务离不开广告宣传，互联网的广告费用通常比传统媒介上的广告费用要低廉，而且回报率高。近年来，全球互联网广告费用连年增长，根据媒体购买公司 IPG Mediabrands 的调研分支 Magna 的调查数据显示：2017 年全球网络广告支出达到 2090 亿美元，占广告市场的 41%；电视广告支出达到 1780 亿美元，占广告市场的 35%。网络广告支出首次超过电视广告。由此可见互联网广告的巨大吸引力。

汽车电子商务让汽车制造商可以直接充当汽车零售业中商品的提供者，以基本价格向消费者提供商品。与传统的销售相比，利用互联网渠道可避开传统销售渠道中许多中间环节，降低流通费用和交易费用；而且地面店铺、商品库存、办公经费等都可大幅度节省，降低了销售成本，消费者购车就会更便宜。

5. 提高客户服务水平

汽车电子商务作为一种全新的商业模式，为汽车营销提供了一种新的思路：企业能够以更加快捷方便的方式为客户提供高效的个性化服务。由于互联网的实时互动式沟通，以及没有任何外界因素干扰，使得汽车产品及服务的消费者更易表达出自己对产品及服务的评价。这些评价一方面可以使经销商们能够很方便地对在市场上的产品和服务进行检验，更可以深入了解用户的内在需求，获得对公司有用的信息，并针对市场需求开发适销对路的产品，提供客户需要的服务；另一方面还有利于经销商之间的即时互动式沟通，因为在电子商务时代，靠散兵游勇作战难以快速、高效地满足不断变化的市场需求，广泛结网将成为企业谋求持续成长的重要手段，汽车电子商务的开展，将加快企业建立广泛的业务伙伴网络的进程。

6. 优化汽车企业的价值链

通过汽车电子商务，企业可以将内部的所有功能整合起来，使企业能够围绕客户这一

中心运作，更好地处理自身与客户、供应商、销售商、合作伙伴、政府机构等方面的关系；而且有利于企业实现管理一体化，使企业的主要价值链（包括进货后勤、生产制造、发货后勤、营销服务等一系列价值活动）有机结合起来，加速在企业内外部的流动。

7. 提高物流效率

汽车电子商务对汽车制造物流的影响，主要表现在以下几个方面：①由于网上客户可以直接面对汽车制造商并可获得个性化服务，所以传统物流渠道中的批发商和零售商等中介将逐步淡出，缩短了渠道环节；②汽车电子商务增加了物流系统各环节对市场变化反应的灵敏度，可以减少库存，节约成本；③由于网上时空的"零距离"特点与现实世界的反差增大，加大了企业交货速度的压力，迫使企业大幅度调整物流系统中的港、站、库、配送中心、运输线路等设施的布局、结构和任务，增强库存的控制能力，减少仓库总数，加大配送的服务半径，提高物流效率。

第四节 汽车电子商务的发展

一、国内外汽车电子商务的应用情况

1. 国外汽车电子商务的发展历程

从 20 世纪末开始，国外汽车业群雄纷纷逐鹿互联网，抢滩汽车电子商务。

1999 年，通用公司与 Commerce One 合作，建立了名为 TradeXchange 的网络采购系统，将本公司的零部件采购放在 TradeXchange 上进行。其后不久，福特汽车公司与 Oracle 公司也合作建立了功能类似的网络采购系统 AutoXchange。TradeXchange 和 AutoXchange 都是买方建立的为本企业提供零部件采购的系统，目的是提高采购效率、降低采购成本，可归属于为买方服务的电子商务类型。

2000 年 2 月，为了使不同的用户能够使用同一系统，以及实现标准化采购，在美国汽车采购委员会的要求下，汽车三巨头——美国通用汽车公司、福特汽车公司和戴姆勒·克莱斯勒汽车公司共同投资 2 亿美元，联手组建世界最大的汽车采购电子商务网络市场，计划连接 3 万个供应商，它们每年所需的近 2500 亿美元的零部件和其他商品都通过这一市场进行采购。三巨头这一出手不凡的举措，拉开了汽车电子商务的序幕，全球反应热烈，雷诺、日产、丰田和三菱汽车公司相继表示加入这一汽车电子商务联盟，使新市场的业务量骤增。

2000 年 10 月，戴姆勒·克莱斯勒汽车公司启动 5.5 亿欧元资金，建立一个全方位、内外兼顾的汽车电子交易系统。其中，B2C、B2B、企业和生产、企业与职工是这个系统的四大支柱性工作体系。德国大众汽车公司也宣布建立自己的互联网商务系统，并利用这一网络实施数据交换和流通，协调各方之间的生产和销售。接下来，丰田汽车公司也宣布将新的多媒体终端安装在丰田汽车公司的交易商和日本无处不在的销售点内。

还有一些汽车厂商、经销商与网络信息服务商携手拓展汽车信息服务领域。两家汽车巨头通用公司和福特汽车公司相继同网络信息商 AOL（美国在线）和雅虎达成了合作协

议。通用汽车的 GMBuypower 系统与零售商的库存记录相连接。而福特汽车公司的目标不仅要利用互联网销售汽车，还要出售一切与汽车有关的东西，希望成为全美最大的电子商务公司。通用汽车公司和福特汽车公司将在继续利用本公司网络主页的基础上，充分发挥网络门户每月数千万次访问量的优势，积极宣传产品和服务，开展网上交易及各种信息服务，大力提升其核心竞争力，以确保在同欧洲、日本的竞争中处于优势地位。

另外，还有一些不是由汽车制造商直接建立的汽车销售网站。例如，AUCNET 株式会社成立于 1984 年，是一家日本二手车远程拍卖服务商，Aucnet 主要采用电视拍卖和网络拍卖的形式，提供 B2B 的在线拍卖服务。德国最大的网上汽车拍卖市场 mobile.de，1996 年创建于德国汉堡。成立于 1997 年的 AutoTrader 和成立于 1998 年的 Cars.com，是为美国汽车消费者提供新车和二手车交易场所的在线平台。

成立于 2005 年的 Zag.com 是美国一个为会员企业和合作伙伴提供卖车服务的网站，通过这项服务积累了大量的经销商资源，也得到了很多会员企业和合作伙伴的支持。随后，TrueCar 在 2008 年被正式推出，成为一个直接面对普通消费者的汽车销售渠道。TrueCar 曾被认为是汽车电商行业的楷模。它通过和认证经销商、整车厂合作搭建了一个在线交易平台，对产业链进行了更为深度的整合。TrueCar 为消费者、经销商和整车厂等都提供了强有力的产品和服务，改变了经销商和整车厂吸引用户和销售车辆的方式。TrueCar 2014 年 5 月在美国纳斯达克证券交易所上市，并在此后一段时间内受到热捧，最高时市值突破了 20 亿美元。2014 年，TrueCar 的营业收入达到了 2.07 亿美元，同比增长 54.3%。然而 2015 年起，由于和经销商关系持续恶劣，以及与投资人沟通不力，在扩张上遇到了瓶颈，TrueCar 遭到众多经销商起诉非法运营，中断了和最大经销商的合作，财报显示亏损，股票价格惨跌，进入了发展的瓶颈期。

2. 国内汽车电子商务的发展状况

世界汽车巨头争先恐后地加入汽车电子商务热潮，中国汽车界也无法抵御这种诱惑，逐步开展电子商务的尝试。

目前，绝大部分的汽车企业已拥有自己的网站，提供产品信息查询、售前咨询服务；并建成相当完善的企业信息系统，计算机网络在设计、生产、销售中已经有了广泛的应用。大大小小的汽车 B2B 网站也如雨后春笋般涌现，提供从新车销售到汽车配件的 B2B 服务。

面向客户的汽车资讯网站也为数众多，提供汽车信息服务，如新浪汽车、搜狐汽车、车讯汽车网、太平洋汽车网、网上车市、腾讯汽车、网易汽车、汽车之友、凤凰汽车、58 车、万车网、汽车口碑网、汽车新闻资讯、新车评网、好车无忧等。近年来汽车电商网站访问人数呈现上升趋势，并且行业投入的网络广告显著增多，这对于提高汽车电商接受度有很大益处。2015 年，"双十一"前汽车厂商网络广告投入为 64.3 亿元，比 2014 年增长了 12%。

进行新车和二手车交易的网站也纷纷上马。目前主要的新车电商平台根据售车过程和业务特点可分为五类：垂直汽车媒体类电商平台（汽车之家、易车、一猫汽车、大众侃车等）、综合类电商平台（天猫"车海淘"、京东汽车等）、垂直汽车电商平台（车风网、海淘车、买车、买好车、趣淘车、51 进口车等）、厂商电商平台（车享网、车巴巴、比亚迪e购、哈弗商城等）和经销商电商平台（庞大汽车电子商城、汽车街等）。二手车电商也蓬勃发展，如51二手车、瓜子二手车、优信二手车、人人车、优信拍、车易拍、天天拍车、好车无忧等。

汽车分时租赁是近年来兴起的新兴业务，我国最早从事汽车分时租赁业务的企业是于2010年成立于杭州的车纷享。与国外的分时租赁汽车以非电动汽车为主不同，国内的分时租赁汽车为电动汽车，这与汽车厂家为推广新能源汽车而将分时租赁作为切入口的决策不无关系。在我国从事汽车分时租赁业务的企业主要有四类：一是整车厂家，如上汽车享网的e享天开、北汽新能源的绿狗、奔驰的Car 2 Share；二是互联网创业企业，如车纷享、一度用车、友友用车；三是传统汽车租赁公司，如一嗨租车、易卡租车等；四是分时共享技术提供商，如微租车。

2012年开始，以途虎养车、养车无忧等为代表的独立互联网养护企业逐渐兴起。互联网后市场维养平台可分为：自营型维养平台、综合型平台、厂商自建O2O平台、服务提供平台等。自营型维养平台代表企业有途虎养车、养车无忧、汽车超人、好胎屋等；综合型平台代表企业有京东、淘宝/天猫、1号店等；厂商自建O2O平台代表企业主要是车享家等；服务提供平台代表企业有e保养、典典养车、车点点、乐车邦等。

从2014年起，汽车电商市场在资本疯狂追捧下进入迅速成长期。汽车B2B、O2O、B2C、C2B等花样繁多但有些雷同的平台雨后春笋般地出现，但没有一家汽车电商形成稳定的盈利模式，资本也逐渐失去了信心，纷纷减少甚至停止投资，随后汽车电商市场就像坐上了过山车，情况急转直下，汽车电商的结局大多是倒闭或被收购调整，接连的负面消息为行业笼罩上一层阴影。除了资本寒冬的外部条件外，企业也要更加清醒，找到企业内部的问题。缺乏对汽车和电商行业的理解、模式不合理、缺乏用户思维是几大硬伤，那种认为"互联网创业不需要考虑盈利"的想法将会把企业带入深渊。

二、汽车电子商务发展中存在的问题

近年来，各行各业的企业都积极"触网"，甚至不惜斥巨资打造电子商务平台。随着汽车产业进入缓慢增长的瓶颈期以及产业链利润向下游端的转移，汽车厂家、经销商、互联网企业等纷纷布局汽车互联网市场，并有一些取得了骄人业绩。然而，更多的企业因为各种原因黯然离场，失败案例层出不穷。人们开始冷静地审视和思考热极一时的汽车电子商务，总结汽车电子商务发展中存在的问题。

1. 系统环境不够完善

网络是虚拟空间，汽车又是一种高附加值的大件消费品，建立消费者的信任度至关重要。而我国有形市场的建设差强人意，市场渠道鱼龙混杂，假冒伪劣现象屡禁不止，使消费者很难建立起对网上买车的信任。而且，汽车电子商务是跨越IT业、制造业、商贸业、金融业、服务业的一种整体的系统化商务活动，它的发展需要一个协调发展的系统环境。但目前，我国相关的配套环境和关联环节的协调发展方面尚不尽如人意。因此，汽车电子商务带来的最大挑战或许不是技术上的难题，而是政策的一致性和制度框架的设计问题。

2. 企业观念不够成熟

我国的汽车企业无论是在以往推进信息化建设的进程中，还是现在向电子商务方面努力的进程中，似乎仍是以一种传统经济的思维方式来思考问题，没有从整个业务流程的角度考虑电子商务。电子商务的推行应是全方位的，包括采购、储运、库存、销售、生产、管理、财务等，只有在每一个环节都很好地应用电子商务技术，才能极大地降低成本、提高效率。如果希望仅仅通过某一个环节的改善来提高整个业务流程的运行效率是不能成功的。由于很多汽车企业往往对计算机系统、网络系统和应用软件等技术平台重视有余，而对革新企业管理思想和观念、推进先进的管理方式等深层次工作认识不足，使汽车电子商务难以发挥作用。

3. 管理模式陈旧

我国多数汽车企业管理水平仍差强人意，采购、生产、销售还是相对独立的操作，这种老一套的管理模式难以适应汽车电子商务条件下各环节高效、协调、统一、即时的要求。真正的汽车电子商务是以即时生产、组织结构扁平化、企业内部信息处理高度网络化等为标志的先进生产管理方式为基础的。而我国的不少汽车企业目前不仅在管理理念、手段和方式上与国外汽车巨擘有着一定的差距，而且生产方式还属于相对落后的大规模生产方式，能够实现按订单生产的企业仍是寥寥可数。

4. 网络安全程度不高

在我国目前商业信誉还达不到一定级别的今天，现场交易都有可能存在商业欺诈等不良商业行为，更何况尚无完整法律规范制约的且双方不见面的网上交易了。经由互联网进行交易的汽车企业在许多方面都面临着潜在的被侵害的危险，如电子交易信息泄露、知识产权的侵犯、安全的侵犯、业务被中断及名誉上所遭受的伤害等。因此作为一个安全的汽车电子商务系统，首先必须具有一个安全、可靠的通信网络，以保证交易安全、迅速便捷；其次必须保证数据库服务器绝对安全，防止黑客闯入网络盗取信息。安全问题得不到可靠的保证，用户就无法放心，汽车电子商务就得不到发展。

5. 消费者的观念仍有待转变

当前，垂直汽车媒体、官网及门户网站成为消费者浏览信息的主要入口，网络已成为购车的主要信息渠道。资料显示，2005—2015年使用互联网作为购车信息决策来源的消费者，数量从50%增加到了70%。但据J. D. Power公司的调查，消费者网上购车，更多还是确定价格的过程，支付全款的比例只有3%，32%的人期望只确定价格，愿意支付定金的比例是22%。网上购车让消费者在购买时无法对交易标的有真实的接触，因此难以完全信任，尤其交易标的又是汽车这种高附加值的大件消费品，消费者更是慎之又慎。

6. 汽车电商尚未找到有效的经营模式

整车销售的电商网站面临的主要问题是：

1）汽车这样的低频交易很难增加消费者对平台的黏性，汽车电商往往靠低价获客，然而想要实现低价，一种选择是靠补贴，另一种是批量采购压价，然后零售卖出赚利润。前者看不到盈利的曙光，后者需要背后有强大的资金支撑周转，但凡销量下降、市场行情预估失误，都会造成资金链紧张、库存增加，难周转更难盈利。

2）汽车电商的本质在于通过互联网让交易价格透明、消费透明，提升交易效率。但一些汽车电商的做法是：自身提供线上、线下的价格咨询服务，不具有全部车辆的销售权（或者只能买断部分非主流车型），以较优惠的价格获客，再导流给4S店，借助于4S店的线下资源试驾、验车、交付，最终完成交易。然而，超高的线索成本和远低于线下的订单转化率，销售效率其实还不如线下。

3）处于探索期的新车电商，更多的是作为一个入口和平台，而想要对接利润较高的后市场，如维修保养、车险、融资租赁、汽车贷款等，从目前的实际情况来看，转化率极低，效果并不理想。因此纯粹的新车电商业务收入主要靠整车销售，缺少汽车后服务补血，让利润遥不可及；缺乏自身造血能力，只能依靠资本市场供血。但资本是逐利的，没有盈利能力，资本迟早会退出。

汽车后市场服务的电商网站面临的主要问题是：

1）运营模式的先天性缺陷，导致对线下门店缺乏控制力。花巨资搭建的平台、花巨资吸引来的用户，一旦消费奖励减少，平台对于消费者来说就变成一个"一次性"使用的搜索平台，而线下门店只要"殷勤待客"，从线上导流至线下门店的客户便会"一去不回头"。

2）消费习惯短时间内很难改变，导致转化率持续低下。除了面临其他行业共有的诸如消费者黏性低、盈利模式不明确等问题外，还需解决汽车后市场中一些特有的挑战，如消费者的观念和消费习惯还未跟上，对汽车产品了解和自主动手能力有限等问题。

3）"平台"维养资源有限，也缺乏整合"资源"的手段。B2C电商模式黏性低、可替代性较高，无法解决当前消费者核心"痛点"。我国消费者的自己动手制作的能力在短时间内难以提高，除了非常简单的零部件之外，绝大多数汽车零部件依然需要由汽修店来安装，而大型电商平台如天猫、京东在简单汽车用品及零部件的供应方面已具备较大的平台优势。

4）平台运营成本高、缺乏可见的盈利能力，导致后续资金跟进不力。所有的平台最后几乎都是因为运营成本高、融资资金不到位而出现经营困难，最终不得不采取缩减或关闭平台的决定。

总之，我国汽车行业要想真正实现汽车电子商务还有很长的路要走。但是，如果能切实认识到自身的不足，并抓紧改进，我国汽车行业的汽车电子商务还是大有可为的。

第二章 汽车电子商务的技术基础

汽车电子商务是在网上进行的交易活动。由于早期网络技术的局限性，人们是在专用网络上采用 EDI 等方式进行数据处理，以达到降低成本、提高效率的目的。但是，由于 EDI 的使用费用较高，限制了中、小企业的应用，无法大规模推广。真正促使电子商务得到飞速发展的是互联网技术的广泛应用，电子商务也是基于互联网技术而兴起的商务模式。计算机、网络等方面的技术已经成为汽车电子商务应用的一个必不可少的重要方面。

第一节 网络与通信技术

一、网络基础技术

1. 互联网

计算机通信网络是由多个不同的 IT 部件连接而成的。网络用户可以通过网络实现软件共享、信息共享、外设共享、处理能力共享及与他人通信等功能。

追溯计算机网络的发展历史，它的演变可概括地分成以下四个阶段：

（1）**网络雏形阶段** 从 20 世纪 50 年代中期开始，以单个计算机为中心的远程联机系统，构成面向终端的计算机网络，称为第一代计算机网络。

（2）**网络初级阶段** 从 20 世纪 60 年代中期开始进行主机互联，多个独立的主计算机通过线路互联构成计算机网络，无网络操作系统，只是通信网。20 世纪 60 年代后期，ARPANET 网出现，称为第二代计算机网络。第二代计算机通信网络仅仅是一种对等网模式，只能提供与他人通信和共享外设这两种能力。例如，在某个小型公司范围内，网络的主要功能是将公司员工连接在一起，使他们能够彼此交流和共享打印机、扫描仪等外部设备，而不能实现软件共享、信息共享及处理能力共享。

（3）**互联网阶段** 20 世纪 70 年代后期，人们认识到第二代计算机网络的不足后，提出发展新一代计算机网络的问题。国际标准化组织 ISO（International Standards Organization）下属的计算机与信息处理标准化技术委员会，经过若干年卓有成效的工作，由 ISO 制定并于 1984 年正式颁布了一个称为"开放系统互连基本参考模型"（Open System Interconnection Basic Reference Model）的国际标准 ISO7498。这里"开放系统"是相对于第二代计算机网络中只能进行同种计算机互连的每个厂商各自封闭的系统而言的，它可以和任何其他系统（当然要遵循同样的国际标准）通信而相互开放。该模型分为七个层次，有时也被称为 ISO 七层模型。ISO 模型被国际社会所普遍接受，并公认为第三代计算机网络的体系结构的基础。

（4）**多媒体智能化网络** 从 20 世纪 90 年代中期开始，由于局域网技术发展成熟，出现光纤及高速网络技术，计算机网络向综合化高速化发展，出现了以互联网为核心、千兆位传输速率为主的多媒体智能化网络，这就是第四代计算机网络。

2. IP 地址和域名系统

互联网的地址能唯一确定互联网上每台计算机、每个用户的位置。互联网上计算机的地址可以写成两种形式：IP 地址和域名。

（1）**IP 地址** 互联网是一个信息的海洋，这些信息存放在世界各地称为"站点"的计算机上，为了区别各个站点，必须为每个站点分配一个唯一的地址，这个地址即"IP 地址"。IP 地址也称 URL（Unique Resource Location，译为"统一资源定位符"），互联网上的每台计算机（包括路由器）在通信之前必须指定一个 IP 地址，IP 地址由四个从 0～255 之间的数字组成，如 192.168.0.251。

互联网上的 IP 地址分为 A 类、B 类、C 类、D 类和 E 类五种，分别用于不同类型的网络。

A 类编址的最高端二进制位为 0，第一个字节段表示网络标识，后三个字节段表示主机标识。它主要用于拥有大量主机的网络，其特点是网络数少，而主机数多。

B 类编址的高端前两个二进制为 10，前两个字节段为网络标识，后两个字节段为主机标识。它主要用于中等规模的网络，其特点是网络数和主机数大致相同。

C 类编址的高端前三个二进制为 110，前三个字节段为网络标识，后一个字节段为主机标识。它主要用于小型局域网络，其特点是网络数多，且主机数少。

D 类编址的高端前四个二进制位为 1110，通常用于已知的多点传送或者组的寻址。

E 类编址的高端前四个二进制为 1111，是一个实验地址，它保留给将来使用。

当一台计算机或一个网络连接到互联网上时，大多数情况下，互联网服务提供商将能够为其安排 IP 地址登记。

（2）**互联网域名系统** 要通过互联网互相通信，必须记住对方的地址，IP 地址作为互联网上主机的数字标识，对计算机网络来说是非常有效的。但对于使用者来说，就很难记忆这些由数字组成的 IP 地址了。为此，人们研究出一种字符型标识，在互联网上采用"名称"寻址方案，为每台计算机主机都分配一个独有的"标准名称"，这个用字符表示的"标准名称"就是我们现在所广泛使用的域名（DN，Domain Name）。因此主机的域名和 IP 地址一样，也采用分段表示的方法。其结构一般是如下样式：计算机名.组织结构名.网络名.最高层域名（各部分间用小数点隔开）。

在域名格式中，最高层域名也称第一级域名，代表建立该网络的部门、机构或者该网络所在的地区、国家等。1996 年 11 月，由互联网社会（ISOC）、互联网分址机构（IANA）、互联网结构理事会（IAB）、美国联邦网络委员会（FNC）、国际通信联盟（ITU）、国际商标协会（INTA）及世界知识产权组织（WIPO）共同发起并组织了一个机构，称为国际互联网方案委员会（IAHC）。IAHC成立后，于1997年2月4日宣布：最高层域名可以分为以下三类：①通用最高层域名：常见的有edu（教育、科研机构）、com（商业机构）、net（网络服务机构）、info（信息服务机构）、org（非营利性组织或团体）、gov（政府机构）等；②国际最高层域名：ini（国际性组织或机构）；③国家最高层域名：cn（中国）、us（美国）、uk（英国）、jp（日本）、de（德国）、it（意大利）、ru（俄罗斯）等。

网络名是第二级域名，反映主机所在单位的性质，常见的类型代码有：edu（教育、科研机构）、gov（政府机构）、mil（军队）、com（商业机构）、net（网络服务机构）、org（非营利性组织或团体）、ini（国际性组织或机构）等。

组织机构名是第三级，一般表示主机所属的域或单位。

计算机名是第四级，根据需要由网络管理员自行定义。

例如：www.tsinghua.edu.cn，其中，cn代表中国（China）、edu代表教育网（education）、tsinghua代表清华大学、www代表环球网（或称万维网，World Wide Web），整个域名合起来就代表中国教育网上的清华大学站点。

注意：在域名中不区分大小写字母；域名在整个互联网中是唯一的，当高级域名相同时，低级子域名不允许重复。

在我国，用户可以在国家域名.cn下进行注册。根据CNNIC的规划，.cn下的第二级域名有两种情况：一种是组织机构的类别，通常由2~3个字母组成，如.edu、.gov、.com、.org、.net；另一种是省、市和地区，如bj、tj、gd、hb等。

有了域名标识，对于计算机用户来说，在使用上的确方便了许多。但计算机本身并不能自动识别这些域名标识，于是域名系统（Domain Name System，DNS）就应运而生了。所谓的域名系统，就是以主机的域名来代替其在互联网上实际的IP地址的系统，它负责将互联网上主机的域名转化为计算机能识别的IP地址。

通过上面的IP地址、域名和域名系统，就把互联网上的每一台主机给予了唯一的定位。三者之间的具体联系过程如下：当连接网络并输入想访问主机的域名后，由本地机向域名系统发出查询指令，通过连接在整个域名系统中查询对应的IP地址，如找到则返回相应的IP地址，否则返回错误信息。

3. 互联网的常用协议

（1）**超文本传输协议**（HyperText Transfer Protocol，HTTP） HTTP是超文本传输协议的缩写，它是负责传输和显示页面的互联网协议。浏览器通过HTTP，将Web服务器上站点的网页代码提取出来，并翻译成漂亮的网页。它可以使浏览器更加高效，使网络传输减少。它不仅可以保证计算机正确、快速地传输超文本文档，还可以确定传输文档中的哪一部分，以及哪部分内容首先显示（如文本先于图形）等。

（2）**TCP/IP**（Transmission Control Protocol/Internet Protocol） TCP/IP为互联网上最广为使用的网络通信协议，是美国国防部在1973年用在ARPANET网络上，用以组织该网络的一个传输层通信协议。这种协议是探讨如何利用不同的计算机系统连接在网络上，使双方能够正确无误地传送信息，这个协议在互联网几乎已经成为一种标准协议。现行的计算机或是其他作业平台只要透过TCP/IP，就能彼此沟通并传送数据。

（3）**文件传输协议**（File Transfer Protocol，FTP） FTP的主要功能是完成从一个系统

到另一个系统完整的文件复制。同时，它也是一个应用程序。用户可以通过它把自己的个人计算机与世界各地所有运行 FTP 协议的服务器相连，访问服务器上的大量程序和信息。

（4）SMTP、POP3 和 IMAP　SMTP 的全称是"Simple Mail Transfer Protocol"，即简单邮件传输协议。它是一组用于从源地址到目的地址传输邮件的规范，通过它来控制邮件的中转方式。SMTP 协议属于 TCP/IP 协议簇，它帮助每台计算机在发送或中转信件时找到下一个目的地。POP3 是 Post Office Protocol 3 的简称，即邮局协议的第 3 个版本，它规定怎样将个人计算机连接到互联网的邮件服务器和下载电子邮件的电子协议。POP3 协议允许电子邮件客户端下载服务器上的邮件，但是在客户端的操作（如移动邮件、标记已读等），不会反馈到服务器上。IMAP 的全称是 Internet Mail Access Protocol，即交互式邮件存取协议，它是跟 POP3 类似的邮件访问标准协议之一。不同的是，开启了 IMAP 后，电子邮件客户端收取的邮件仍然保留在服务器上，同时在客户端上的操作都会反馈到服务器上，如删除邮件、标记已读等，服务器上的邮件也会做相应的动作。所以无论从浏览器登录邮箱或者客户端软件登录邮箱，看到的邮件以及状态都是一致的。

4. 互联网的接入方式

随着互联网的普及，一些商业机构出资架设（或租用）某一地区到互联网主干线路的数据专线，把位于本地区的某台称为接驳服务器的计算机主机与互联网骨干线联通。这样，本地区的用户就可以通过便宜的线路进入互联网接入服务器，然后通过该服务器间接进入互联网。这种服务就叫互联网接入服务。提供这种服务的商业机构就叫作互联网服务供应商，简称 ISP。选择 ISP 后，应视需要选择适当的接入方式。

互联网接入是指通过特定的信息采集与共享的传输通道，利用以下传输技术完成用户与 IP 广域网的高带宽、高速度的物理连接。

（1）电话线拨号接入（PSTN）　PSTN 是互联网发展早期家庭用户接入互联网的窄带接入方式。即通过电话线，利用当地运营商提供的接入号码，拨号接入互联网，速率不超过 56Kbit/s。其特点是使用方便，只需有效的电话线及自带调制解调器的个人计算机就可完成接入，主要适合于临时性接入或无其他宽带接入场所的使用；缺点是速率低，无法实现一些高速率要求的网络服务，且费用较高（接入费用由电话通信费和网络使用费组成）。PSTN 目前在国内已很少使用。

（2）ISDN　ISDN 俗称"一线通"，是比 PSTN 略快一点的窄带接入方式。它采用数字传输和数字交换技术，将电话、传真、数据、图像等多种业务综合在一个统一的数字网络中进行传输和处理。用户利用一条 ISDN 用户线路，可以在上网的同时拨打电话、收发传真，就像两条电话线一样。ISDN 基本速率接口有两条 64Kbit/s 的信息通路和一条 16Kbit/s 的信令通路，简称 2B+D，当有电话拨入时，它会自动释放一个 B 信道来进行电话接听。缺点是速率仍然较低，无法实现一些高速率要求的网络服务；其次是费用同样较高（接入费用由电话通信费和网络使用费组成）。这种接入方式目前已逐步被淘汰。

（3）ADSL 接入　在通过本地环路提供数字服务的技术中，最有效的类型之一是数字用户线（Digital Subscriber Line，DSL）技术，是目前运用最广泛的铜线接入方式。ADSL 可直接利用现有的电话线路，通过 ADSL MODEM 后进行数字信息传输。理论速率可达到

8Mbit/s 的下行和 1Mbit/s 的上行，传输距离可达 4~5km。ADSL2＋速率可达 24Mbit/s 下行和 1Mbit/s 上行。较新的 VDSL2 技术可以达到上下行各 100Mbit/s 的速率。特点是速率稳定、带宽独享、语音数据不干扰等。适用于家庭、个人等用户的大多数网络应用需求，满足一些宽带业务包括 IPTV、视频点播（VOD）、远程教学、可视电话、多媒体检索、LAN 互联、互联网接入等。

（4）HFC（CABLE MODEM） HFC 是一种基于有线电视网络铜线资源的接入方式，具有专线上网的连接特点，允许用户通过有线电视网实现高速接入互联网。它适用于拥有有线电视网的家庭、个人或中小团体。它的特点是速率较高，接入方式方便（通过有线电缆传输数据，不需要布线），可实现各类视频服务、高速下载等。它的缺点在于基于有线电视网络的架构是属于网络资源分享型的，当用户激增时，速率就会下降且不稳定，扩展性不够。

（5）光纤宽带接入 通过光纤接入到小区节点或楼道，再由网线连接到各个共享点上（一般不超过 100m），提供一定区域的高速互联接入。其特点是速率高，抗干扰能力强，适用于家庭、个人或各类企事业团体，可以实现各类高速率的互联网应用（视频服务、高速数据传输、远程交互等），缺点是一次性布线成本较高。

（6）无线网络 无线网络是一种有线接入的延伸技术，使用无线射频（Radio Frequency，RF）技术越空收发数据，减少使用电线连接，因此无线网络系统既可达到建设计算机网络系统的目的，又可让设备自由安排和搬动。在公共开放的场所或者企业内部，无线网络一般会作为已存在有线网络的一个补充方式，装有无线网卡的计算机通过无线手段方便接入互联网。

（7）卫星接入 卫星上网的工作过程是：用户在浏览器软件上单击一个网址，网址要求信号由调制解调器送到用户的互联网服务商。卫星网络运行中心接到要求信号后，根据用户的要求到相应的网站去获取所需信息，再将信息上传到卫星，以高速高带宽送到用户的接收天线，然后再传到用户的计算机上。使用卫星上网的速度比起传统的调制解调器，快了数十到 100 多倍。用户只要通过计算机卫星调制解调器、卫星天线和卫星配合便可接入互联网。它是一种非对称的接入方式，其业务功能强大，可进行卫星广播式服务，如大文件投递、多媒体广播、网页广播等。

（8）电力网接入 电力线通信（Power Line Communication，PLC）技术，是指利用电力线传输数据和媒体信号的一种通信方式，也称电力线载波（Power Line Carrier）。把载有信息的高频加载于电流，然后用电线传输到接受信息的适配器，再把高频从电流中分离出来并传送到计算机或电话。PLC 属于电力通信网，包括 PLC 和利用电缆管道和电杆铺设的光纤通信网等。电力通信网的内部应用，包括电网监控与调度、远程抄表等。面向家庭上网的 PLC，俗称电力宽带，属于低压配电网通信。

二、网络互联技术

1. 内联网

内联网又称企业内联网，是用互联网技术建立的可支持企事业内部业务处理和信息交流的综合网络信息系统，通常采用一定的安全措施与企业外部的互联网用户相隔离，对

内部用户在信息使用的权限上也有严格的规定。

内联网与互联网相比，可以说互联网是面向全球的网络，而内联网则是互联网技术在企业机构内部的实现，它能够以极少的成本和时间将一个企业内部的大量信息资源高效合理地传递到每个人。内联网为企业提供了一种能充分利用通信线路、经济而有效地建立企业内联网的方案。应用内联网，企业可以有效地进行财务管理、供应链管理、进销存管理、客户关系管理等。

内联网使各行各业的企业从中受益，利用内联网一定程度地解决了企业战略目标实现上的一些瓶颈问题，如办公效率低下、新产品开发能力不足、生产过程中成本太高或生产计划不合理等。企业将其信息存放于 Web 页面中，使其信息可以得到迅速利用，其信息的制作、打印和传播等费用可大大节省，同时为用户迅速、方便地了解和获取信息提供了一条方便的道路。内联网在企业中的典型应用有：企业的人事资源管理、企业财务管理、企业的文档管理及技术资料查询、企业的产品开发与研制、企业的计算机软件管理等。

内联网能够为企业提供的服务包括以下项目：

(1) **文件传送**　基于 FTP（File Transfer Protocol）协议，企业员工可以在任意两台计算机间发送文件，使用 FTP，几乎可以传送任何类型的文本文件、二进制文件、图像文件、声音文件和数据压缩文件等。

(2) **信息发布**　企业所有的信息都可以在 Web 服务器上以 HTML 页面的方式发布，发布之后，企业内及企业外所有对该信息有访问权的人都可以看到。

(3) **管理和业务系统**　它可以根据企业工作流程和管理特点建立，员工在浏览器上通过 Web 服务器来访问数据库，接受管理或了解业务信息。

(4) **安全性管理**　可以建立用户组，在每个用户组下再建立用户。对于某些需要访问权的信息，可以对不同的用户组或用户设置不同的读、写权限，对于需要在传输中保密的信息，可以采用加密、解密技术。

(5) **网上讨论组**　可以根据需要建立不同的讨论组，在讨论组中，可以对参加讨论组的人加以限制，只有那些对该讨论组有访问权的人才能访问这个讨论组。在讨论组中，企业员工可以自由地在网上发送信息、阐明观点或提出问题，进行相互交流和沟通。这种交流有利于企业获得更多的商业机会和商品信息，也有利于促进企业管理，提高生产力和增强竞争能力。

2. 外联网

如果一个公共网络连接了两个或两个以上的贸易伙伴，一般称为企业的外联网，它是内联网的一种延伸。外联网给企业带来的好处有：提高了生产效率，信息可以通过各种形式体现，降低了生产费用，实现了跨地区的各种项目合作，可为客户提供多种及时、有效的服务。

外联网的几种实现方式：

(1) **公共网络**　如果一个组织允许公众通过任何公共网络（如互联网）访问该组织的内部网，或两个及更多的企业同意用公共网络把它们的内部网连在一起。这就形成了公共网络外部网。

第二章 汽车电子商务的技术基础

（2）**专用网络** 专用网络是两个企业间的专线连接，这种连接是两个企业的内部网之间的物理连接。

（3）**虚拟专用网络**（VPN） VPN是一种特殊的网络，它采用一种叫作"IP通道"或"数据封装"的系统，用公共网络及其协议向贸易伙伴、顾客、供应商和雇员发送敏感的数据。

3. 国际互联网、内联网和外联网三者的区别

互联网实际包括了三种互联的形式：内联网、外联网和国际互联网（Internet）。从纯技术角度来讲，这三种类型的网络都建立在同样的基础设施上，但是它们的应用是很不同的。

内联网是公司内部的信息交换，库存信息、财务信息、销售信息、人事信息都可以通过内联网从一个部门传到另一个部门，从而减少了很多纸上作业，也缩短了信息周转周期，大大提高了公司内部的效率。很多企业以内联网作为发展电子商务的第一步。

外联网是不同单位间为了频繁交换业务信息，而基于互联网或其他公网设施构建的单位间专用网络通道。外联网不仅要求能够实现外联单位间迅捷、安全的数据传输，而且需要能够对通过外联 VPN 通道的相互访问进行严格的访问控制。

国际互联网就是指互联网，是一组全球信息资源的总汇。将计算机网络互相连接在一起的方法可称作"网络互联"，在这个基础上发展出世界上最大的全球性互联网络，称为"国际互联网"，即"互相连接在一起的网络"。

国际互联网、内联网和外联网三者的区别是：

1）在操作权限上，互联网提供的服务基本上对用户没有权限控制或很少控制，而内联网提供的控制较为严格。

2）在内容上，互联网提供信息的页面以静态为主，而内联网提供的信息内容大部分与数据库有关，即内联网提供的信息内容是动态的，随着底层数据库的变化而变化。

3）在服务对象方面，互联网服务的对象是全世界的用户，而内联网服务的对象是企业员工。

4）在联结方式上，互联网强调各个组织网站之间的联结，无交易的企业、消费者都是它的业务范围；外联网强调各个企业间的联结，业务范围包括交易伙伴、合作对象、相关公司、销售商店以及主要客户；内联网强调企业内部各部门的联结，业务范围仅限于企业内。

三、电子商务网络建设

自20世纪90年代起，国际上兴起了被称为客户机/服务器系统（Client/Server System, C/S系统）模型的网络模式，该系统由一台或多台主机和多台客户机组成网络。主机称为服务器，可为网络中其他计算机（称为客户机）提供软件与信息共享的服务，维护网络用户可访问和使用的信息和软件；还可以提供共享处理能力的服务，如帮助客户工作站完成所需进行的处理。由于这种结构能充分利用系统资源，合理分布系统负载，减少网络的数据流量，提高系统运行性质，保证数据的安全性、一致性和保密性等优点，因此很多企业都在建立基于客户机/服务器模型的网络。

但是，基于客户机/服务器模型的网络能飞速发展的更深层的原因，是客户机/服务器是一种基于计算机网络平台上的进行计算机信息管理的企业模型。在这个企业模型中，客户机/服务器将企业特定的事务处理过程分布到网络上处理该事务活动的特定位置上，所以客户机/服务器是企业分布式处理（分布式计算）的基础。客户机/服务器模式用于构建符合企业运作信息技术的基础设施。该模式中的客户机拥有所有与局部（如企业组织某个职能部门）相当的信息、软件和执行处理能力；而服务器则包括了所有与全局（整个企业组织）有关的信息、软件和执行处理能力。它们之间能通信并且获得软件、信息、外设及处理能力的共享。

客户机/服务器或者浏览器/服务器模型，是目前汽车企业应用电子商务的主要模式。例如，某大型汽车企业有遍及多个省、市的加盟4S服务商，公司运用客户机/服务器系统将局部处理与全局处理分开，运用优化处理功能，让每家服务商的仓库都与总公司仓库连接，当服务商的某种零件即将出现缺货问题时，就能直接反映在总公司仓库服务器上；而仓库发货员只要看到系统给出的补货信息，就能立刻安排出货并运输到服务商仓库里，这样不但简化了商品补货的手续，而且效率也提高了。售货员扫描商品时，也能在POS机上反映，且马上更新服务器上的商品库存目录。4S经销商门店收集的客户信息，能够立刻保存到总公司的数据库里，分店的服务器与总公司的大型服务器相连接，由总公司的大型服务器负责维护客户购买特征的记录。因此，客户无论在哪个经销商处消费或者享受服务，总公司的服务器都能获取并更新他们的信息，以实现对客户的即时跟踪。

客户机/服务器作为一种商业模型被看好，而正确地实施客户机/服务器模型将为企业带来更多利润和明显的市场竞争优势。目前，客户机/服务器系统存在五种实现模式，如图2-1所示。

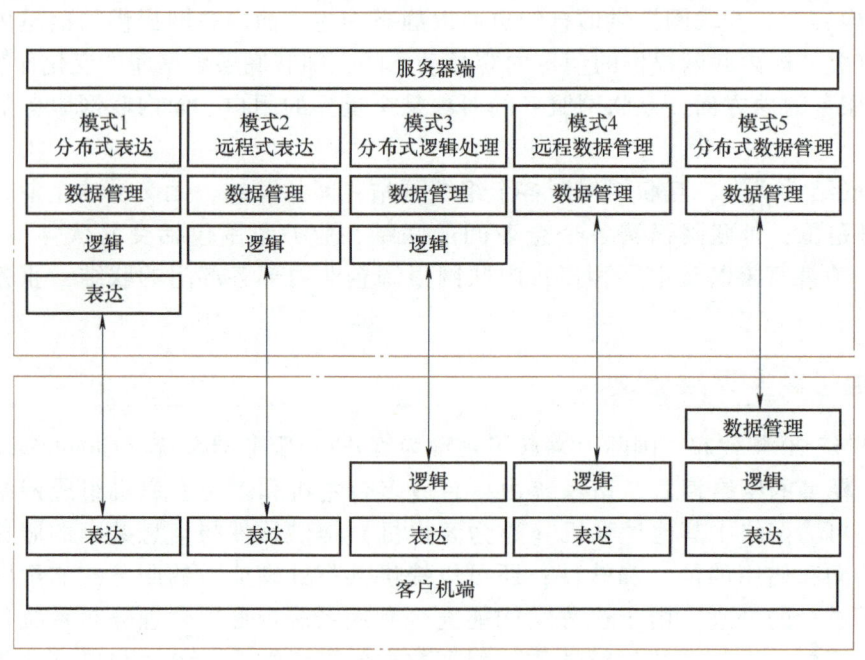

图2-1　客户机/服务器系统的五种实现模式

模式 1：分布式表达（Distributed Presentation）

在这个模式中，服务器实现了所有的功能，而客户机仅用于显示器、打印机信息输出，以及编辑客户输入的内容。

模式 2：远程表达（Remote Presentation）

在这个模式中，服务器负责所有逻辑处理和数据管理功能；而客户机则负责完成所有信息表达功能。

模式 3：分布式逻辑处理（Distributed Logic）

在这种模式中，服务器承担整个系统的数据管理功能；客户机负责所有信息表达功能。而逻辑处理（企业业务处理）由服务器与客户机共同承担。

模式 4：远程数据管理（Remote Data Management）

在这种模式中，服务器只负责数据管理功能；而客户机负责系统中所有的逻辑处理和信息表达。

模式 5：分布式数据管理（Distributed Data Management）

在这种模式中，客户机负责所有逻辑处理、信息表达，并与服务器分担数据管理功能。

上述五种客户机/服务器模式的着眼点是软件执行的地点，分为以下三类：

1）信息表达的处理过程在何处进行。

2）逻辑处理或企业规则在何处执行。

3）数据管理部件（DBMS）和信息（数据库）放在何处。

因此，为实现客户机/服务器模式，其软件也分为三个层次：信息表达、逻辑处理和数据管理。信息表达涉及信息显示、打印和编辑的格式问题，逻辑处理与执行实际企业规则的软件相关（例如，工资系统中，逻辑处理将按照企业规则解决诸如加班、病休和假期累积等问题），数据管理涉及数据库中信息的存储、检索与更新等问题。

对于选取哪一种模式，主要取决于企业所处的商业环境、企业组织经营的运作模式及事务处理发生的地点等因素，以能充分发挥客户机/服务器模式的优点为最佳选择。建议从以下三个方面考虑：

1）认真调研、了解企业组织的运作。最好的客户机/服务器系统能真实反映企业组织如何运作。为了实现最佳客户机/服务器模式，系统开发人员必须了解组织如何运作，包括哪里需要信息表达、哪些信息需要处理以及信息处理是局部的还是全局的。

2）选择适当的实施模型，即必须了解如何在网络中分布信息表达、逻辑处理和数据管理功能。最佳模式往往因企业组织的应用不同而异。

3）用面向对象技术实施客户机/服务器系统。

【案例 2-1】

客户机/服务器系统模式 5 实现的汽车企业高层管理人员数据仓库

客户机/服务器系统模式 5 实现的汽车企业高层管理人员数据仓库如图 2-2 所示。

在该模式中，服务器只是用来帮助客户管理保存在服务器中的信息，客户机负责信息表达和逻辑处理。同时，负责本地信息的数据管理。客户机的主人是销售经理，有一个 DSS 决策支持软件安装在客户机上，销售经理决策时需要用到描述过去五年销售状况的客户数据仓库。该系统的服务器负责运行联机事务处理（OLTP）软件，并从可操作数据库中抽取销售经理所需要的信息，并将它们传送到客户机。销售经理的客户机按照逻辑信息需求建立数据仓库，并允许销售经理在客户机上提出种种使用 DSS 的要求。服务器与客户机之间分工明确。

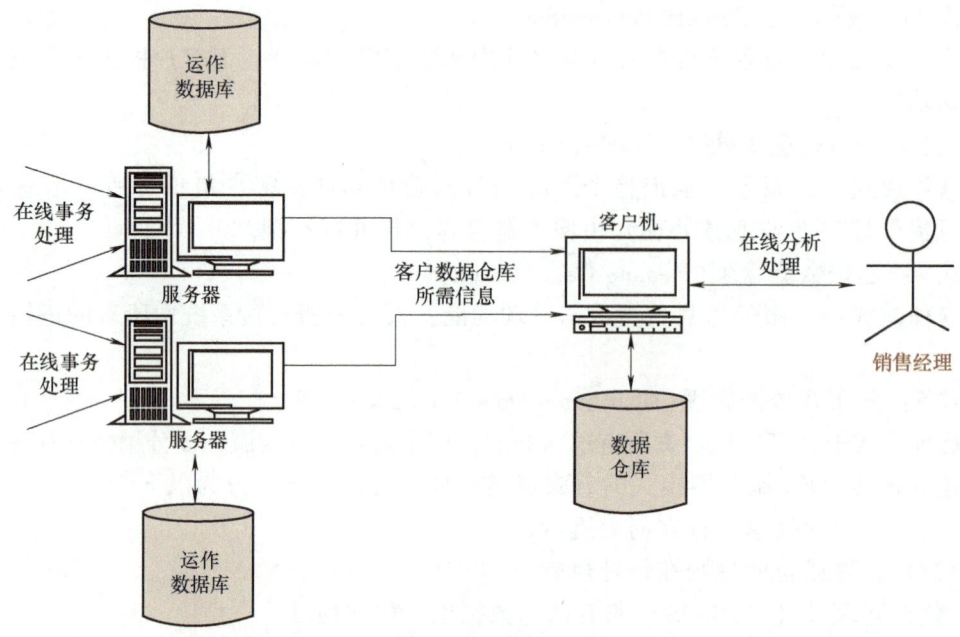

图 2-2　客户机/服务器系统模式 5 实现的汽车企业高层管理人员数据仓库

第二节　Web 应用技术

一、Web 技术应用的背景

Web 是 World Wide Web 的简称，中文称为万维网，是用于发布、浏览、查询信息的网络信息服务系统，由许多遍布在不同地域内的 Web 服务器有机地组成。

在 Web 出现以前，互联网上的信息只有文本形式。人们在进行信息检索的时候，不容易识别，而且索然无味。而 Web 具有将图形、音频、视频信息集合于一体的特性；同时，Web 是非常易于导航的，只需要从一个链接跳到另一个链接，就可以在各页、各站点之间进行浏览了。这个特点使人们在使用计算机网络的时候，能够找到丰富的信息资源，同时也会节省时间，提高效率。在当今社会，内容上的极大丰富，以及使用上的方便快捷、简单易懂，是 Web 能够非常流行的重要原因。

在没有 Web 的时候，访问互联网时需要考虑系统平台的差别。有时会因为平台的不一致而无法浏览信息。而在 Web 上，无论系统平台是什么，都可以通过互联网访问 WWW，对 WWW 的访问是通过浏览器软件实现的。

二、Web 重要技术简介

Web 应用中的每一次信息交换都要涉及客户端和服务端。因此，Web 开发技术大体

第二章 汽车电子商务的技术基础

上也可以被分为客户端（前端）技术和服务端（后端）技术两大类。

1. Web 客户端技术

Web 客户端的主要任务是展现信息内容。Web 客户端设计技术主要包括：HTML 语言、Java Applets、脚本程序、CSS、DHTML、插件技术以及 VRML 技术。

（1）**HTML 语言**　HTML 是 Hypertext Markup Language（超文本标记语言）的缩写，它是构成 Web 页面的主要工具。网页的本质就是超文本标记语言，通过结合使用其他的 Web 技术（如脚本语言、公共网关接口、组件等），可以创造出功能强大的网页。因而，超文本标记语言是 Web 编程的基础。

（2）**Java Applets**　Java Applets 即 Java 小应用程序。使用 Java 语言创建小应用程序，浏览器可以将 Java Applets 从服务器下载到浏览器，在浏览器所在的机器上运行。Java Applets 可提供动画、音频和音乐等多媒体服务。Java Applets 使 Web 页面从只能展现静态的文本或图像信息，发展到可以动态展现丰富多样的信息。

（3）**脚本程序**　它是嵌入在 HTML 文档中的程序。使用脚本程序可以创建动态页面，大大提高交互性。用于编写脚本程序的语言主要有 JavaScript、VBscript。JavaScript 语言是以脚本方式运行的、简化的 Java 语言。VBscript 脚本语言是微软公司于 1996 年为 IE3.0 设计出的可与 JavaScript 相抗衡的脚本语言。客户端脚本与服务端脚本程序的区别在于执行的位置不同，前者在客户端机器执行，而后者是在 Web 服务端机器执行。

（4）**CSS**（Cascading Style Sheets）　CSS 即级联样式表，是一种用来表现 HTML（标准通用标记语言的一个应用）或 XML（标准通用标记语言的一个子集）等文件样式的计算机语言。CSS 不仅可以静态地修饰网页，还可以配合各种脚本语言动态地对网页各元素进行格式化。CSS 能够对网页中元素位置的排版进行像素级精确控制，支持几乎所有的字体字号样式，拥有对网页对象和模型样式编辑的能力。1996 年年底，W3C 组织（World Wide Web Consortium）提出了 CSS 的建议标准，同年，IE3.0 引入了对 CSS 的支持。CSS 大大提高了开发者对信息展现格式的控制能力，让 HTML 页面中的各种要素"活动"了起来。

（5）**DHTML**（Dynamic HTML）　DHTML 即动态 HTML。1997 年，微软发布了 IE4.0，并将动态 HTML 标记、CSS 和动态对象（Dynamic Object Model）发展成为一套完整、实用、高效的客户端开发技术体系，微软称其为 DHTML。同样是实现 HTML 页面的动态效果，DHTML 技术无须启动 Java 虚拟机或其他脚本环境，可以在浏览器的支持下，获得更好的展现效果和更高的执行效率。

（6）**插件技术**　插件的本质是在不修改程序主体的情况下对软件功能进行加强。当插件的接口被公开时任何人都可以自己制作插件来解决一些操作上的不便或增加一些功能。这一技术大大丰富了浏览器的多媒体信息展示功能，常见的插件包括 QuickTime、Real Player、Media Player 和 Flash 等。

（7）**VRML**（Virtual Reality Modeling Language）**技术**　VRML 技术即虚拟现实建模语言技术。Web 已经由静态步入动态，并正在逐渐由二维走向三维，将用户带入五彩缤纷的虚拟现实世界。VRML 是一种基于文本的语言，用于建立真实世界的场景模型或人们虚构的三维世界，并可运行于任何平台。

2. Web 服务端技术

与 Web 客户端技术从静态向动态的演进过程类似，Web 服务端的开发技术也是由静态向动态逐渐发展、完善起来的。Web 服务器技术主要包括服务器技术、CGI 技术、PHP 技术、ASP 技术、ASP.NET 技术、Servlet 和 JSP 技术。

（1）**服务器技术**　服务器技术主要是指有关 Web 服务器构建的基本技术，包括服务器策略与结构设计、服务器软硬件的选择及其他有关服务器构建的问题。

（2）**CGI**（Common Gateway Interface）**技术**　CGI 技术即公共网关接口技术。最早的 Web 服务器简单地响应浏览器发来的 HTTP 请求，并将存储在服务器上的 HTML 文件返回给浏览器。CGI 是第一种使服务器能根据运行时的具体情况，动态生成 HTML 页面的技术，这使客户端和服务端的动态信息交换成为可能。随着 CGI 技术的普及，聊天室、论坛、电子商务、信息查询、全文检索等各式各样的 Web 应用蓬勃兴起。

（3）**PHP 技术**　PHP 原始为 Personal Home Page 的缩写，现已经正式更名为"PHP: Hypertext Preprocessor"的缩写。1994 年，Rasmus Lerdorf 发明了专用于 Web 服务端编程的 PHP 语言。与以往的 CGI 程序不同，PHP 语言将 HTML 代码和 PHP 指令合成为完整的服务端动态页面，Web 应用的开发者可以用一种更加简便、快捷的方式实现动态 Web 功能。

（4）**ASP**（Active Server Pages）**技术**　ASP 技术即活动服务器页面技术。1996 年，微软借鉴 PHP 的思想，在其 Web 服务器 IIS 3.0 中引入了 ASP 技术。ASP 使用的脚本语言是 VBscript 和 JavaScript。借助 Microsoft Visual Studio 等开发工具在市场上的成功，ASP 迅速成为 Windows 系统下 Web 服务端的主流开发技术。

（5）**ASP.NET 技术**　ASP.NET 是建立.NET Framework 的公共语言运行库上的编程框架，可用于在服务器上生成功能强大的 Web 应用程序，代替以前在 Web 网页中加入 ASP 脚本代码，使界面设计与程序设计以不同的文件分离，复用性和维护性得到提高，已经成为面向下一代企业级网络计算的 Web 平台，是对传统 ASP 技术的重大升级和更新。

（6）**Servlet、JSP 技术**　以 Sun 公司为首的 Java 阵营于 1997 年和 1998 年分别推出了 Servlet 和 JSP 技术。JSP 的组合让 Java 开发者同时拥有了类似 CGI 程序的集中处理功能和类似 PHP 的 HTML 嵌入功能。此外，Java 运行时的编译技术也极大地提高了 Servlet 和 JSP 的执行效率。Servlet 和 JSP 被后来的 JavaEE 平台吸纳为核心技术。

三、Web 技术的发展历程

1. 静态技术阶段

该阶段的 Web 主要是静态的 Web 页面。在这个阶段，HTML 语言就是 Web 向用户展示信息的最有效的载体。Web 服务器使用 HTTP 协议将 HTML 文档从 Web 服务器传输到用户的 Web 浏览器上。在这一阶段，由于受 HTML 语言和旧式浏览器的制约，Web 页面只包含了静态的文本和图像信息，限制了资源共享，这个现象越来越不能满足人们对信息多样性和及时性的要求。而这一阶段的 Web 服务器基本上只是一个 HTTP 的服务器，它负责接收客户端浏览器的访问请求，建立连接，响应用户的请求，查找所需的静态的 Web 页面，再返回到客户端。

2. 动态技术阶段

在Web出现的同时，能存储、展现二维动画的GIF图像格式也已发展成熟，为HTML引入动态元素提供了条件。此后，为了能更好地克服静态页面的不足，人们将传统单机环境下的编程技术引入互联网络与Web技术相结合，从而形成新的网络编程技术。

1995年Java语言的问世给Web的发展带来更大的变革，它为人们提供了一条在浏览器中开发应用的捷径。1996年，著名的Netscape浏览器2.0版本和微软的IE3.0增加了对Java Applets和JavaScript的支持，Web世界里从此出现了脚本技术。其实，真正让HTML页面又酷又炫、动感无限的是CSS（Cascading Style Sheets）和DHTML（Dynamic HTML）技术。

1996年，Netscape2.0成功引入了对QuickTime插件的支持，从此，实现了在HTML页面下音频、视频等更为复杂的多媒体应用。同年，IE3.0正式支持在HTML页面中插入ActiveX控件的功能。从此，由不同公司开发的各式各样的插件先后在浏览器上取得了成功。

从网页内容的显示上看，动态网页引入了各项技术，使网页内容更多样化，引人入胜；从网站的开发管理和维护角度看，动态网页以数据库技术为基础，更利于网站的维护，而动态网页使用了ASP对象，可以实现诸如用户注册、用户登录、数据管理等的功能，极大地提高了网络的利用率，为用户提供了更多的方便。

3. 信息和知识的共享与传承阶段

2003年以前的第一代互联网时期（Web1.0），基本采用的是技术创新主导模式，信息技术的变革和使用对于网站的新生与发展起到了关键性的作用。网站的盈利都基于一个共通点，即巨大的点击流量，因此出现了向综合门户合流的现象。

2003年之后，进入了Web2.0时代，这是一次从核心内容到外部应用的革命。由Web1.0单纯通过网络浏览器浏览HTML网页模式向内容更丰富、联系性更强、工具性更强的Web2.0互联网模式发展。Web1.0到Web2.0的转变，具体地说，从模式上是单纯的"读"向"写"、"共同建设"发展；由被动地接收互联网信息向主动创造互联网信息迈进。假如说Web1.0的本质是联合，那么Web2.0的本质就是互动，它让网民更多地参与信息产品的创造、传播和分享中来，而这个过程是有价值的。

2006年年初，Web3.0的概念被提出，但存在一些争议和分歧。一般认为，Web3.0是在Web2.0的基础上发展起来的能够更好地体现网民劳动价值、并且能够实现价值均衡分配的一种互联网方式。网站内的信息可以直接和其他网站相关信息进行交互，能通过第三方信息平台同时对多家网站的信息进行整合使用；用户在互联网上拥有自己的数据，并能在不同网站上使用；完全基于Web，用浏览器即可实现复杂系统程序才能实现的系统功能。

在Web3.0之后，又有Web4.0、Web5.0和Web6.0的提法，但与Web3.0一样，存在争议。

在技术层面，Web4.0时代是一个Web与非Web轻易互联的时代，Web只是大云端系统中的一个入口，是人们进入私有云或公有云的一种渠道而已。也就是说，人们可以

从手机、笔记本式计算机、电子书、汽车、眼镜、穿戴式装置、冷气机、遥控器或智能电视等五花八门方式进入私有云，Web 联网只是其中之一，而不再是唯一。除了技术层面，Web4.0 的进步更体现在知识分配系统和更有效率的知识交换上。人们对正确资讯的需求与渴望，带动了具有品牌权威的新 Web4.0 分享时代。人们开始精心辨识消息来源，期待有一种机制来过滤、筛选、淘汰和保证网络资讯的正确性、真实性、无商业性和无害性。未来（或许已是现在），一定会有人提出量身定做的知识搜寻与建构模式，特别是当人们不知如何上网获取自己需要的知识时，一种更具互动性、智能性的网络知识查询系统，可以让人们知道到哪里可以更有效率地学习这些未知的知识，且能保证所搜索出来的资料是正确且安全的。

Web5.0 将发展语言转换、不同资讯汇流技术，它将是一个新的互联网王国，这个王国不再以地域和疆界进行划分，而是以兴趣、语言、主题、职业、专业等进行聚集和管理。Web5.0 将仿真人类社会，在数字空间里建立"虚拟社会"。其技术基础是当前炙手可热的 P2P 网络技术。所谓 P2P 网络，从计算技术上可以理解为 Peer-to-Peer 系统，从系统结构上可以理解为 People-to-People 的人类社会。

Web6.0 时代是物联网与互联网的结合，本质上不是单纯的互联网技术或衍生思想，而是一种全新模式，惠及广大网民。物联网不是互联网的附庸，它是与互联网等价的物理媒介，是即将改变世界的新的物理模式。在 Web6.0 里，每个人都有调动自己感官的无限权力，用自己的五官去重新发现世界，从而改变世界。Web6.0 将进入高智能、拥有 AI 智慧的 Web 云端时代，让 Web 无所不在。

第三节　移动互联技术

移动电子商务（M-Commerce）是由电子商务（E-Commerce）的概念衍生出来的。电子商务以个人计算机为主要界面，是有线的电子商务；而移动电子商务，则是通过手机、PDA（个人数字助理）等这些可以装在口袋里的终端为媒介。它将互联网、移动通信技术、短距离通信技术及其他信息处理技术完美的结合，使人们可以在任何时间、任何地点进行各种商贸活动，实现随时随地、线上线下的购物与交易，在线电子支付以及各种交易活动、商务活动、金融活动和相关的综合服务活动等。

中国互联网络信息中心（CNNIC）发布的第 41 次《中国互联网络发展状况统计报告》显示，截至 2017 年 12 月，我国网民规模达 7.72 亿，普及率达到 55.8%。其中，手机网民占 97.5%，以手机为中心的智能设备，成为"万物互联"的基础。当前 4G 网络的全面使用、未来 5G 时代的开启，以及移动终端设备的更新换代必将为移动电子商务的发展注入巨大的能量。

一、移动通信技术

移动通信技术是移动互联的核心，它使移动终端设备能够随时随地通过无线方式接入网络，实现移动应用程序与后端服务器的无线传输。到目前为止，已经得到普及的技术主要有无线局域网和蜂窝移动通信（Cellular Mobile Communication）。

WLAN是基于IEEE802.11标准的无线局域网，允许在局域网络环境中使用可以不必授权的ISM频段中的2.4GHz或5GHz射频波段进行无线连接。一般情况下，WLAN信号接收半径在百米以内，传输速度较快，频段的使用无须任何电信营业执照，在短距离、家庭式网络中非常普及。但是，WLAN对于移动性较强的终端通信效果不好，且通信质量和安全性也有待提高。此外，移动通信技术还有基于IEEE802.16a/e协议的WIMAX技术，其优势在于：能实现50km甚至更远的传输距离，能提供更高速（70M）的宽带接入。基于IEEE802.15.3a协议的UWB技术目前主要应用在军事领域，以及短距离家庭数字娱乐等领域。

蜂窝移动通信是采用蜂窝无线组网方式，在终端和网络设备之间通过无线通道连接起来，进而实现用户在活动中可相互通信。其主要特征是终端的移动性，并具有越区切换和跨本地网自动漫游功能。蜂窝网络组成主要有以下三部分：移动站、基站子系统和网络子系统。移动站就是网络终端设备，如手机或者一些蜂窝工控设备。基站子系统包括移动基站（大铁塔）、无线收发设备、专用网络（一般是光纤）、无线的数字设备等。基站子系统可以看作无线网络与有线网络之间的转换器。网络子系统对移动用户之间的通信和移动用户与其他通信网用户之间的通信起着管理作用。其主要功能包括：交换、移动性管理与安全性管理等。目前大部分的移动终端都支持第二代（2G）、第三代（3G）和第四代（4G）的蜂窝移动通信。而且通信宽带可达4G技术1000倍的第五代（5G）移动通信也已经正在研发当中，预计在2020年将会投入全面商业化运作。

二、移动互联应用技术

1. 移动操作系统

移动操作系统可应用于智能手机、智能可穿戴设备、智能家电、智能汽车等。1996年，微软发布了Windows CE操作系统，开始进入手机操作系统。2001年，塞班公司发布了Symbian S60操作系统，曾一度称霸21世纪初的世界智能手机中低端市场。2007年，苹果公司的iOS登上了历史的舞台，手指触控的概念开始进入人们的生活。2008年，谷歌的Android OS出现，良好的用户体验和开放性的设计，让Android OS很快地打入了智能手机市场，其后又被各种智能终端所采用。现在，Android OS和iOS系统在智能设备市场份额中保持领先。

2. 二维码相关技术

二维码（2-Dimensional Bar Code）又称二维条码，是在一维条码的基础上扩展出的一种具有可读性的条码。二维码使用黑白矩形图案表示二进制数据，通过图像输入设备或光电扫描设备识读以实现信息自动处理。二维条码有一维条码没有的"定位点"和"容错机制"。容错机制在即使没有辨识到全部的条码或是说条码有污损时，也可以正确地还原条码上的信息。二维码是移动设备上流行的一种编码方式，它比传统的Bar Code条形码能存更多的信息，也能表示更多的数据类型。

国外对二维码技术的研究始于20世纪80年代末。在二维码标准化研究方面，国际自动识别制造商协会（AIM）、美国标准化协会（ANSI）已完成了PDF417、QR Code、Code

49、Code 16K、Code One 等码制的符号标准。国际标准技术委员会和国际电工委员会还成立了条码自动识别技术委员会（ISO/IEC/JTC1/SC31），已制定了 QR Code 的国际标准（ISO/IEC 18004：2000《自动识别与数据采集技术——条码符号技术规范——QR 码》），起草了 PDF417、Code 16K、Data Matrix、Maxi Code 等二维码的 ISO/IEC 标准草案。

我国对二维码技术的研究开始于 1993 年。中国物品编码中心在原国家质量技术监督局和国家有关部门的大力支持下，在消化国外相关技术资料的基础上，制定了两个二维码的国家标准：二维码网格矩阵码（SJ/T 11349—2006）和二维码紧密矩阵码（SJ/T 11350—2006），从而大大促进了我国具有自主知识产权技术的二维码的研发。

3. 导航定位技术

卫星定位是指通过利用卫星和接收机的双向通信来确定接收机的位置，可以实现全球范围内实时为用户提供准确的位置坐标及相关的属性特征。美国的 GPS、中国的北斗（Bei Dou Navigation Satellite System，BDS）、俄罗斯的格洛纳斯（GLONASS）和欧盟的伽利略卫星导航系统（Galileo Satellite Navigation System）共同被称为世界上的四大卫星导航系统。

GPS 是 20 世纪 70 年代由美国陆海空三军联合研制的新一代空间卫星导航定位系统，到 1994 年 3 月，全球覆盖率高达 98% 的 24 颗 GPS 卫星才布设完成。GPS 起步比较早，发展得相当成熟。格洛纳斯卫星导航系统最早开发于苏联时期，与 GPS 研发时间相近，后由俄罗斯继续该计划，2007 年开始国内运营，2009 年服务范围已经拓展到全球。中国北斗卫星导航系统起步相对于美国和俄罗斯来说较晚，2000 年才开始发射第一颗卫星，但是得到了快速的发展。北斗的精确度高、定位准确，其通信等各方面能力也得到了世界各国的认可，已经可以与 GPS 相媲美。欧盟的伽利略卫星导航系统是由欧盟研制和建立的全球卫星导航定位系统，该计划于 1999 年 2 月由欧洲委员会公布，并由欧洲委员会和欧空局共同负责。但因为各个国家在经费等方面存在分歧，对伽利略卫星导航系统的研制目前处于中断状态。

在导航定位技术的应用领域，目前使用比较多的是通过各种地图软件来实现第三方应用的定位、导航等功能。此外，还可以在移动物联网中通过卫星定位知道物品所到达的位置。

4. 云技术

云技术是指在广域网或局域网内将硬件、软件、网络等系列资源统一起来，实现数据的计算、储存、处理和共享的一种托管技术。云技术的简单理解就是利用高速互联网的传输能力，将用户所有的数据和服务（各类软件）都放在"网络云"（大型数据处理中心）中，用户只要有一个上网的终端就可以了。云技术将各种各样的终端（如个人计算机、手机、电视等）进行连接，为用户提供广泛、主动、高度个性化的服务，包括云空间、云搜索、云浏览、云社区、云应用等一系列资源分享应用。

5. 移动支付

移动支付（Mobile Payment），是指交易双方为了某种货物或者服务，使用移动终端设备为载体，通过移动通信网络实现的商业交易。移动支付所使用的移动终端可以是手机、

PDA、移动个人计算机等。

移动支付属于电子支付方式的一种，与移动通信技术、无线射频技术、互联网技术相互融合。移动支付使用方法有：短信支付、扫码支付、指纹支付、刷脸支付、声波支付等。

6. 生物识别技术

生物识别技术是指通过计算机与光学、声学、生物传感器和生物统计学原理等高科技手段密切结合，利用人体固有的生理特性和行为特征来进行个人身份的鉴定。生物识别技术正在取代传统的密码设置方式，目前主要的生物识别技术包括指纹识别、掌纹识别、虹膜识别、脸部识别、声音识别、静脉识别等。移动支付行业较多地使用了此技术。为保证安全性，未来复合的生物识别技术将逐步取代单一生物识别技术成为主流。

第四节　数据管理技术

对于一个有一定规模的企业，是否能准确、可靠、高效地运用商业活动中积累下来的信息，是衡量企业管理水平的一项重要标志。汽车企业通过电子商务运作，可以迅速实现零配件的补货和配送，可以按照客户需求定制汽车，可以更方便地同外界联络，实现全球战略。要获得这样的战略优势，离不开对企业自身信息资源的管理，即信息的存取与处理。信息的存取意味着人们要有一种更好的方式组织数据；信息的处理意味着人们要有更恰当的信息处理工具。随着企业的发展，大多数企业在组织信息方面，已经从数据库技术向数据仓库技术发展。在处理信息时，应用数据挖掘工具，挖掘数据仓库内有价值的信息，支持公司的决策活动。

一、企业的数据处理方式

现代企业处理信息的方式有以下几种：

1. 以联机事务处理形式处理信息

企业的内联网支持企业管理信息系统进行联机事务处理（Online Transaction Processing，OLTP）。因此，企业的业务数据库可以应用 OLTP 技术及功能，然后再对收集到的经过处理的信息加以利用，并且不断更新已有的信息。

目前大多数企业运用业务数据库（Operational Data Base）和数据库管理系统（DBMS）对 OLTP 提供支持。

2. 以联机分析处理形式处理信息，并利用信息进行决策

企业从事务中获取信息后，需要对信息进行分析，以便从事各项决策任务。联机分析处理（Online Analytical Processing，OLAP）是一种为支持决策而进行的信息处理方式，如图 2-3 所示。数据仓库是一种特殊的数据库形式，它包含支持决策任务所需的特定信息，因此数据仓库能支持联机分析处理信息的功能。在这种系统中，企业所有工作人员（包括管理人员、技术人员、会计师、销售分析员）的信息都汇集到一个庞大的数据仓库之中。同样建立在数据仓库这个基础上的系统，能让每个工作人员十分容易地在计算机上进行各种查询,并经联机分析处理,做出重要决策。

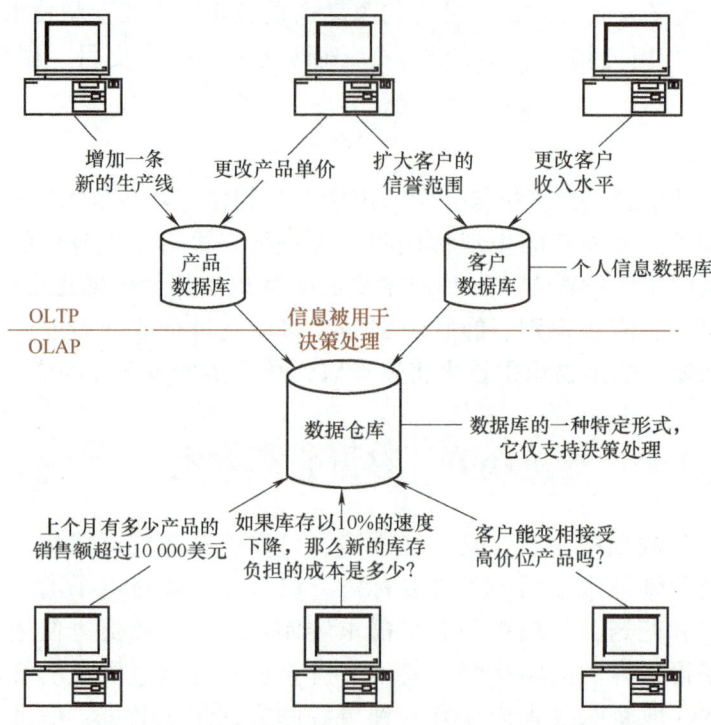

图 2-3　联机事务处理与联机分析处理

要将这样成千上万条信息用同一方法组织存储,并允许用户联机任意查询,这样的信息管理对企业是一种挑战。因此,企业在管理信息时应考虑:

1)采用适当的技术去组织信息,以便信息使用者能逻辑地使用信息,而不必了解信息的物理组织形式。

目前面向企业管理者的数据逻辑视图是"字段→记录→文件→数据库→数据仓库"。因此,数据仓库是数据逻辑视图的最新发展。数据仓库从各种各样的数据库中,将各方面信息收集到一起,为企业管理者提供决策所需的信息,并支持企业管理者运用数据挖掘工具并以联机分析处理方式进行决策。

2)信息的权限,如确定谁有权力浏览信息、谁有权力使用信息、谁有权力更新信息等。

3)信息的更新与维护,如信息的备份、信息的保存时间、信息的存储技术及更新技术等。

3. 大数据分析

研究机构 Gartner 对于"大数据"(Big data)给出了这样的定义:大数据是需要新处理模式才能具有更强的决策力、洞察发现力和流程优化能力的海量、高增长率和多样化的信息资产。大数据也通常用来形容一个公司创造的大量非结构化数据和半结构化数据。

大数据技术的战略意义不在于掌握庞大的数据信息,而在于对这些含有意义的数据进行专业化处理。换言之,如果把大数据比作一种产业,那么这种产业实现盈利的关键,

在于提高对数据的"加工能力",通过"加工"实现数据的"增值"。

大数据需要特殊的技术,以有效地处理海量的数据。适用于大数据的技术,包括大规模并行处理(MPP)数据库、数据挖掘、分布式文件系统、分布式数据库、云计算平台、互联网和可扩展的存储系统。

大数据处理流程可以概括为四步,分别是采集、导入和预处理、统计和分析,以及挖掘。

(1)采集 大数据的采集是指利用多个数据库来接收发自客户端(Web、App或者传感器形式等)的数据,并且用户可以通过这些数据库来进行简单的查询和处理工作。

(2)导入和预处理 虽然采集端本身会有很多数据库,但是如果要对这些海量数据进行有效的分析,还是应该将这些来自前端的数据导入一个集中的大型分布式数据库,或者分布式存储集群,并且可以在导入基础上做一些简单的清洗和预处理工作。

(3)统计和分析 统计和分析主要利用分布式数据库,或者分布式计算集群来对存储于其内的海量数据进行普通的分析和分类汇总等,以满足大多数常见的分析需求。

(4)挖掘 数据挖掘一般没有什么预先设定好的主题,主要是在现有数据上面进行基于各种算法的计算,从而起到预测的效果,从而实现一些高级别数据分析的需求。

二、数据库系统

数据库系统由数据库和数据库管理系统(Database Management System,DBMS)组成。这两部分有机地结合在一起,才能很好地进行数据的存储使用。

1. 数据库/数据仓库

在数据库管理方式中,为了开发共享数据库,首先要有数据字典。数据字典描述数据的定义、格式、内容以及数据库的相互关系,以确保所建数据库的完整性、一致性和可行性,使组织中各种应用所需的数据连接起来并集中存入一些共享数据库,而不是存入许多各自独立的数据文件中。例如,银行客户记录和一些银行其他应用所需的共享数据,如账单处理、银行信用卡、存款账号及贷款账务等,这些数据都可以归并到一个共享的客户数据库中,而不是保存在对应一种应用的独立文件中。

数据仓库(Data Warehousing)是数据库技术的一个较新的主题。数据仓库本身是一个非常大的数据库,它储存着由组织作业数据库中整合而来的数据,特别是指事务处理系统(On-Line Transactional Processing,OLTP)所得来的数据。将这些整合过的数据置放于数据仓库中,而公司的决策者则利用这些数据做决策;但是,这个转换及整合数据的过程,是建立一个数据仓库最大的挑战。因为将作业中的数据转换成有用的策略性信息是整个数据仓库的重点。综上所述,数据仓库应该具有这些数据:整合性数据(Integrated Data)、详细和汇总性的数据(Detailed and Summarized Data)、历史数据、解释数据的数据。

2. 数据库管理系统

数据库管理系统(DBMS)是一组计算机程序,控制组织和用户数据库的生成、维护和使用。DBMS的主要功能是数据库开发、数据字典、数据库查询、数据库维护和应用开发。

(1) 数据库开发 数据库管理软件允许用户很方便地开发他们自己的数据库。然而，DBMS 也允许数据库管理员（Database Administrator，DBA）在专家指导下，对整个组织的数据库开发给予控制。这就改善了组织数据库的完整性与安全性。数据库管理员利用数据定义语言（Data Definition Language，DDL）开发与说明数据内容、相互关系及每个数据库的结构，对这些信息进行分类后，储存在一个专用的数据定义和说明的数据库中，这个数据库称为数据字典（Data Dictionary）。数据字典由数据库管理员控制、管理和维护。在组织状态发生变化时，由数据库管理员统一修改数据库的说明。

(2) 数据字典 数据字典是一种用户可以访问的记录数据库和应用程序元数据的目录。数据字典不仅是每个数据库的中心，而且对每个用户也是非常重要的信息。主动数据字典是指在对数据库或应用程序结构进行修改时，其内容可以由 DBMS 自动更新的数据字典；被动数据字典是指修改时必须手工更新其内容的数据字典。任何字典最重要的用途都是供人查询对不了解的条目的解释，在结构化分析中，数据字典的作用是给数据流图上每个成分加以定义和说明。换句话说，数据流图上所有的成分的定义和解释的文字集合就是数据字典，而且在数据字典中建立的一组严密一致的定义很有助于改进分析员和用户的通信。

(3) 数据库查询 用户可以使用 DBMS 中的查询语言或报告发生器，询问数据库中的数据。用户可以在显示器或打印机上直接接受计算机的响应，如一个报告，而并不要用户进行困难的程序设计。这种数据库访问能力对于普通用户是非常有益的。你只要掌握一些简单的请求和查询语言，就能让用户容易地、立即得到联机查询的响应。报告发生器的特征是能把你的需要表达成一个报告，并给它指定报告的格式。

有两种主要的查询语言：一种称为结构化查询语言（Structured Query Language，SQL）；另一种称为范例查询（Query By Example，QBE）。SQL 语言可以在许多 DBMS 软件包中找到。SQL 查询的基本格式是：Select...From...Where。在 Select 后面，列出要抽取的数据字段；在 From 后面列出文件或表，它们是数据字段的出处；在 Where 后面，说明限定的条件。系统只对你感兴趣的字段进行检索，如果一个财务总管要从公司人力资源数据库抽取所有财务人员的姓名、社会保险号、部门及工资，则只要利用 SQL 语言查询，就可以显示这些信息。采用 QBE 查询时，把一个或数个文件中的每一个字段都显示出来，然后由用户依靠键盘或鼠标选取所需要的信息，并组织在一起，向用户显示。

(4) 数据库维护 随着新事务的发生，组织的数据库需要经常更新数据，以适应企业新的状况。随之而来对应数据库变化的各种各样的修改也应完成，以保证数据库数据的准确。这种数据库维护处理是在 DBMS 的支持下，由传送处理程序以及其他用户应用软件实现的。用户和信息专家可以通过 DBMS 调用各种实用程序，以进行数据库的维护。

(5) 应用与开发 DBMS 的一个重要作用是应用开发。DBMS 可以使应用程序员不必像使用通常的程序设计语言那样，通过编程去开发详细的数据处理过程，而是采用数据操纵语言（Data Manipulation Language，DML）应用程序中的一个句子，就可以让 DBMS 执行必要的数据处理活动。

三、数据挖掘工具

若将数据仓库比作矿坑，数据挖掘（Data Mining）就是深入矿坑采矿的工作。毕竟数据挖掘不是一种无中生有的魔术，也不是点石成金的炼金术，若没有足够丰富完整的数据，是很难期待数据挖掘能挖掘出什么有意义的信息的。

数据挖掘工具（Data Mining Tools）是用户对数据仓库进行信息查询的软件工具。数据挖掘工具必须支持 OLAP 的概念，即通过对数据的处理来支持决策任务。数据挖掘工具包括查询与报表工具、智能代理以及多维分析工具，如图 2-4 所示。

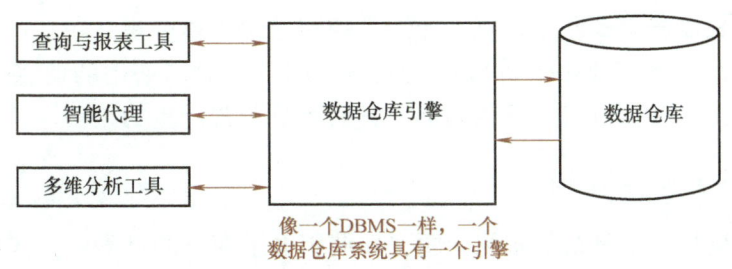

图 2-4　数据挖掘工具

（1）**查询与报表工具**　查询与报表工具（Query-and-Reporting Tools，QRT）、范例查询工具、结构化查询语言及数据库管理系统提供的报表生成器等，都属于此类工具。大多数数据仓库环境支持用户使用这一类工具进行简单的查询和生成报表，完成简单的数据存取处理。

（2）**智能代理**　智能代理（Intelligent Agent）是定期收集信息或执行服务的程序，它不需要人工干预，具有高度智能性和自主学习性，可以根据用户定义的准则，主动地通过智能化代理服务器为用户搜集最感兴趣的信息，然后利用代理通信协议把加工过的信息按时推送给用户，并能推测出用户的意图，自主制订、调整和执行工作计划。

（3）**多维分析工具**　多维分析工具（Multidimensional Analysis Tools）是一种进行纵横分割的技术。它允许人们从不同角度看多维信息，提供多维度、多指标的交叉分析，全面支撑各个团队的日常数据分析需求，驱动业务决策。

第五节　安　全　技　术

汽车电子商务发展的核心和关键问题是交易的安全性。由于互联网本身具有的开放性、交易各方的不直接对面性、资金流转的计算机处理性和网络传输性等，使网上交易面临种种安全的隐患。

一、电子商务交易安全隐患

当许多传统的商务方式应用在互联网上时，便会带来许多源于安全方面的问题，如传统的贷记卡和借记卡支付/保证方案及数据保护方法、电子数据交换系统、对日常信息安

全的管理等。由于电子商务的形式多种多样，涉及的安全问题各不相同，但一般来说商务安全中普遍存在着以下几种安全隐患：

（1）**窃取信息**　由于未采用加密措施，数据信息在网络上以明文形式传送，入侵者在数据包经过的网关或路由器上可以截获传送的信息。通过多次窃取和分析，可以找到信息的规律和格式，进而得到传输信息的内容，造成网上传输信息泄密。

（2）**篡改信息**　当入侵者掌握了信息的格式和规律后，通过各种技术手段和方法，将网络上传送的信息数据在中途修改，然后再发向目的地。这种方法并不新鲜，在路由器或网关上都可以做此类工作。

（3）**假冒**　由于掌握了数据的格式，并可以篡改通过的信息，攻击者可以冒充合法用户发送假冒的信息或者主动获取信息，而远端用户通常很难分辨。

（4）**恶意破坏**　由于攻击者可以接入网络，则可能对网络中的信息进行修改，掌握网上的机要信息，甚至可以潜入网络内部，其后果是非常严重的。

二、电子商务安全性指标

电子商务安全是一个复杂的系统问题，在使用电子商务的过程中会涉及以下几个有关安全方面的要素：

（1）**访问控制**　访问控制是指控制哪些用户能够访问网络上的信息且能够进行何种操作。这包括账号和口令设置、目录访问权限设置、服务的访问合法性设置等，以保证合法的人员在合法的时间和地点访问。访问控制能够阻挡不希望的访问、攻击或破坏，如灾难防御、黑客防御、病毒防御等。实现防御性要求通常采用的是认证、防火墙等技术。

（2）**数据机密性**　数据机密性即保护个人的、专用的或高度敏感数据的机密，防止非授权用户使用。实现保密性的方法一般是采用加密手段。

（3）**不可修改性**　交易的文件是不可被修改的，否则必然会损害一方的商业利益。因此要保证所有存储和管理的数据不被无意或蓄意删除、伪造、篡改等，以保障商务交易的严肃和公正。同时也要确保数据在网络传输的过程中没有被篡改。实现数据完整性要求的方法通常采用的是数字指纹技术。

（4）**不可抵赖性**　不可抵赖性即用户不能抵赖自己曾有过的行为，也不能否认曾经接收到对方的信息。由于商情的千变万化，交易一旦达成是不能被否认的。否则必然会损害一方的利益。因此电子交易通信过程的各个环节都必须是不可否认的。实现不可抵赖性要求的方法通常使用的是数字签名技术。

（5）**身份认证**　身份认证也称为身份鉴定、身份鉴别或身份验证等。即确认交易双方身份的合法性，防止欺诈。能方便而可靠地确认对方身份是交易的前提。实现身份认证通常的做法是建立认证系统。

三、安全交易标准和技术

近年来，针对电子交易安全的要求，IT业界与金融行业一起，推出不少有效的安全交易标准和技术。

1. 协议标准

主要的协议标准有：

（1）**安全超文本传输协议**（S-HTTP）　依靠密钥对的加密，保障 Web 站点间的交易信息传输的安全性。

（2）**安全套接层协议**（SSL）　由 Netscape 公司提出的安全交易协议，提供加密、认证服务和报文的完整性。SSL 被用于 Netscape Communicator 和 Microsoft IE 浏览器，以完成需要的安全交易操作。该协议在网络上普遍使用，能保证双方通信时数据的完整性、保密性和互操作性，在安全要求不太高时可用。例如，需要网上支付时，付款者利用银行提供的网上支付接口就可以很方便地实现基于此协议的网上支付。它等价于使用一个安全电话连接将用户的信用卡号通过电话读给商家。

（3）**安全交易技术协议**（Secure Transaction Technology，STT）　由微软公司提出，STT 将认证和解密在浏览器中分离开，用以提高安全控制能力。微软在 IE 中采用这一技术。

（4）**安全电子交易协议**（Secure Electronic Transaction，SET）　由威士（VISA）国际组织、万事达（Master Card）国际组织创建，联合 IBM、Microsoft、Netscape、GTE 等公司制定。该协议是实现在开放的网络（互联网或公众多媒体网）上使用付款卡（信用卡、借记卡和取款卡等）支付的安全事务处理协议。通过 SET 协议可以实现电子商务交易中的加密、认证、密钥管理机制等，保证了在互联网上使用信用卡进行在线购物的安全。SET 规定了电子商务支付系统各方购买和支付消息传送的流程，也定义了每一步骤使用的通信协议、信息格式和数据类型。SET 使用的安全技术包括：加密（公开密钥加密、秘密密钥加密）、数字信封、数字签名、双重数字签名、认证等。它通过加密保证了数据的安全性，通过数字签名保证交易各方的身份认证和数据的完整性，通过使用明确的交互协议和消息格式保证了互操作性。它的实现不需要对现有的银行支付网络进行大改造，但必须在客户端安装专门的交易软件。

（5）**互联网电子邮件的安全协议**　电子邮件是互联网上主要的信息传输手段，也是电子商务应用的主要途径之一。但它并不具备很强的安全防范措施。互联网工程任务组（IEFT）为扩充电子邮件的安全性能已起草了相关的规范。

1）PEM。PEM 是增强互联网电子邮件隐秘性的标准草案，它在互联网电子邮件的标准格式上增加了加密、鉴别和密钥管理的功能，允许使用公开密钥和专用密钥的加密方式，并能够支持多种加密工具。对于每个电子邮件报文可以在报文头中规定特定的加密算法、数字鉴别算法、散列功能等安全措施。PEM 是通过互联网传输安全性商务邮件的非正式标准，不过它有可能被 S/MIME 和 PEM-MIME 规范所取代。

2）S/MIME。S/MIME（安全的多功能互联网电子邮件扩充）是在 RFC1521 所描述的多功能互联网电子邮件扩充报文基础上添加数字签名和加密技术的一种协议。MIME 是正式的互联网电子邮件扩充标准格式，但它未提供任何的安全服务功能。S/MIME 的目的是在 MIME 上定义安全服务措施的实施方式。S/MIME 已成为产业界广泛认可的协议，如微软公司、Netscape 公司、Novell 公司、Lotus 公司等都支持该协议。

3）PEM-MIME（MOSS）。MOSS（MIME 对象安全服务）是将 PEM 和 MIME 两者的特性进行了结合。

2. 安全技术

（1）加密技术 加密技术是电子商务中采取的主要安全措施，贸易方可根据需要在信息交换的阶段使用。目前，加密技术分为两类，即对称加密和非对称加密。

1）对称加密/对称密钥加密/专用密钥加密。在对称加密方法中，对信息的加密和解密都使用相同的密钥。也就是说，一把钥匙开一把锁。使用对称加密方法将简化加密的处理，每个贸易方都不必彼此研究和交换专用的加密算法，而是采用相同的加密算法并只交换共享的专用密钥。如果进行通信的贸易方能够确保专用密钥在密钥交换阶段未曾泄露，那么机密性和报文完整性就可以实现。对称加密方式存在的问题是无法鉴别贸易发起方或贸易最终方。因为贸易双方共享同一把专用密钥，贸易双方的任何信息都是通过这把密钥加密后传送给对方的。

2）非对称加密/公开密钥加密。在非对称加密体系中，密钥被分解为一对（即一把公开密钥或加密密钥和一把专用密钥或解密密钥）。这对密钥中的任何一把都可作为公开密钥（加密密钥）通过非保密方式向他人公开，而另一把则作为专用密钥（解密密钥）加以保存。公开密钥用于对机密性的加密，专用密钥则用于对加密信息的解密。专用密钥只能由生成密钥对的贸易方掌握，公开密钥可广泛发布，但它只对应于生成该密钥的贸易方。贸易方利用该方案实现机密信息交换的基本过程是：贸易方甲生成一对密钥并将其中的一把作为公开密钥向其他贸易方公开；得到该公开密钥的贸易方乙使用该密钥对机密信息进行加密后再发送给贸易方甲；贸易方甲再用自己保存的另一把专用密钥对加密后的信息进行解密。贸易方甲只能用其专用密钥解密由其公开密钥加密后的任何信息。

（2）密钥管理技术

1）对称密钥管理。对称加密是基于共同保守秘密来实现的。采用对称加密技术的贸易双方必须保证采用的是相同的密钥，要保证彼此密钥的交换是安全可靠的，同时还要设定防止密钥泄密和更改密钥的程序。这样，对称密钥的管理和分发工作将变成一件潜在危险的和烦琐的过程。

通过公开密钥加密技术实现对称密钥的管理使相应的管理变得简单和更加安全，同时还解决了纯对称密钥模式中存在的可靠性问题和鉴别问题。贸易方可以为每次交换的信息（如每次的 EDI 交换）生成唯一一把对称密钥并用公开密钥对该密钥进行加密，然后再将加密后的密钥和用该密钥加密的信息一起发送给相应的贸易方。由于对每次信息交换都对应生成了唯一一把密钥，因此各贸易方就不再需要对密钥进行维护和担心密钥的泄露或过期。这种方式的另一优点是即使泄露了一把密钥也只将影响一笔交易，而不会影响到贸易双方之间所有的交易关系。这种方式还提供了贸易伙伴间发布对称密钥的一种安全途径。

2）公开密钥管理/数字证书。贸易伙伴间可以使用数字证书（公开密钥证书）来交换公开密钥。国际电信联盟（ITU）制定的标准 X.509 对数字证书进行了定义，该标准等同于国际标准化组织（ISO）与国际电工委员会（IEC）联合发布的 ISO/IEC 9594-8：195 标准。数字证书通常包含有唯一标识证书所有者（即贸易方）的名称、唯一标识证书发布者的名称、证书所有者的公开密钥、证书发布者的数字签名、证书的有效期及证书的序列号等。证书发布者一般称为证书管理机构，它是贸易各方都信赖的机构。数字证书能够起到标识贸易方的作用，是目前电子商务广泛采用的技术之一。

3）密钥管理相关的标准规范。国际有关的标准化机构都着手制定关于密钥管理的技术标准规范。ISO 与 IEC 下属的信息技术委员会（JTC1）已发布了关于密钥管理的国际标准规范。该规范主要由三部分组成：第一部分是密钥管理框架；第二部分是采用对称技术的机制；第三部分是采用非对称技术的机制。

（3）**数字签名**　数字签名，就是只有信息的发送者才能产生的别人无法伪造的一段数字串，这段数字串同时也是对信息的发送者发送信息真实性的一个有效证明。数字签名算法适用于商务应用中的数字签名和验证，可满足多种密码应用中的身份认证和数据完整性、真实性的安全需求。

数字签名是非对称密钥加密技术与数字摘要技术的应用。密钥交换协议适用于商用密码应用中的密钥交换，可满足通信双方经过两次或可选三次信息传递过程，计算获取一个由双方共同决定的共享秘密密钥。公钥加密算法适用于国家商用密码应用中的消息加解密，消息发送者可以利用接收者的公钥对消息进行加密，接收者用对应的私钥进行解密，获取消息。ISO/IEC JTC1 已发布了有关的国际标准规范 ISO/IEC 9796，14888.15964。

近年来我国的电子商务发展迅猛，有关的网上交易安全保障也逐步建立起来了。网络安全是一个综合性的课题，涉及技术、治理、使用等许多方面，既包括信息系统本身的安全问题，也有物理的和逻辑的技术措施。电子商务的安全运行，仅从技术角度防范是远远不够的，还必须完善电子商务立法，以规范飞速发展的电子商务现实中存在的各类问题，从而引导和促进我国电子商务快速健康发展。

第三章　汽车电子商务的运行环境

第一节　汽车电子商务的企业环境

一、企业信息化是电子商务发展的基础

电子商务在理论上提供给汽车企业无限大的时间与空间。企业可以24小时与世界上任何一个角落的人开展业务往来。所以，越来越多的汽车企业开始着手建立电子商务框架，将其关键业务向网上转移。

电子商务的核心仍然是商务，只不过用电子媒介作为手段，也就是使整个商务贸易活动电子化，从而改造传统企业业务流程，提高企业的运行效率，最大限度地降低企业运营成本，提高核心竞争力和经营业绩。这意味着企业在后台必须有相应的支撑。

然而，汽车企业在利用电子商务的手段处理业务时，订单响应速度怎么样？交货期有保障吗？生产能负荷突如其来的大量订单吗？频繁的订单和设计变更企业可以处理吗？事实上，很多企业都没有这方面的充分准备，仓促上马不但于事无补，更是拔苗助长。这也是为什么许多汽车企业对电子商务仍持观望态度的根本原因。经常提到的"缺乏用户、商务环境、认证、支付、配送、金融信用体系不完善、安全性差等"，还仅仅是纯技术性的问题。那归根到底是什么原因造成上述问题呢？

最大的问题是汽车企业信息化的总体水平尚不够高。虽然目前，国内绝大多数汽车生产厂商都已经建立起了独立的网站来宣传企业形象，向客户提供相关信息，但网站的建设水平参差不齐，较好的厂商网站在利用互联网进行信息发布的同时开始尝试营销调研，并高度重视网站与客户交流沟通中的桥梁作用。而有的网站却并不注重该"桥梁作用"，只是简单地发布厂商的信息。在这种情况下，电子商务还只是处于局部、初级阶段。因此企业实施电子商务的前提是以企业内部的管理及信息技术建设的全面、高效为前提的。

信息技术的核心在于信息而非技术；同样，电子商务的核心在于商务而非电子化。互联网仅仅是企业扩展业务的一个新渠道。唯一不同的是，这个渠道是目前所有手段中最具有发展潜力及竞争优势的。企业信息化作为电子商务的基础，应以企业信息化应对电子商务的挑战。

企业信息化是企业未来电子商务时代最根本的基础。企业信息化的进程决定了电子商

务时代的进程。信息化是个非常广泛的范畴，它包括信息的采集、传输、通信、处理，也包括计算机信息的运用。企业信息化是以信息技术运用于企业的产品设计、制造、管理和销售的全过程，以提高企业市场的应变能力。这是企业信息化的主要内容和目标。近年来，由计算机技术与通信技术有机结合而形成的现代信息技术有了迅猛的发展。信息化可以理解为：在经济和社会活动中，通过普遍地采用信息技术和电子信息装备，更有效地开发和利用信息资源，推动经济发展和社会进步，是利用了信息资源而创造的劳动价值在国民生产总值中的比重逐步上升直到占主导地位的过程。信息化也可理解为对比于工业化而言的一种新的经济与社会格局。在这个新格局中，人类社会成为更加紧密相连的、不可分割的整体。相应的体制、思想、观念、习惯也将产生许多新的、与以往不同的内容和特点。

企业电子商务的大部分工作在于内部基础管理的信息化，因此，企业信息化是企业电子商务的基础。那种认为建一个网站就可以开展电子商务的观点无疑是片面的。企业信息化就是信息技术应用于企业生产、技术、经营管理等领域，不断提高资源开发效率，获取信息经济效益的过程；是实现从库存管理到采购、生产、销售管理，从企业内部财务、技术管理到企业外部资源的完善管理所不可缺少的手段。企业信息化是信息技术的大量采用，改造和强化了企业物资流、资金流、人员流及信息流的集成管理，对企业固有的经营思想和管理模式产生了强烈冲击，带来了根本性的变革。信息技术与企业管理的发展与融合，使企业竞争战略管理不断创新，竞争力不断提高。

二、汽车企业信息化中的基础系统

从20世纪50年代现代信息技术开始在管理中应用至今，信息的作用已由最初简单的依据计算机数据处理技术进行管理领域的事物处理，发展到当前较健全的管理信息系统这一层面。在信息化的发展过程中，其成熟的标志是具有集中统一规划的数据库的建立。它象征着管理信息系统是经过周密地设计而建立的，它标志着信息已集中成为资源，为各种用户所共享。

信息化在当今管理领域的应用是多方面的，以下是信息化在管理方面的主要应用，它们均属于管理信息系统的范畴，但不是管理信息系统的全部。

1. 统计系统

统计所研究的内容是数量数据间表面的规律，应用统计可以把数据分为较相关的和较不相关的组，它一般不考虑数据内部的性质。例如，汽车行业中各生产车间工人和技术人员绘图、编程每日所用工时统计。

2. 状态报告系统

它是反映系统状态的一种系统，可分为生产状态报告、服务状态报告和研究状态报告等系统。它的代表是 IBM 公司的公用制造信息系统 CMIS（Common Manufacturing Information System）。"公用"的意思是报告记录的格式统一，有公用数据库使全系统的数据统一和共享。这个系统使计划调度加快，减少库存，过去需要15周的工作采用此系统只需用3周的时间即可完成。

3. 业务处理系统（Transaction Processing System，TPS）

这是支持企业运行层日常操作的主要系统，它进行日常业务的记录、汇总、综合、分类。例如，订货单的处理、工资系统、雇员档案系统等。

4. 知识工作和办公自动化系统

知识工作系统是支持知识工作者的系统。如科学和工程设计的工作站系统，又称计算机设计系统（Computer-Aided Design System，CADS），它能协助设计出新产品，产生新的信息。现在企业管理上开始应用协同工作的计算机系统，它允许企业中各部门如市场部、财务部和生产部的人员，在上面协同工作，然后产生一份策略或计划报告，也就产生了新的信息。未来企业的效率和效益将越来越依赖于知识工作，因而企业对此也十分重视。办公自动系统是支持较低层次的脑力劳动者的系统，这些人的工作不是创造信息，而是处理数据。在现在实际工作过程中，工作者往往把二者结合起来运用，达到最佳的工作效率。

5. 决策支持系统（Decision Support System，DSS）

随着信息技术应用的深入，信息系统已不仅仅支持信息的处理，而是向上发展，支持管理的决策。DSS 主要有主管支持系统（Executive Support Systems，ESS）和群体决策系统（Group Decision Support System，GDSS）。ESS 是依靠先进的存取手段，可以存取外界包括市场行情、新的税收规定以及竞争者情况的信息。它具有很好的图形显示能力和实用的分析能力。ESS 不仅支持主管进行决策，提高效益，而且支持主管日常办公，提高效率。而今，汽车行业领导层大部分决策已摆脱了主观判断，这很大程度上取决于公司的决策支持系统。汽车行业下一步的目标应是使自己的决策支持系统更加科学和完善，为领导层提供准确的最终信息。

三、电子商务对企业管理的影响

企业管理者运用电子商务迅速地计划、组织、领导企业的各项活动，使企业生产经营的各个环节加速完成，可以创造巨大的产业价值。电子商务对采购、研发、制造、营销等方面起到了积极的推动作用，控制了企业的成本，提高了工作的效率，并且扩大了市场占有率，使传统的企业管理模式发生了革命性的变化。

1. 电子商务对企业管理理念的影响

电子商务使企业建立起创新型的管理理念。信息时代企业之间的竞争更加激烈，传统的常规管理形式已经不能适应社会的发展，时时创新的管理理念将是未来发展的必然趋势。企业只有在理念上创新和转变，才能在现代化的竞争中立于不败之地。管理者将创新型的理念运用到企业管理过程中，不断做出战略创新、制度创新、市场创新及组织创新，制定出适应社会发展的管理体系，必将提高企业的竞争力。

（1）**电子商务增强企业管理全球化、标准化观念**　在传统的商务买卖过程中，企业会受到来自各方面的阻碍和压力，会受到时间和空间领域的制约。而随着电子商务的运用，只要通过电子商务网站或 App 就可以看到从世界各地发来的订单及咨询信息；通过网站的点击就能掌握企业及其产品的动态信息；通过网上银行或第三方支付软件就能完成付款、支付等功能。这就要求企业树立全球化、标准化观念，紧跟时代发展步伐。

（2）**电子商务增强企业快速自主创新观念**　电子商务的出现，改变了信息传递的方式，便捷的信息传播通道和激增的信息传播数量使企业可以在更短的时间内发布、获取信息。这就要求企业要紧跟时代步伐，加快自主创新，生产出具有市场竞争力的产品，才能满足国际社会的需要，才能在全球化经营中立足。

（3）**电子商务增强企业重视知识的观念**　电子商务的应用，激增了企业获取、应用知识的能力，电子商务是新的管理模式的载体，它超越了技术和产品的范畴，改变了企业的经营要素观念，更多的知识积累才能更好地运用电子商务。为此，企业要有重视知识的观念，逐步建立信息资源共享机制，不断完善企业知识数据库，为增强企业发展后劲奠定基础。

2. 电子商务对企业管理组织的影响

传统的企业内部管理方式主要是直线型的垂直管理，强调的是分工明确，顺序传递。在市场竞争激烈的当代，企业的这种组织管理方式已经无法适应市场的需求，它存在着运行效率低下的弊端。而电子商务的发展，正在使企业组织趋向结构扁平化、决策分散化、作业并行化的发展。

（1）**将金字塔型的企业组织结构转变为扁平化的企业组织结构**　如果在传统的信息沟通方式下对每一个企业员工和岗位进行管理，就会造成层层加码的现象，企业的组织结构在这个过程中逐渐变为金字塔型。电子商务加快了信息传递的速度和数量，直接影响了金字塔的最底层，企业的组织结构逐渐地向扁平化转变，在这种结构下可以实现决策者和执行者的直接联系，在这个过程中中层组织的功能逐渐被削弱。

（2）**使企业的决策向分权化转变**　电子商务消除了信息传递的壁垒，淘汰了以往利用垄断信息来强调"权威"的做法，将企业的组织决策向分权化转变，这样企业员工可以很快地掌握大量的一线信息，并能实现信息的沟通与交流，这样可以让员工获得更多有价值的信息，职工在发布信息的同时逐渐成了企业的决策者。这就改变了企业员工的事业目标，员工由原来的追求高职位逐渐向追求专业的发展改变。同时不断完善的企业内部的激励机制使很多企业员工开始考虑自己为企业所做贡献的多少。

（3）**将企业的作业程序转变为并行方式**　传统的信息传递方式为线性方式，主要是通过点的链接来实现信息的传递，而电子商务的出现使信息传递通过网络来进行，实现了面与面之间的链接。企业的作业程序是由信息的传递方式来决定的，电子商务使企业的作业程序由串行向并行转变，通过并行的作业方式可以实现企业的变革，通过网络将企业的职能部门和各个环节进行整合，可以使企业的作业程序协调地运作。这种相对独立的并行式作业方式使企业的工作效率大为提高，缩短了作业时间的同时还可以节约作业成本。

3. 电子商务对企业市场营销管理的影响

电子商务推出了电子营销方式，电子营销是借助于网络技术进行产品的宣传、销售等，大大拓展了销售市场的空间。

一方面，电子商务通过互联网直接进行销售，节约了大量的营销成本。企业拥有自己遍布全球的营销网络，不通过任何中介进行销售，不再受市场准入及品牌定位等销售规

则的束缚，企业直接和客户对话，把客户整合到整个营销过程中来，并且在整个营销过程中及时与客户进行交流。这样不仅降低了交易费用和流通费用，而且提高了信息流动速度。通过电子营销这种方式对公司产品进行宣传，大大降低了促销成本。

另一方面，网络互动营销可以全面展示产品，使交易虚拟化，客户可以在网上浏览、挑选并下订单，理性地购买产品。企业利用网上销售产品，可以通过多媒体的性能全方位地展示产品的内部结构、质量、价格及付费方式等，这样顾客不用出门就能更多地了解该产品及售后服务等相关信息，从而选择自己喜欢的商品，节省了购买时间和体力消耗，同时企业也节约了销售成本，这样企业将以前支付给中介的费用折扣给消费者，让消费者得到更多的实惠。

4. 电子商务对企业人力资源管理的影响

人力资源管理是企业管理的核心，21世纪是知识经济的时代，无论是经济竞争还是综合国力的竞争，归根结底都是对人才的竞争。只有合理地开发人力资源和科学、有效地管理好人力资源，企业才能健康蓬勃地发展。

电子商务的运用使企业对于人力资源的引进、测试、录用、培训、奖励等都变得更加容易，而且所需费用也极大地降低了。相对于传统的人才招聘和录用方式，采用电子商务进行人才招聘具有明显的优势。

企业通过电子商务进行人才招聘，通过公司网站可以全面了解应聘人员的详细资料，筛选出能力强、品德高、综合素质过硬的优秀人才，不仅大大节省了人才招聘的费用、时间，提高了招聘的效率，而且人才的招聘范围将变得更加广阔，这样就更加便于公司选出合适的人才。同时，对于企业内部人力资源的管理，员工可以利用内联网直接进行沟通与交流，共享业务信息，商讨企业发展，增加员工参与企业管理的归属感，促进企业文化的建立。

5. 电子商务对企业库存管理的影响

电子商务能合理降低库存，提高企业库存管理水平，增加企业资金的利用率。传统的企业管理模式为了保证履行供货合同，积压了大量库存，导致企业运费、租金、管理经费明显增加，无形之中提高了成本，降低了企业的效益。在实施电子商务后，企业管理系统中合理运用电子商务的软件系统准确清点库存、设置库存上下限、掌握商品的销售状况，运用电子商务的高级计划系统，及时调整进货内容，这样就提高了商品周转率，使库存总量控制在最低水平。电子商务系统利用电子传输手段，加强了企业间的合作，使资源超越时空地整合到了一起，企业间可以优势互补、利益共享，为实现零库存做了铺垫，从而大大节约了企业的开支。

6. 电子商务对企业采购管理的影响

企业运用电子商务进行采购，能够有效减少采购成本，建立企业快速反应的动态联盟。

1）传统的采购方式要通过订货会、见面会才能确定采购的原材料，占用了一定的人力、物力，电子商务则弥补了这一不足，企业通过自己的专用网站或远程检索，直接与合作商洽谈业务，节约了采购中的差旅费、调研费等，大大减少了企业采购的成本支出。

2）企业运用电子商务系统在最大范围内选择供应商，选择最合适的合作伙伴，采购人员把较多的时间和精力放在价格谈判和企业发展联盟上，使信息资源共享，购买到物美价廉的原材料和零部件，将产品制造和原材料采购巧妙地结合在一起，形成一体化传递及处理系统，从而降低了采购成本。

3）企业通过网络可以及时了解自身原材料是否短缺，做到了按需采购，避免了货物短缺或重复进货的现象，减少了不必要的浪费，提高了企业的采购效率，使企业的生产经营正常运行。

7. 电子商务对企业生产管理的影响

电子商务缩短了研发与生产周期，提高了工作效率。

1）信息时代人们生活水平不断提高，对服务的要求也随之上升，人们要求高速度、高质量的个性化服务，企业必须以全新的技术及过硬的产品质量赢得信誉，电子商务活动可以了解消费者的需要，而且消费者也可以提出一些设计方面的建议，帮助企业以最快的速度进行研发、生产产品，推动了企业的快速发展，节约了时间和成本，提高了工作效率。

2）研发与生产一种新产品都与一些固定的开销相联系，这些开销包括大部分监理和管理费用及设备折旧费、大部分公用设施费用，这些费用不受产量多少的影响，它与时间有密切的联系。如果产品研发和生产的时间缩短，那么自然每件产品的固定开销就随之降低。电子商务环境下，过去几周甚至几个月才能完成的步骤，几天就完成了，大大缩短了研发及生产的周期，产品定位更加准确，企业以较低或同样的费用生产更多的产品，降低了生产成本，提高了工作效率。

3）企业可以通过互联网了解竞争对手的最新动态，根据市场需求对自己的产品做出适当的调整，提高产品在竞争中的抗冲击能力。

在信息高速发展的时代，企业间的竞争已经进入管理层次上的竞争，电子商务是增强企业的综合实力及市场竞争力的有效手段，它必然会推动企业管理的发展。电子商务形成强有力的网络化企业管理系统，节约了企业的成本、扩大了企业的市场占有率，使企业在现代化市场激烈的竞争中立于不败之地。

第二节　汽车电子商务的国际贸易环境

随着社会的日益开放，市场经济、自由贸易和全球性社会化大生产已经成为这个时代发展的主流。世界各国的发展日益融通，人员和物资之间的交往日益频繁，汽车企业的发展越来越多地依靠国际的分工合作以及国际贸易活动的开展。自21世纪以来，电子商务进一步扩大国际贸易平台，使贸易全球化。它与国际贸易有效结合，利用互联网的便利，将许多的物质资源转化为信息资源，实现足不出户便能够购物的便捷。同时信息化的高速发展使电子商务在国际贸易的交易过程不断精简，消费者通过简单易懂的操作模式，方便快捷地选择所需的消费品。电子商务符合21世纪人们对快捷便利的需求，只需要在网络中挑选好自己心仪的物品，不需要花费时间实地奔波货比三家。可以说电子商务将作为国际贸易的主要手段，极大地促进国际贸易的发展。

一、电子商务对国际贸易运行方式的影响

1. 运行主体和环境发生改变

电子商务使国际贸易经营主体出现了"虚拟"公司和企业,即通过信息技术和软件,一家公司可以在无人值守状态下,不间断地营业,处理各种日常事务,接受订单发出指令等。这种虚拟公司的出现大大提升了汽车公司的业务量,有效地提高了运转效率。同时,以计算机网络技术为核心的电子商务系统,在网络环境下也创造出了"虚拟"市场,冲破了国际各个相对独立存在的实体市场的地域和空间限制,使市场机制在全球适用,促进了市场运行的公开、公平和公正,使全球范围内动态地进行资源配置成为可能。

2. 交易方式发生改变

国际贸易自从使用电子商务后,对传统的贸易模式带来了极大的改变,线上交易成为国际贸易与电子商务合作的创新消费模式。线上贸易从刚崛起便有效地取代了传统的贸易模式。具体来说,线上的国际贸易模式就是利用网络的发达与便捷,在互联网中进行有效的信息传递,精简了消费的过程,将传统贸易的中间商直接取消。传统的贸易总是需要通过中间商进行交易,中间商能够从中赚取差价,电子商务能够减少中间商的作用,可以让消费者直接与卖家进行交流,顾客能够直接向商家咨询信息,也不用担心中间商夸张的抽成,商家也能够获取更高的利润。通过数据库的整理及电子数据的处理,将消费的时间大大缩短,能够高效地实现国际贸易,减少人工成本,减少员工的失误率,实现自动化的交易。

3. 经营模式发生改变

电子商务的交易平台在于互联网,利用电子计算机的技术及电子数据的传输,使贸易活动能够完全通过网络进行,将传统的国际贸易中的单向物流主体贸易方式取代。电子商务以高效的信息流、商流、资金流和物流为核心主体,极大地改变了传统贸易模式单一的消费模式。这样的交易模式能够不限制交易的时间、地域、空间,也能够减少传统国际贸易中代理商的存在,让消费者直接与商家沟通,也能够极大地减少囤货、货品过期等问题,对国际贸易的高效发展有着极大的推动作用。

二、电子商务对国际贸易监管体制的影响

传统的贸易在进出口时监管程序十分烦琐复杂,导致商品在运输过程中也耗费了大量的时间。但电子商务与国际贸易相结合,使线下交易转变为线上交易。在监管方面也应该与电子商务相结合,实现网络的监管模式。例如,在进出口通关、纳税等方面都应实现网络监管,从"有纸化"转为"无纸化"的线上监管。这种监管方式一方面能够使数据更便于整理;另一方面,也能够节约人力成本,高效地完成监管过程,提高监管效率。

三、对国际贸易政策的影响

美国是网络自由贸易政策的创始国。克林顿政府于1993年7月1日就正式颁布了

《全球电子商务纲要》，其在"财务问题：关税与税务"部分开宗明义地提出："50年来，世界各国一直在为降低关税而进行谈判，因为各国经济和人民都能受益于更加自由的国际贸易。基于这样的认识，并且由于互联网是真正的全球性的媒体，对通过互联网交易并最终传递的商品和服务征收关税是毫无意义的。"同时，欧洲、加拿大、日本以及东南亚许多国家和地区也纷纷出台了相应的法律和扶持政策，相互之间达成一定的协议，提出了零关税、新型知识产权、网络安全、资源共享等一系列电子商务的原则。

1998年2月19日，美国贸易代表团向世贸组织总理事会提交一份旨在规范贸易税收，实现网上贸易永久零关税的提案。经过三天的会议，经反复协商和激烈的讨价还价后，世贸组织132个成员于5月20日最终达成一项至少在一年内暂免关税的协议，即各国政府至少在一年内对通过互联网完成交易全过程的软件销售和其他可数字化的商品和服务的交易免征关税，但不包括那些虽在互联网上完成定购，但仍需一般方式通过国境线才能交付的贸易货物。这一协议首次缔造了全球最大的网上自由贸易区，促进了全球经济一体化和国际贸易自由化的进程。

自由贸易政策和暂免关税协议的实施，对发展中国家是个机遇。由于发展中国家急需众多信息基础设施的建设，免税贸易可以使相关信息产品的价格在一定程度上有所下降。此外，发展中国家在某些信息产业方面也相应地占有优势。同时更应看到，暂免关税的协议也会给发展中国家的信息产业带来较为严重的挑战。在美国，信息产业已具备相当规模并具有强大竞争力，然而，在众多发展中国家还属幼稚产业，客观上需要一定的保护期和学习期。在不具备国际市场的竞争能力之前，本国市场是其成长的沃土。因而一定程度的保护贸易政策是必要且必需的。在世贸组织美国提出实现永久性零关税的提案后，发展中国家如印度、巴基斯坦、墨西哥、委内瑞拉等在会议前夕很快达成一致意见，公开反对永久免税，以保护自己国家的利益。

现实地看，跨国电子商务还需缴纳关税，所以免不了通关所带来的一系列成本。当然，由于互联网和计算机技术的应用，通关的很多操作也可以通过网络进行。例如，中国海关本身也建立了"中国通关网"，也有企业建设的"通关网"，但都免不了线下的操作。

纵观世界经济的发展历程，自由贸易是必然的发展趋势，而电子商务在新世纪最具有发展潜力，其对全球经济及国际贸易的影响必定是深远的。对发展中国家来说，一方面要积极参与有关电子商务的国际规则的制定，决不轻言放弃，努力争取相应的权益；另一方面也要积极顺应潮流，加快发展信息基础设施和促进电子商务的广泛应用，发挥后发优势，使本国的经济得以持续发展，国际竞争力得以提高。

第三节　汽车电子商务的法律法规环境

电子商务是近几十年才出现的新生事物，与沿袭了千百年的传统商业形式相比，电子商务在一定程度上改变了原有的贸易形态，从而引起了对相关法律、法规的修改和行政管理方式的变革。为电子商务营造一个合理、宽松的法律法规环境，已被作为一个重要议程提了出来。

一、电子商务发展中的法律问题

电子商务实际上是将传统的商业交易活动转移到互联网这一运行平台上进行，它不仅是一个技术应用问题，同时还包含着如何将传统的交易规范移植于网络交易之中。电子商务只是在表现形式上改革了传统的商业方式，却没有改变其商业属性，这就要求它仍然要遵循商业活动的基本规律，遵守商业活动的基本规则，尊重商业活动的基本道德。然而，信息技术的应用使许多原有的法律规范面对发生在网络虚拟环境中的电子商务往往束手无策，很难有效地发挥其调整作用，客观上造成了法律制度上的空白点，也在一定程度上加剧了飞速发展的社会现实与滞后的法律规范之间的矛盾。电子商务是以网络为运作平台的，其交易场所虚拟化、表现形式多样化、交易范围国际化，由于网络平台、市场准入、法律冲突、发展中国家的电子商务发展状况等因素的制约，需要解决的法律问题十分庞大。电子商务的法律问题主要涉及在电子商务活动中出现的各方当事人之间的法律关系，即电子商务合同、电子支付、电子交易安全、知识产权、消费者权益特别是隐私权保护等方面所引起的法律问题。

1. 电子商务合同问题

电子合同是双方或多方当事人之间通过电子信息网络以电子的形式达成的设立、变更、终止财产性民事权利义务关系的协议。电子商务进行的是无纸贸易，其在形式上和法律效果上与传统合同相比有了很大变化，这涉及数字签名、电子发票、电子合同的法律地位和效力问题，必然产生很多问题：

1）电子商务合同双方当事人基本不见面，双方都通过网络虚拟平台进行运作，其信用仅仅依靠密码的辨认或认证机构的认证，密码认证的虚拟性和认证机构认证的多样性导致合同的信用体系存在一些疑问，对大额和长期的商务合作开展不利。

2）我国于2012年年初在北京、浙江、广州、深圳等22个省市开展网络（电子）发票应用试点，目前已推广到全国。但是，很多电子商务合同特别是小额交易没有发票，这种合同一旦产生问题，纠纷的解决就是个难题。

3）数字签字代替了传统合同生效的签字盖章方式。数字签名本身的效力产生就存在一些疑问，并且其存在宜复制性和仿照性、不易辨别性，一旦被复制和仿用，产生的合同纠纷解决就十分复杂。

4）电子合同和网络虚拟商家的普及，如何界定好生效的地点，这是合同纠纷约定管辖的重要依据。

5）自动订单合同的效力问题。依照商家或者客户自动设置的订单系统产生的订单合同到底是否必然生效，由此一方无法供货产生的违约责任由谁来承担等，这些都是现实中存在的。

6）因计算机或者网络发生故障产生的合同的法律效力如何认定。如果因为计算机或网络系统发生故障导致当事人一方的意思表示有瑕疵或者错误，该意思表示的效力如何呢？由此而发生合同关系，该合同的效力如何，最终产生违约责任由谁来承担？

2. 电子签名与电子认证

电子合同成立是双方当事人意思一致的结果，在传统的合同订立过程中，国际上通行

的做法是用双方当事人的签字来确定双方的意思表示。我国的《合同法》第32条规定："当事人采用合同形式订立合同，自双方当事人在合同书上签名或者加盖公章时合同成立。"当事人的签字或者盖章，意味着自然人或者法人在合同书上签名或者是加盖公章合同才发生法律效力。在电子商务合同中，要在这种合同书上签字或者盖章是很困难的。所以，在实践中用何种技术来解决签名和盖章问题是电子合同成立与生效的关键。

美国是世界上最先授权使用数字签名的国家，他们规定了用密码组成的数字与传统的签字具有同等的效力。从技术的角度而言，电子签名主要是指通过一种特定的技术方案来赋予当事人一个特定的电子密码，确保该密码能够证明当事人身份，同时确保发件人发出的资料内容不被篡改的安全保障措施。电子签名的主要目的是利用技术的手段对数据电文的发件人身份做出确认及保证传送的文件内容没有被篡改，以及解决事后发件人否认已经发送或者是收到资料等问题。因此，验证解密得到的结果与经过计算后的结果必然不同，从而保证了电子信息的真实性与完整性。

电子认证与电子签名一样都是电子商务中的安全保障机制，是由特定的机构提供的，对电子签名及其签署者的真实性进行验证的服务。电子认证是指由特定的第三方机构通过一定的方法对签名及其所做的电子签名的真实性进行验证的一种活动。电子认证主要应用于电子交易的信用安全方面，保障开放性网络环境中交易人的真实与可靠，确定某个人的身份信息或者特定的信息在传输过程中未被修改或者替换。电子认证既可以在当事人相互之间进行，也可以由第三方来做出鉴别。电子商务活动常常是跨国境的，各个参与方都需要有不同的国家的认证机构对各自的身份进行认证，并向电子商务活动的相对方发放认证证书，这在实践中就需要各国相互承认对方国家认证机构发放的电子认证证书的效力。

在认证机构的设立上，必须强调认证机构是一个独立的法律实体，能够以自己的名义从事数字服务，并且能够以自己的财产提供担保，能在法律规定的范围内自己承担相应的民事责任。它必须保持中立，并具有可靠性、真实性和公正性。电子认证机构一般不得直接和客户进行商业交易，也不能在当事人之间的交易活动中代表任何一方的利益，而只能通过发布公正的交易信息促成当事人之间的交易。它必须能被当事人接受，也就是说，它应当在社会具有相当的影响力和可信度，并足以使人们在网络交易中愿意接受其认证服务。当事人对电子认证机构的接受可能是明示的，也可能是在网络交易中默示承认或者是基于成文法律的要求。另外，电子认证机构不能以营利为目的，认证机构应当是一种类似于承担社会服务功能的公用事业，其营业的宗旨应该是提供公正、安全的交易环境，保护第三人的合法权益，促进电子合同交易，加快电子商务的发展。

3. 电子商务支付问题

电子商务的优势在于能够实现零距离收付、零距离购销，如果没有安全有效的电子商务金融渠道，尤其是电子支付手段，是做不到"零距离"的。

电商支付主要有两种方式：一是通过网上银行进行支付；二是第三方支付。在我国，经过多年的发展和完善，网银支付手段和安全性都得到了很大的提高，也得到了普遍的信任。目前国内有两百多家第三方支付平台，最知名的第三方支付平台主要有支付宝、财付通、银联在线（ChinaPay）、快钱、汇付天下、中金支付等，纵观当前的第三方支付市场，几个最主要的支付系统在风控与安全模式、技术的规范落地方面，已达到银行级

的风控与安全保障力。

但是，国际支付网络是一个重要而复杂的系统。它需要不断演进，以满足各种新的需要，应对各种新的挑战。在探索新的支付技术和方法的过程中，相关利益机构的数量也将会越来越多，若要完善国际电商支付系统，需要使所有这些相关利益方在确保最高安全标准这一总体目标下步调一致。

4. 电子商务交易安全问题

电子商务交易安全的法律问题，涉及三个方面：第一，电子商务网站的安全管理存在很大隐患，普遍容易受到黑客攻击，尤其是中小网站，安全技术结构和加密技术强度普遍不够。第二，电子商务交易售后安全也是一个难点。我国2014年公布的《网络交易管理办法》第16条规定："网络商品经营者销售商品，消费者有权自收到商品之日起七日内退货"。但在实践中，除了明确不退的几类商品外，《网络交易管理办法》中规定的"退货商品应当完好"如何判定，在实际操作中经常引发纠纷。此外，售后服务也经常得不到保障。第三，电子商务交易安全需要足够法律制度体系支持。近年来，我国已陆续出台了一些有关电子商务的法律法规，但尚无一部专门针对电子商务的法律，一些电商交易过程中遇到的问题尚无法可依。

5. 电子商务知识产权保护问题

知识产权与有形财产存在明显不同的特点，如垄断性、地域性、时间性、无形性、政府确认性等。其中，又以垄断性（专有性）和地域性更为特别。如果知识产权不能保证权利人的专有，则知识产权制度就不能发挥出应有的作用，其权利也就成了一种摆设。如果地域性被彻底打破，权利就有可能成为世界通行的"全球权利"或者产生世界性统一的制度。电子商务活动建立在互联网上，网络的传输表现出"公开"的开放性和"无国界"的全球性特点及状态。"公开"为"公知"提供了前提，也为"公用"提供了方便；"无国界"又使地域性的知识产权受到了严峻的挑战。在知识产权保护国际化趋向的状况下，是否因电子商务的发展而导致知识产权保护的真正本质意义上的国际化？

电子商务中的知识产权问题主要是由现有的网络技术给版权、专利权和商标权等制度带来的问题。在其上的知识产权法律冲突呈现复杂性和难以根除性，有些问题在现有的法律制度中还很难以找到有效解决的方法。

6. 电子商务隐私权保护问题

网络隐私权是指公民在网络中享有的私人生活安宁与私人信息依法受到保护，不被他人非法侵犯、知悉、搜集、复制、利用和公开的一种人格权；也指禁止在网上泄露某些与个人相关的敏感信息，这些信息的范围包括：事实、图像（如照片、视频等）、毁谤的意见等。目前，电子商务隐私权保护领域遇到的三大问题是：个人信息数据保护、个人数据二次开发利用和个人数据交易。网络侵权行为的泛滥会使电子商务交易的诚信基础更为削弱，不利于电子商务交易的长久发展。

二、中国电子商务法制建设环境

随着互联网应用的日益普及，电子商务得到了迅速发展，并日渐成为一个具有巨大发

第三章 汽车电子商务的运行环境

展潜力的市场。然而，电子商务的兴起也给我们带来了许多新的问题，其中最重要的一点就是有关电子商务的立法问题。

在汽车贸易和服务中，都将越来越多地采取电子商务方式。1996年6月联合国国际贸易法委员会就提出了《电子商务示范法》；1997年4月，欧洲联盟提出了《欧洲联盟电子商务行动方案》，同年7月美国提出了《全球电子商务框架》；12月，美国和欧洲联盟共同发表了有关电子商务的联合宣言。在国际组织和发达国家政府相继发表电子商务文件的形势下，应认真研究我国发展电子商务的对策，积极参与制定电子商务国际"游戏规则"，将我国的电子商务法律制度建设融入世界电子商务法制的大秩序中。在我国，电子商务政策法律环境经过20年左右的发展过程，已颁布了一系列的法律法规和政策文件，极大地推进了我国电子商务政策法律环境的发展和完善。

于1999年10月1日起实施的《中华人民共和国合同法》（以下称《合同法》），在原有法规的基础上跨越了一大步，对点击型电子合同和电子合同生效方式等做出了相应的规定，这在我国电子商务立法上跨出了建设性的一步。《合同法》中载有五个与数据电文相关的条款，可以说是中国在法律上对电子商务的基础性规则。《合同法》第11条规定："书面形式是指合同书、信件和数据电文（包括电报、电传、传真、电子数据交换和电子邮件）等可以有形地表现所载内容的形式。"这表明包括电子数据交换和电子邮件在内的数据电文在我国被认为是符合书面形式的要求的。因此，当事人通过电子数据交换或电子邮件在网络上所签订的合同，是书面合同。《合同法》第16条第2款规定："使用数据电文形式订立合同，收件人指定特定系统接收数据电文的，该数据电文进入该特定系统的时间，视为到达时间；未指定特定系统的，该数据电文进入收件人的任何系统的首次时间，视为到达时间。"该法第26条第2款规定："使用数据电文形式订立合同的，承诺到达的时间适用本法第16条第2款的规定。"另外，《合同法》第34条第2款规定："采用数据电文形式订立合同的，收件人的主营业地为合同成立的地点；没有主营业地的，其经常居住地为合同成立的地点。当事人另有约定的，按照其约定。"根据这些规定，对于电子商务的在线要约（通常是电子商务交易中货物或服务的供应商所提供的），当事人应慎重对待。因为作为受要约人，在计算机键盘上的一个点击或数个点击的组合，都可能在法律意义上发出甚至完成了承诺，因此也就与作为要约人的供应商订立了一个书面的电子商务合同，并从而承担了相应的支付货款或服务费等方面的合同义务。由此看来，在电子商务交易中，受要约人的责任似乎大一些。但《合同法》第33条的规定可以对此种情况或多或少有所矫正："当事人采用信件、数据电文等形式订立合同的，可以在合同成立之前要求签订确认书，签订确认书时合同成立。"

2005年实施的《电子签名法》是我国第一部电子商务立法，该法对电子签名、数据文件、电子认证的法律效力做出了明确规定。2012年12月，通过了《关于加强网络信息保护的决定》。2014年修订的《消费者权益保护法》对个人信息保护、网络购物、公益诉讼、惩罚性赔偿等有关消费者权益保护方面的热点做出了明确规定，赋予了网络消费者的退货权。

2013年12月，全国人大常委会正式启动了《电子商务法》的立法工作。三年后，即2016年12月，开始第一次审议。此后草案经过四次审议，涉及微商工商登记、跨境电商管理法规、平台责任等多处修改。2018年8月31日，十三届全国人大常委会第五次会议表决通过了电子商务法草案。《电子商务法》在2019年1月1日起施行。

虽然现阶段在中国还存在着阻碍电子商务发展的诸多问题，但是电子商务有着其独特的优势，仍然得到了飞速的发展。据中国电子商务研究中心（100EC.CN）监测数据显示，2017年中国电子商务交易规模为28.66万亿元，同比增长24.77%。其中，B2B交易额20.5万亿元，网络零售交易额7.17万亿元，生活服务电商交易额9986亿元。随着法律体系的完善，网络交易安全体系的建立，中国电子商务必定会得到进一步的发展。

第四章　汽车企业的信息化——ERP

第一节　汽车企业 ERP 概述

一、基本概念

互联网是全球经济的主题之一，释放互联网的能量的最佳方式就是电子商务。实践证明，汽车企业电子商务建设不可能一蹴而就，电子商务要在相当长的时间里打持久战。

电子商务的发展一般要经历四个阶段：第一个阶段是网络基础建设，第二个阶段是企业内部信息化，第三个阶段是 B2B 或者 B2C 的局部电子交易，第四个阶段是实现全球化电子商务。其中企业的信息化是推进电子商务的关键，而应用 ERP 的方法与技术是目前企业信息化的核心与基本途径，中国企业参与国际化的竞争，ERP 是基本条件。

ERP（Enterprise Resource Planning），意为"企业资源计划系统"，是指建立在信息技术基础上，以系统化的管理思想，为企业决策层及员工提供决策运行手段的管理平台。ERP 系统集信息技术与先进的管理思想于一身，规范现代企业的运行模式，反映时代对企业合理调配资源、最大化地创造社会财富的要求，成为企业在信息时代生存、发展的基石。它对于改善企业业务流程、提高企业核心竞争力具有显著作用。

我们可以从管理思想、软件产品、管理系统三个层次给出它的定义：

1）由美国著名的计算机技术咨询和评估集团 Gartner Group Inc. 提出的一整套企业管理系统体系标准，其实质是在 MRP II（Manufacturing Resources Planning，制造资源计划）基础上进一步发展而成的面向供应链的管理思想。

2）综合应用了客户机/服务器体系、关系数据库结构、面向对象技术、图形用户界面、第四代语言（4GL）、网络通信等信息产业成果，以 ERP 管理思想为灵魂的软件产品。

3）整合了企业管理理念、业务流程、基础数据、人力物力、计算机硬件和软件于一体的企业资源管理系统。

基本来讲，ERP 与企业资源的关系、ERP 的作用，以及与信息技术的发展的关系等可以表述如下：

厂房、生产线、加工设备、检测设备、运输工具等都是企业的硬件资源，人力、管

理、信誉、融资能力、组织结构、员工的劳动热情等就是企业的软件资源。在企业运行发展中，这些资源相互作用，成为企业进行生产活动、完成客户订单、创造社会财富、实现企业价值的基础，反映企业在竞争发展中的地位。

ERP系统的管理对象便是上述各种资源及生产要素，通过ERP的使用，使企业能及时、高质量地完成客户的订单，最大限度地发挥这些资源的作用，并根据客户订单及生产状况做出调整资源的决策。

在没有ERP这样的现代化管理工具时，汽车企业资源状况及调整方向不清，要做调整安排是相当困难的，调整过程会相当漫长，企业的组织结构只能是金字塔形的，部门间的协作交流相对较弱，资源的运行难以比较把握，并做出调整。信息技术的发展，特别是针对企业资源进行管理而设计的ERP系统的成功推行，必使企业能更好地运用资源。

全球汽车制造管理的趋势，正由传统的"大规模生产"向"大批量定制"的方向转化，由过去强调"规模"到现今强调"灵活"转化，这是社会需求和技术发展的必然，也是信息技术革命所带来的经济和社会发展的要求。这种发展反过来也要求企业经营管理的策略迅速发生改变，经营导向由"大鱼吃小鱼"转化为"快鱼吃慢鱼"，组织形态也由传统"基于功能的组织"转向"基于流程的组织"，目的在于追求"一体化的运作管理"，通过整体效能的综合调优，提高企业的整体效益。

ERP的理念和方法由传统制造管理方法发展演变而来，是当今国际先进的企业管理模式和方法，在全球已广泛取得成效，并随着互联网技术的应用与发展，正在向以关系管理为中心的企业间业务协同方向发展。也就是说，ERP凝聚了全球产业管理经验和智慧，是可被广泛应用的成功企业的管理哲学。它的宗旨是：通过对人力、资金、材料、设备、方法、信息和时间等诸多资源实行综合优化管理，使企业在激烈的竞争中，全方位地发挥其能力，从而取得最好的经济效益。

据美国生产与库存控制协会（American Production and Inventory Control Society，APICS）统计，使用一个适合自身企业的ERP系统，一般可以为企业带来如下的经济效益：库存下降30%~50%，延期交货减少80%，采购提前期缩短50%，制造成本降低12%，并且管理水平得到一定程度的提高。更重要的是，通过ERP，可以提高管理信息的集成，实现业务数据资料共享；可以理顺和规范业务流程，提高企业管理基础工作质量；可以实现数据自动处理，提高准确性、及时性和分析手段；可以加强内部管理，便于明确分工，实时控制，绩效评定；可以协调各部门业务，使资源统一规划、运用，提高效益；可以帮助领导决策，使决策层实时得到动态的经营数据；可以减少纵向管理层次，加强横向联系，提高市场反应速度，进而从根本上，引进先进的管理思想和方法，促进竞争力的迅速提升。总之，ERP能帮助企业实现集约化、实时化、透明化、扁平化、流程化的管理，帮助我国企业全面提升竞争力，与国际接轨，参与全球竞争。

二、信息技术作用的阶段过程

计算机技术特别是数据库技术的发展对企业建立管理信息系统，甚至改变管理思想起着不可估量的作用，管理思想的发展与信息技术的发展是互成因果的环路。而实践证明信息技术已在企业的管理层面扮演越来越重要的角色。

信息技术最初在管理上的运用，也是十分简单的，主要是记录一些数据，方便查询和汇总。而现在发展到建立在全球互联网基础上的跨国家、跨企业的运行体系，主要经历了如下几个阶段：

（1）**MIS 系统阶段**　企业的信息管理系统主要是记录大量原始数据、支持查询、汇总等方面的工作。

（2）**MRP 阶段**　企业的信息管理系统对产品构成进行管理，借助计算机的运算能力及系统对客户订单、在库物料、产品构成的管理能力，实现依据客户订单、按照产品结构清单展开并计算物料需求计划，实现减少库存、优化库存的管理目标。

（3）**MRPII 阶段**　在 MRP 管理系统的基础上系统增加了对企业生产中心、加工工时、生产能力等方面的管理，以实现计算机进行生产排程的功能，同时也将财务的功能囊括进来，在企业中形成以计算机为核心的闭环管理系统，这种管理系统已能动态监察到产、供、销的全部生产过程。

（4）**ERP 阶段**　进入 ERP 阶段，以计算机为核心的企业级的管理系统更为成熟，系统增加了包括财务预测、生产能力、调整资源调度等方面的功能。配合企业实现准时生产（Just-In-Time，JIT）、质量管理和生产资源调度管理及辅助决策的功能，成为企业进行生产管理及决策的平台工具。

（5）**电子商务时代的 ERP**　互联网技术的成熟为企业信息管理系统增加与客户或供应商实现信息共享和直接的数据交换的能力，从而强化了企业间的联系，形成共同发展的生存链，体现企业为达到生存竞争的供应链管理思想。ERP 系统相应地实现了这方面的功能，使决策者及业务部门实现跨企业的联合作战。

目前 ERP 的应用的确可以有效地促进现有企业管理的现代化、科学化，适应竞争日益激烈的市场要求，它的导入已成为大势所趋。

三、ERP 的六大核心思想

1. 帮助企业实现体制创新

新的管理机制必须能迅速提高工作效率，节约劳动成本。ERP 帮助企业实现体制创新的意义在于，它能够帮助企业建立一种新的管理体制，其特点在于能实现企业内部的相互监督和相互促进，并保证每个员工都自觉发挥最大的潜能去工作，使每个员工的报酬与他的劳动成果紧密相连，管理层也不会出现独裁现象。

ERP 作为一种先进的管理思想和手段，它所改变的不仅仅是某个人的个人行为或表层上的一个组织动作，而是从思想上去剔除管理者的旧观念，注入新观念。从这个意义上讲，不管是国外的 ERP 产品还是本土的 ERP 产品，关键看其管理思想是否新颖又实用，并且不脱离现实。必须指出的是，目前我国企业中的确存在捧着"金饭碗"要饭的情况，即企业花巨资购买并实施了 ERP 系统，但却发挥不出该系统的作用，也就是说买而不用。这样，不要说实现企业体制管理创新，连企业基本的信息化也很难实现。

2. "以人为本"的竞争机制

ERP 的管理思想认为，"以人为本"的前提是必须在企业内部建立一种竞争机制，仅靠

员工的自觉性和职业道德是不够的。因此，应首先在企业内部建立一种竞争机制，在此基础上，给每一个员工制定一个工作评价标准，并以此作为对员工的奖励标准，使每个员工都必须达到这个标准，并不断超越这个标准，而且越远越好。随着标准不断提高，生产效率也必然跟着提高。这样"以人为本"的管理方法就不会成为空泛的教条。

3. 把组织看作一个社会系统

ERP 吸收了西方现代管理理论中社会系统学派的创始人巴纳德的管理思想，他把组织看作一个社会系统，这个系统要求人们之间的合作。在 ERP 的管理思想中，组织是一个协作的系统，应用 ERP 的现代企业管理思想，结合通信技术和网络技术，在组织内部建立起上情下达、下情上传的有效信息交流沟通系统，这一系统能保证上级及时掌握情况，获得作为决策基础的准确信息，又能保证指令的顺利下达和执行。

这样一种信息交流系统的建立和维护，是一个组织存在与发展的首要条件，其后才谈得上组织的有效性和高效率。另外，在运用这一系统时，还应当注意信息交流系统的完整性。

4. 以"供应链管理"为核心

ERP 基于 MRP Ⅱ，又超越了 MRP Ⅱ。ERP 系统在 MRP Ⅱ 的基础上扩展了管理范围，它把客户需求和企业内部的制造活动以及供应商的制造资源整合在一起，形成一个完整的供应链（SCM），并对供应链上的所有环节进行有效管理，这样就形成了以供应链为核心的 ERP 管理系统。供应链跨越了部门与企业，形成了以产品或服务为核心的业务流程。以制造业为例，供应链上的主要活动者包括原材料供应商、产品制造商、分销商与零售商和最终用户。

以 SCM 为核心的 ERP 系统，适应了企业在知识经济时代、市场竞争激烈环境中生存与发展的需要，给有关企业带来了显著的利益。SCM 从整个市场竞争与社会需求出发，实现了社会资源的重组与业务的重组，大大改善了社会经济活动中物流与信息流运转的效率和有效性，消除了中间冗余的环节，减少了浪费，避免了延误。

5. 以"客户关系管理"为前台重要支撑

在以客户为中心的市场经济时代，企业关注的焦点逐渐由过去关注产品转移到关注客户上来。由于需要将更多的注意力集中到客户身上，关系营销、服务营销等理念层出不穷。与此同时，信息科技的长足发展从技术上为企业加强客户关系管理提供了强有力的支持。

ERP 系统在以供应链为核心的管理基础上，增加了客户关系管理后，将着重解决企业业务活动的自动化和流程改进，尤其是在销售、市场营销、客户服务和支持等与客户直接打交道的前台领域。客户关系管理（CRM）能帮助企业最大限度地利用以客户为中心的资源（包括人力资源、有形资产和无形资产），并将这些资源集中应用于现有客户和潜在客户身上。其目标是通过缩短销售周期和降低销售成本，通过寻求扩展业务所需的新市场和新渠道，并通过改进客户价值、客户满意度、盈利能力以及客户的忠诚度等方面来改善企业的管理。

6. 实现电子商务，全面整合企业内外资源

随着网络技术的飞速发展和电子化企业管理思想的出现，ERP 也在不断地调整，以适应电子商务时代的来临。网络时代的 ERP 能使企业适应全球化竞争所引起的管理模式

第四章 汽车企业的信息化——ERP

的变革，它采用最新的信息技术，呈现出数字化、网络化、集成化、智能化、柔性化、行业化和本地化的特点。

电子商务时代的 ERP 围绕如何帮助企业实现管理模式的调整，以及如何为企业提供电子商务解决方案来迎接数字化知识经济时代的到来。它支持敏捷化企业的组织形式（动态联盟）、企业管理方式（以团队为核心的扁平化组织结构方式）和工作方式（并行工程和协同工作），通过计算机网络将企业、用户、供应商及其他商贸活动涉及的职能机构集成起来，完成信息流、物流和价值流的有效转移与优化，包括企业内部运营的网络化、供应链管理、渠道管理和客户关系管理的网络化。电子商务时代的 ERP 系统还将充分利用互联网技术及信息集成技术，将供应链管理、客户关系管理、企业办公自动化等功能全面集成优化，以支持产品协同商务等企业经营管理模式。

第二节　汽车企业 ERP 的人力资源管理

回顾 ERP 在汽车企业管理中的发展进程，始终是以生产制造及销售过程（供应链）为中心的。而作为企业资源之本的人力资源，长期以来一直作为一个孤立的系统独立于企业核心管理系统之外。最初企业管理者为了减轻企业在工资核算方面大量烦琐的手工操作，往往聘请一些咨询公司或引进一些工资核算系统。以后发展的一些人力资源系统，其水平也只停留在分散运行的模式上。在汽车企业间的商业竞争越来越激烈的今天，如何吸引优秀人才、合理安排人力资源、降低人员成本、提高企业竞争力，已经成为企业管理者考虑的首要问题。ERP 在人力资源系统的加入以后，其功能真正扩展到了全方位企业管理的范畴。人力资源的功能范围，也从单一的工资核算、人事管理，发展到可为企业的决策提供帮助的全方位解决方案。这些领域包括人力资源规划、员工考核、劳动力安排、时间管理、招聘管理、员工薪资核算、培训计划、差旅管理等，并同 ERP 中的财务、生产系统组成高效的、具有高度集成性的企业资源系统。

ERP 系统的人力资源模块，主要涉及的是人员规划模块、人才招聘管理、企业员工薪资管理、员工培训及档案自助等管理。

一、人员规划的辅助决策

在现代企业汽车管理中，ERP 系统能够辅助企业人力资源部门设计出有关企业员工的管理、组织框架的编制等功能的多种方案。其流程为：系统首先对多种方案进行模拟和对比，之后再做运行分析，最终系统会及时并准确地提示企业管理者做出最适合其企业员工管理的实施方案。

同时，人力资源规划能设定企业管理人员假设模式，包括职务相关条件、升职途径和培训安排。根据担任该职务管理人员的资历和要求，系统会自动设计出适合该职务管理人员相关的培训计划方案。例如，当某位管理人员遇到机构改组或职位调动时，系统会自动提出相对应的一系列适合职位调动、升职的建议并设计出培训计划方案。

除此之外，系统能进行人员成本分析。ERP 系统可以对过去、现在及将来的人员成本做出精细性及汇总性分析，并且在此分析信息的基础上，系统还可以对相应的人员成

本做出数据化分析，根据数据的变动走向能够做出合理预测。

二、招聘管理

ERP 的招聘系统通常是从以下几个方面对公司人才招聘进行提供支撑的：
1）对招聘过程进行详细管理，优化招聘过程，减少业务工作量。
2）对招聘人才的成本进行有效、科学的管理，从而降低招聘期间的成本。
3）为企业选择聘用人员的职位提供参考信息，并有效帮助企业进行优秀人才资源的挖掘并储备。

三、薪资核算

灵活、高效的 ERP 系统能够根据企业的性质，在多个地区设立分公司、多个部门以及企业存在多个工种的多种薪资类型下进行管控，ERP 系统也能够制定出与多地区、多部门以及多工种情况相匹配的办法。同时，系统能及时更新公司员工薪资的变化，对员工的薪资核算实行动态化。人力资源 ERP 系统还具有自动计算功能，通过和其他模块的集成，根据企业需求变动自动生成薪资构成及相关信息，会计人员通过在财务 ERP 系统内提交 HRMS 员工成本信息检查和 HRMS 接口员工成本更新两个请求，薪资核算的人工成本信息就自动导入财务核算系统内，完成了薪资核算。

四、档案和自助管理

员工的档案能通过自动导入功能实现，时时都能更新员工档案信息；员工可以随时通过系统查询自己的档案信息及相关的薪资信息，员工对于自己档案需要完善的地方可以提出申请，人力资源部门根据申请进行审核，在节省了人力的同时也提高了工作时效。

第三节 汽车企业 ERP 的采购管理

一、采购系统功能模块划分

采购系统实际是由采购管理和应付账款两个子系统构成的。它们是企业信息系统中比较复杂的子系统。在这个子系统中存在物流和资金流两条线。如何保证这两条线相互联系，正确形成与供应商的往来账是这个系统的关键。同时，根据目前企业管理的要求，采购系统不但要完成采购活动的事中管理、事后核算，同时应完成采购计划的产生和采购资金需求的预测。尽管对于不同的企业采购与应付业务管理的目的是相同的，但不同的企业在管理模式上和业务流程上有一定的区别。具体来说，有以下几个关键的业务处理环节和控制点：

1. 授权

企业必须按要求设定涉及采购流程的每一个人员对 ERP 系统的操作权限。例如，对供应商信息的录入须得到对数据库的操作授权。订单输入后的修改必须得到操作授权，采购人员必须在授权范围内签订采购合同。

2. 审批

审批程序是采购业务中非常重要的一个环节。审批的目的有两个：一是对请购活动审核；二是明确请购和采购活动的有关责任。通过各部门和人员之间相互审查、核对和制衡，避免一个人控制一项交易的各个环节，以此防止员工的舞弊行为。而各个部门和各个级别的审批程序的目的又有所差别。例如，请购部门负责人审批的目的是保证请购商品的品种、质量满足经营活动的需要；采购部门审批的目的是防止重复采购和控制采购成本。

3. 供应商管理

对于采购业务来说，供应商和采购部门的关系是较容易出现问题的环节。公司要对供应商建立完善的档案，并及时掌握各供应商的信誉等情况。如果由询价人员进行供应商的选择就有可能产生舞弊行为，因此这一环节关键是要做到信息公开。选择的过程要公平、公正，其中价格是选择供应商的重要因素。另外，供应商的品质和信誉管理制度以及生产能力都会影响采购业务及以后生产销售环节的运行。

4. 采购结算

采购是企业经营的首要环节，控制材料采购成本对一个企业提升经营业绩是很重要的。由于材料成本占生产成本的比例较高，因此降低材料采购成本可以增加企业的利润，从而增强企业的竞争力。

5. 付款结算

付款业务是采购业务不可分割的组成部分。其主要内容建立在采购业务基础之上，是将企业的资金支付给采购商品供应商。付款涉及资金使用，因此是内部会计控制的重点。付款业务控制的关键点主要包括应付账款业务控制和资金支付控制。

二、采购系统数据流

采购业务处理流程如图 4-1 所示。

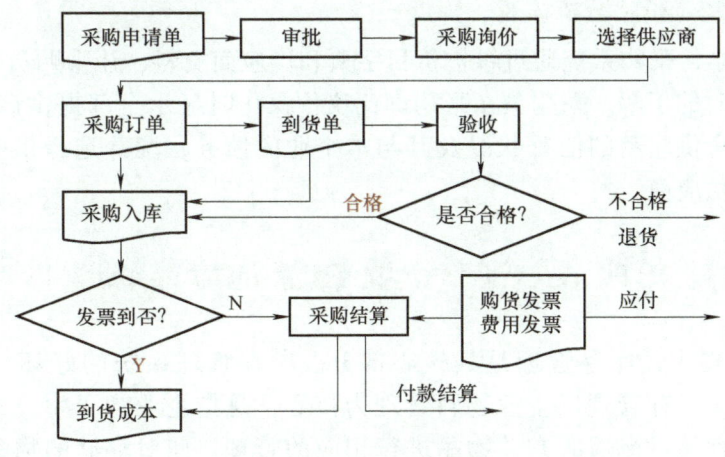

图 4-1 采购业务处理流程

三、采购系统设计的关键

1. 建立合理的请购体系

采购计划是根据采购申请制订的，生成采购申请有以下三种方式：

（1）**人工请购** 在一个闭环 ERP 系统中，不应由手工录入采购项目。但为实现中小企业灵活采购的目的，企业一般希望有此功能以满足实际需要，如临时需要的一些物料可人工请购。

（2）**MRP 自动请购** 理论上应根据生产需要进行购买，但事实上这样无法满足实际需要，等到生产计划定好再采购，只会让生产部门等待，资源利用率低，也会使预计交货期延长，影响企业信誉所以系统必须提前请购。根据历史采购单提供的物料需求量、库存系统提供的实际库存量、采购单的在途采购量和主生产排程等数据，系统可计算出为满足计划生产所需的物料，生成请购建议，并以此作为采购计划的依据。物料采购的数量可由如下公式估算：

采购数量 =（需求数量 − 库存数量 − 在途数量 + 生产预定数量）× 安全系数

（3）**再订购点法** 对于生产中使用的辅料，通常用再订购点法请购。它需要在物料文件中设定基本资料，如预设订购点、经济订购量及安全存量等数据。一旦总库存量加上在途量等于或小于订购点，则发出数量为经济订购量的采购申请。这种做法可以由 ERP 系统自动请购，它不像 MRP 那样需要严谨的数据处理，但库存量要正确，预设订购点、经济订购量、安全存量等数据也要合理。

以上三种请购方式保证了物料需求量的完整性和实时性，是订单生产式企业保证交货期、控制成本的重要手段。

2. 直接生成采购单

一般的工厂中，难免有生产线缺料等紧急事件发生。如果这时还要按照"请购—订购"程序一步步做，则效率会很低。此时应允许采购员直接开立采购单并将采购单发给相应公司，进行紧急采购。

3. 建立供应商及价格分析体系，降低成本

为了降低成本，采购系统通过维护价目字典和供应商资料，让采购员对物料价格信息有一个全面、实时的了解。采购员在采购询比议价操作时显示全部提供该产品的供应商，分析其价格并参考供应商的信誉状况及其与本企业的债务状况等选择供应商，也可自动选择报价最低的供应商。

第四节　汽车企业 ERP 的库存管理

在供应链管理中，库存管理是其核心部分。库存管理系统的好坏，直接影响整个 ERP 系统的运行。库存管理以企业物料管理为核心，是指企业为了生产、销售等经营管理需要而对计划存储、流通的有关物品进行相应的管理，如对存储的物品进行接收、发放、存储、保管等一系列的管理活动。制造企业库存作业中的物流、信息流图如图 4-2

第四章　汽车企业的信息化——ERP

所示。

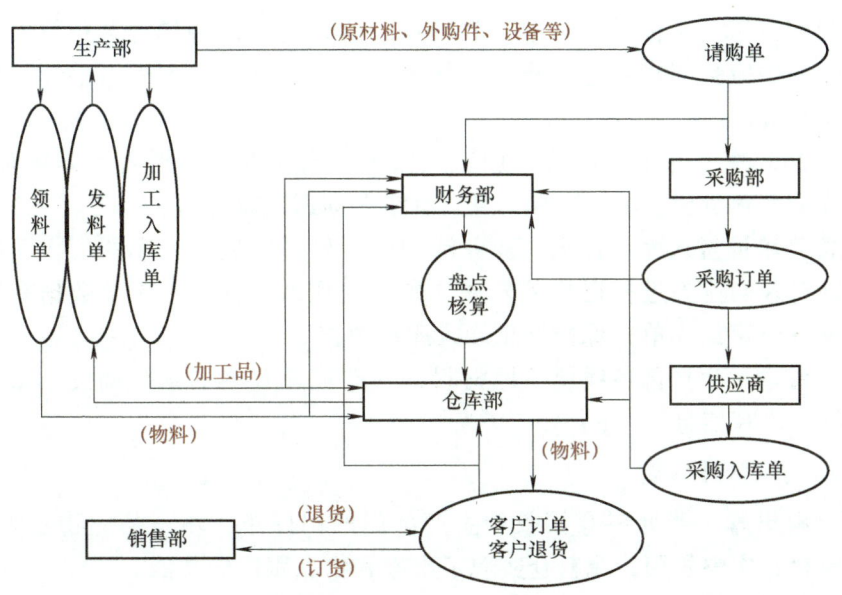

图 4-2　制造企业库存作业中的物流、信息流图

为了满足汽车企业库存管理的不同要求，库存管理系统应具有一定的柔性，涵盖整个企业的不同仓库、库位管理和单件管理。

根据分析得到的汽车企业管理工作流程，库存管理系统主要分为七大功能模块。具体模块如图 4-3 所示。

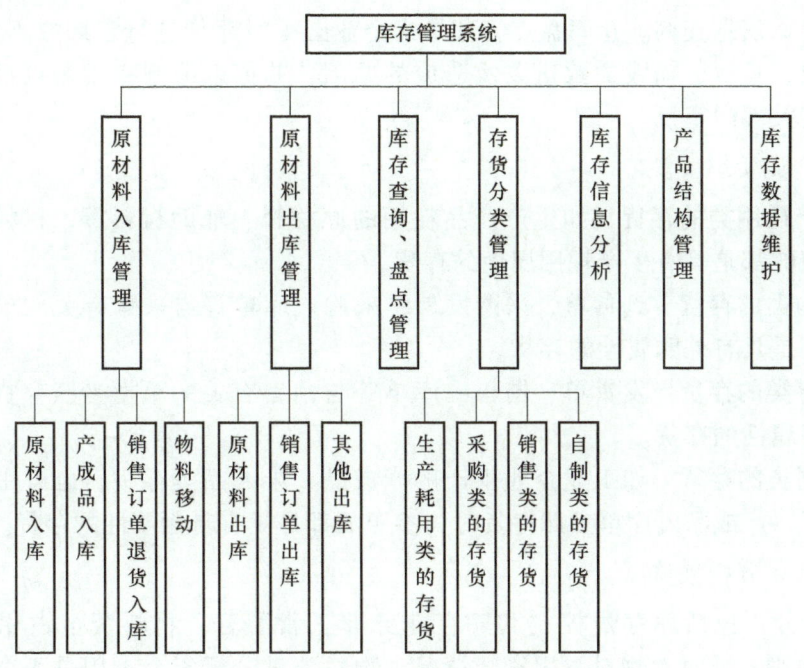

图 4-3　库存管理系统功能模块

65

1. 原材料入库管理模块

（1）**原材料入库**　根据采购订单接收物料，监督物料是否与订单相符，填写物料库存信息，同时品质检验部对新进货物进行标准检验，合格则办理入库手续，开收物料入库单，分配库存货位。

（2）**产成品入库**　由生产部填写加工入库单，仓库人员根据入库单核对进库物品，信息正确则分配库存货位，填写库存信息，有错误则返还原部门。

（3）**销售订单退货入库**　在采购业务活动中，如果发现已入库的货物因质量等因素要求退货，则对采购业务进行退货单处理。如果发现已审核的入库单数据有错误，也可以填制退货单（红字出库单）原数冲抵原入库单数据。

（4）**物料移动**　生产部各线所需原材料常常造成库存内的物料调拨，每一次改动的同时要更新物料库存信息。

2. 原材料出库管理模块

（1）**原材料出库**　当原料仓接收到生产部门的出库单，填写相应物品出库信息后，物品方可从原料仓库中领用，原料仓实现了出库和物品跟踪的功能。

（2）**销售订单出库**　销售订单出库是企业出库单据的重要部分，也是日常业务处理和记账的原始单据之一。在工业企业产成品销出库时需填制出库单据。

（3）**其他出库**　除销售出库、材料出库以外的其他出库形式，如盘盈出库、调拨出库等。

3. 库存查询、盘点管理模块

ERP库存管理模块设计了出入库查询、到货登记查询、质检情况查询、部门领料情况查询以及存货信息查询。仓库盘点管理是指企业必须对存货进行定期或不定期的清查，查明存货盘盈、盘亏、损毁的数量以及造成的原因，并据以编制存货盘点报告表，按规定程序，报有关部门审批。

4. 存货分类管理模块

（1）**生产耗用类的存货**　如生产产品耗用的原材料、辅助材料等。材料出库单参照存货时，参照的都是具有生产耗用属性的存货。

（2）**采购类的存货**　到货单、采购发票、采购入库单等与采购有关的单据参照存货时，参照的都是具有外购属性的存货。

（3）**销售类的存货**　发货单、销售出库单等与销售有关的单据参照存货时，参照的都是具有销售属性的存货。

（4）**自制类的存货**　如工业企业生产的产成品、半成品等存货，也可用于产成品或半成品的入库，产成品入库单参照存货时，参照的都是具有自制属性的存货。

5. 库存信息分析模块

物料业务分析包括库存量控制和库存业务非正常警告。物料资金占用分析：根据ABC码归类原则，通过对物料占用资金情况和物料数量分析资金占用是否合理。库存管理指标包括平均库存值、可供应时间和库存周转率。其中：

可供应时间＝平均库存值/相应单位时间

库存周转率＝年销售额/年平均库存值

6. 产品结构管理模块

产品结构在企业生产中又称物料清单，即企业中常说的物料清单（Bill of Material, BOM），它表示产品的组成结构和组成单位产品的原材料和零部件的数量。只有定义了产品结构，才能通过采购计划运算得出物料需求计划、生产计划所需的材料数量。

7. 库存数据维护模块

数据维护主要包括库存基本信息设定维护、仓库编号维护、货物存放信息的维护和其他相关信息的维护和备份系统数据库。

通过库存管理系统的运行效果，从货位批次、单件等不同角度来管理库存物品，使企业及时了解库存情况，降低库存资金占用，杜绝物料积压与短缺现象。

第五节　汽车企业 ERP 的财务管理

对于汽车企业而言，清晰分明的财务管理是极其重要的。汽车服务企业筹集和配置生产经营资金必须依靠财务管理；汽车服务经营风险的控制必须依靠财务管理；汽车服务经营决策必须依靠财务管理；财务管理水平的高低决定着汽车服务行业经济效益的高低。所以在整个 ERP 方案中它是不可或缺的一部分。目前，大部分企业逐渐以 ERP 系统中的财务管理模块来替代原有的传统会计信息系统，实现产、供、销业务和人、财、物等各方面的合理配置与利用，达到管理的高度集成，从而提高企业的经营效率。ERP 中的财务模块与一般的财务软件不同，作为 ERP 系统中的一部分，它和系统的其他模块有相应的接口，能够相互集成，比如它可将由生产活动、采购活动输入的信息自动计入财务模块生成总账、会计报表，取消了输入凭证烦琐的过程，几乎完全替代了以往传统的手工操作。

一、ERP 财务管理系统构成

ERP 在财务管理中的应用主要基于财务会计信息，从而进行数据归集、分类，在财务管理中，ERP 主要包括以下几个子模块：

1. 报表分析子模块

ERP 的报表分析具有强大的功能，既能够实现自动查询与生成报表，也能够通过设定系统的用户权限，实现多层面的查询与管理，能够满足不同层面的员工需求。ERP 的报表分析子模块主要由总账、成本费用等模块集成。

2. 预算管理子模块

预算管理是企业的预算计划，通过将年度预算分解后下达，并且在系统中录入各部门的预算，通过该模块确定是否给予预算预警、警告、不予通过，促进企业各部门实行预算管理，提高经济效益。如果预算管理不合理，可以通过管理的实际情况，为做出预算调整提供决策依据。

3. 资金管理子模块

财务管理中的资金管理主要包括工程施工和采购合同资金管理，通过资金管理模块，能够申请下拨资金，同时对资金进行管理，加快了资金的审批和拨付。ERP 资金管理子模块主要由应收应付、现金银行存款、预算管理等子模块集成。

财务系统是 ERP 系统的核心模块，整个管理系统以财务管理为圆心运行，在财务管理 ERP 系统中，所有的模块都是数据集成，自动进行运算并且将数据准确输入下一个系统中。

二、ERP 财务管理应用流程

ERP 系统是企业管理的信息化，不仅能够提供基本财务职能，而且通过信息化的功能，可以在该平台上建立起财务业务一体化的核算模式。实现财务管理的信息化，实现信息的可视化，并加强财务部门与其他部门的沟通合作，加强财务管理有序进行。财务管理的 ERP 系统将会计数据与业务数据集中，从而实现财务管理，主要的应用流程如下：

1）当企业的经济活动发生，业务员根据业务情况在 ERP 系统进行业务信息的记录，如销售业务中的销售订单、出库单等。一般来说，销售业务、采购业务、出库及收款、入库及付款、产成品入库、内部往来与报销、固定资产购买等都需要转化为财务信息。

2）选择 ERP 前，需要对各项业务信息进行分析，并且将必要的信息转化为财务信息，实施 ERP 系统生成频率。在转化过程中，需要凭借凭证规则，并根据企业状况与业务大小决定生成频率。

3）根据记录的业务信息、凭证规则及生成频率，ERP 系统将业务信息转化为会计信息。财务管理中应用 ERP，实行财务业务一体化，能够减少重复信息的录入，改善会计信息质量，提高会计信息的相关性。同时采用该管理系统，能够提高转化效率，缩短财务会计报表的生成时间；提供及时查询，使内部报表形式更加多样化；提高会计信息可靠性。采用该系统为财务管理与控制的开展奠定了基础，能够通过多流程化管理获得管理决策信息。

第六节　汽车企业 ERP 的生产管理

一、生产管理系统构成

在汽车企业管理中，生产部门掌握企业的生产能力（包括设备、技术、人才）。它根据生产计划、交货期限，选择合适的生产工艺及生产流程，进行加工生产。它是有效的财务管理、销售管理的基础，因此，生产管理系统是 ERP 系统中的关键模块。可将生产管理系统分为六个子系统，分别是基础数据管理子系统、主生产计划子系统、物料需求计划子系统、能力平衡管理子系统、JIT 生产子系统、车间作业管理子系统。

1. 基础数据管理子系统

基础数据管理子系统用来建立和维护基本数据，主要功能有物料清单维护、物料清单复制、物料清单替换、物料清单删除、产品结构校验、累计提前期生成、工厂日历生成、产品定额工时生成、工作中心数据维护、工艺流程维护、工序工装维护、工作中心人员、设备维护、工程改变单维护、替代物品维护等。

2. 主生产计划子系统

主生产计划管理是供应链中的一个重要环节，制订生产计划，跟踪生产计划的执行情况，并随时对生产计划进行动态的调整，保证企业对生产状况的全面控制，可以有效保障供应的平滑性，减少企业内部消耗，降低生产成本。它主要说明企业计划生产什么，什么时候生产，生产多少，它是工业计划体系的重要组成部分，由它来驱动物料需求计划。生产计划的排产对象是具体的产品或通用部件，一般详细到产品型号、规格，时间详细到月或旬。生产计划的编制要考虑到销售情况、客户情况、物料情况以及管理政策和目标等因素。主生产计划子系统流程如图4-4所示。

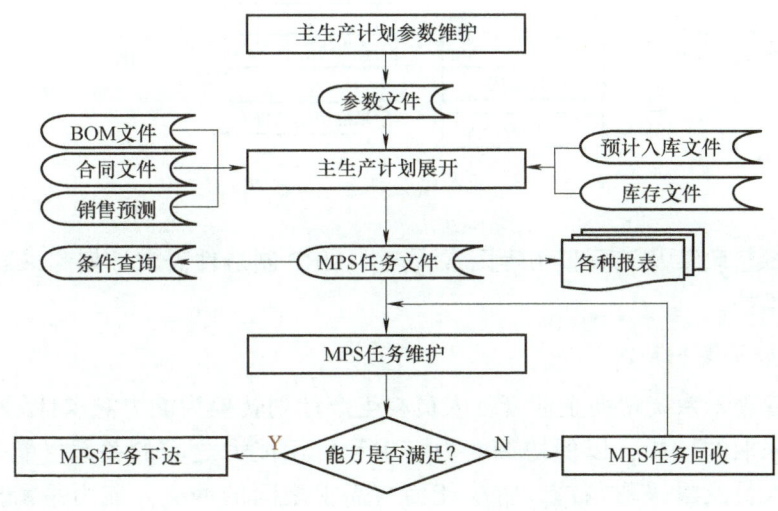

图4-4　主生产计划子系统流程

系统主要功能有：主生产计划生成，包括根据销售预测、签订合同等生成生产计划项目，以及根据库存、批量准则、提前期限、废品率等生成项目产品数量、出产时间；主生产计划维护，包括生产计划参数调整、计划变更、例外情况处理等；主生产计划查询，包括计划查询、各类产品查询、供订货量查询、例外情况查询等。

3. 物料需求计划子系统

物料需求计划子系统（MRP）是生产管理的核心，其主要作用是将生产计划排产的产品分解成各制造零部件的生产计划和采购件的采购计划，同时它和生产计划、车间作业管理、连续式生产能力需求计划、库存管理和生产数据等子系统形成了一个永远及时反映企业需要生产什么，什么时候生产，生产多少的动态闭环计划系统。因此物料计划编制的好坏直接影响企业的效率，也反映了企业的管理水平。物料需求计划子系统流程如图4-5所示。

系统主要功能有：根据预期内生产计划量、独立需求数据、库存数据、产品物料清单等数据，将生产计划层层分解，产生毛需求；同时考虑安全库存、预计入库量、废品系

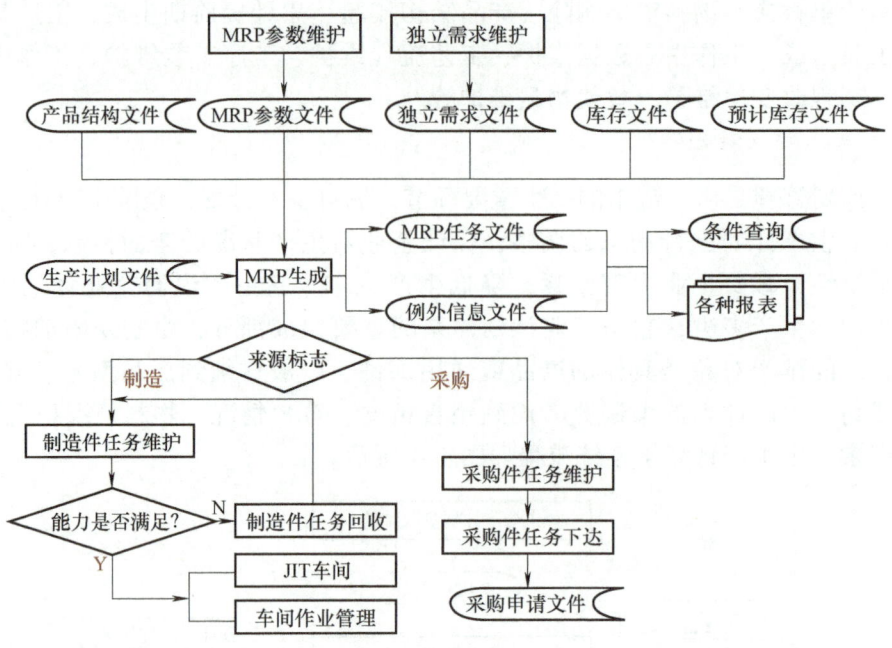

图 4-5　物料需求计划子系统流程

数、提前期、批量政策及工厂日历等因素,产生 MRP 制造件需求计划和采购件需求计划,并对计划进行维护。

4. 能力平衡管理子系统

能力平衡管理子系统帮助企业管理人员将生产计划转换为能力需求计划,估计可用的能力并确定应采取的措施,以便协调能力需求和可用能力之间的关系。能力平衡管理子系统帮助计划人员及早采取措施,解决能力与需求之间的冲突。能力平衡按照详细级别可分为粗能力平衡、细能力平衡及输入/输出管理。粗能力平衡是指对应主生产计划的能力需求和可用能力之间的平衡,细能力平衡是指对应物料需求计划的能力需要和可用能力之间的平衡,输入/输出管理是指车间一级对工作中心的实际与计划的输入/输出负荷的控制比较。

系统主要功能有:粗能力核算的资源清单录入与维护、粗能力需求生成、工序进度计划生成、工作中心负荷分布生成、能力需求计划生成、输入/输出控制生成、资源代码维护。能力平衡管理子系统流程如图 4-6 所示。

5. JIT 生产子系统

JIT 生产又称连续式生产,其目的是"彻底消除浪费,降低成本",表现在生产过程中,追求"零库存""零缺陷"和持续的现场改善。这种生产模式要求工艺路线稳定、设备固定、物流快、能力固定及具有周期性,既适用于大批量重复制造模式,又适用于小批量与重复制造相结合的混合模式。

系统主要功能有:根据具体情况生成 JIT 进度计划及其维护,JIT 车间领料单生成及维护,生产线能力需求及负荷生成,检测点信息生成及维护,工位物料盘点处理,生产

第四章 汽车企业的信息化——ERP

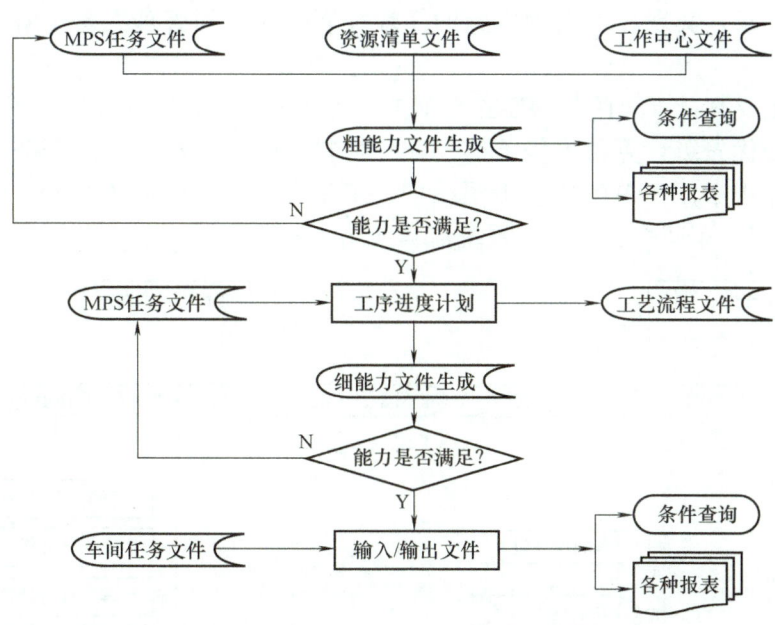

图4-6 能力平衡管理子系统流程

线定额工时定义等。JIT生产子系统流程如图4-7所示。

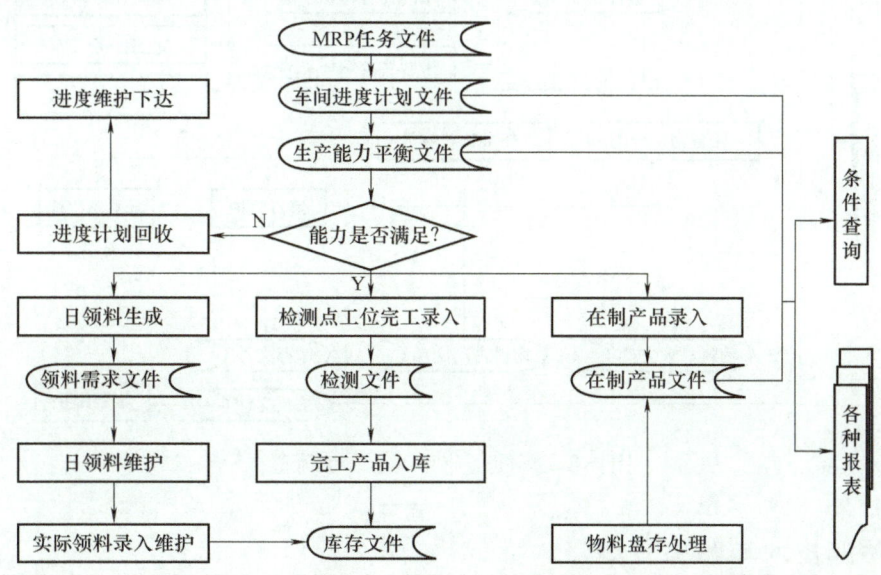

图4-7 JIT生产子系统流程

6. 车间作业管理子系统

车间作业管理子系统的核心是根据物料需求计划和最终装配计划中提供的车间任务数据、产品配置数据，生产数据中提供的工艺路线数据、工作中心数据等编制车间进度计划。对需要下达的车间任务，首先进行模拟下达，检查物料、能力和工具的可用性；依据任务优先级，分配物料和下达车间任务；依据工序优先级，生成工作中心派工单，并

71

将通过车间工票录入实现从计划到实施的闭环控制，使车间管理人员了解车间任务完成情况。

系统功能主要有：车间任务的建立与维护、车间工作中心数据维护、车间进度计划生成与维护、任务优先级计算与模拟下达、任务物料分配与维护、车间任务下达、工序优先级计算与工作中心派工单生成、工票维护、工序完工与任务完工维护、领料维护、输入/输出控制生成。车间作业管理子系统流程如图4-8所示。

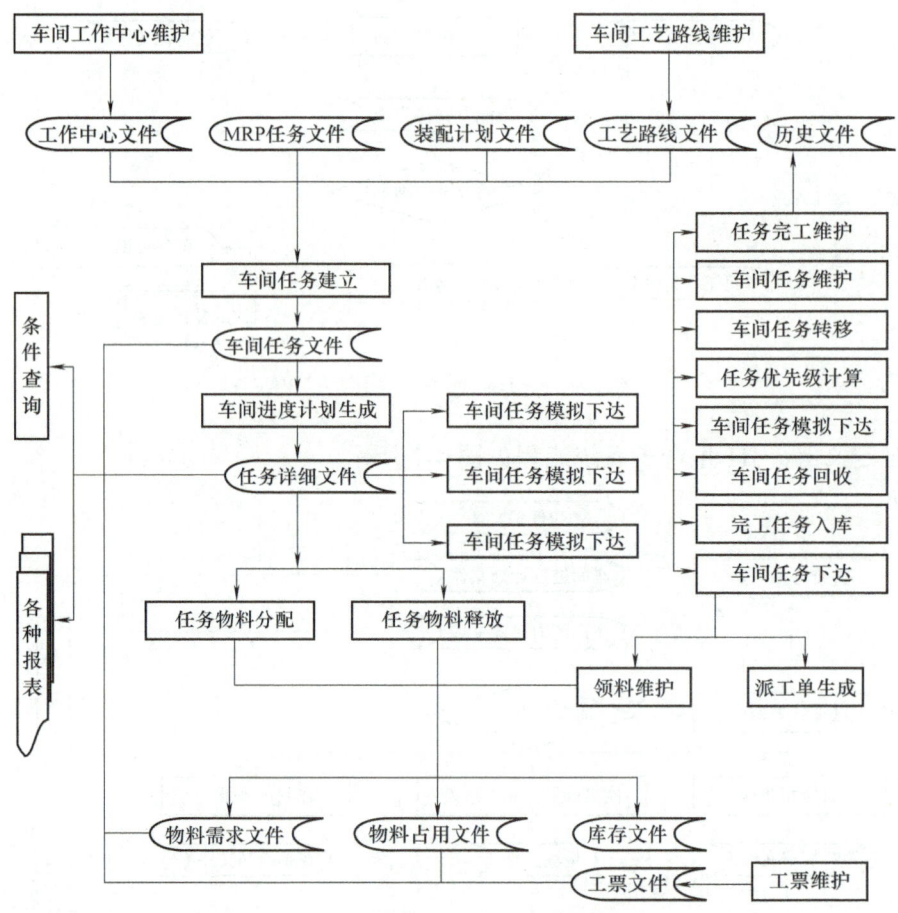

图4-8　车间作业管理子系统流程

二、关键技术与解决方案

1. 三层分布式体系结构

当今的系统通常是体系结构和技术的混合，它们的一个共同点是其分布式本质。分布式系统是一个动态的计算机集合，这些计算机由网络连接到一起，运行专门设计的软件，为用户提供集成式计算机环境。ERP系统采用下层分布式体系结构，具体措施有：采用客户机、应用程序服务器、数据库服务下层结构，设计标准的通用软件接口，采用分布式数据库管理系统，采用B/S结构和C/S结构相结合的开发模式，采用微软的COM/

DOOM 组件技术。

2. 部件化

大型应用软件的开发要面向需求、面向客户，不同的市场需求意味着不同的功能需要。实现部件化，即"即插即用"型部件，可以大大缩短软件的开发周期，提高效率，降低开发成本。

3. 系统优化问题

企业的经营目标就是以最小的投入取得最大的收益。在生产管理系统中，多次涉及工序排序、工艺路线设置、资源优化配置等优化问题，这就要求建立相应的数学模型，设计优化算法，以得到最佳结果。

4. 决策支持

企业高层领导需要对企业全局进行宏观统筹、做出决策，而依据不仅仅是某一部门、某一时段的数据，而是整个企业长期积累的海量数据。解决这一问题需要建立一个以大型数据库为基础的数据仓库系统，其中又涉及 OLAP 查询、异构数据源的集成、数据挖掘等技术。

第七节　汽车企业 ERP 的质量管理

当前，质量管理正朝着集成化、信息化和专业化的方向发展，研究基于过程和知识的集成质量管理技术和方法，建立企业质量核心数据平台，实施面向过程集成的、符合行业特点的质量管理系统，是汽车企业在激烈的市场竞争中以质取胜的有力保障。基于这样一种趋势，要求汽车企业在整个生产系统内对质量管理的方法、手段、内容进行研究与改进，才能够适应激烈的市场竞争。

一、先进制造环境下制造业质量管理的需求

随着科学技术和现代工业化的发展，制造系统的复杂程度和自动化程度越来越高，制造模式也发生了根本转变，对质量的要求也在不断地提高，传统的质量管理理论和方法也不断改进和拓展。无论从管理理念还是从控制手段都对质量管理提出了更新、更高的要求。主要体现在以下两个方面：

（1）**质量贯穿于产品形成的整个生命周期**　质量管理作为经营过程的重要组成部分，涉及产品开发、采购、生产过程管理、销售、库存及售后服务等企业营运的各个方面，因此对于质量的改进不可能将其作为单独的问题孤立起来，与其他业务应是相互促进的。所以不应只关注质量数据，而应建立质量数据与其他业务数据的柔性关联。在收集质量数据的同时，也收集供应、采购、生产计划、生产监控、库存、销售、服务等业务数据，通过对这些数据的关联分析，发现产品开发、采购、生产、销售、服务等业务对质量的影响关系，在提高产品质量的同时也对这些方面的工作进行修正与指导，有利于生产效率和管理效率的提高。

（2）**强调用数据说话**　质量改进的基础在于对现有的产品质量及其相关因素的分析，

以真实有效的数据信息为依据，进行质量改进。在先进制造环境下，质量及其相关信息、数据的数据量大、数据类型多，并且要求信息的快速反应，所以必须将收集的非数据信息合理量化以便统计分析，并采用先进的计算机技术、统计技术，及时、正确、有效地将收集的数据进行统计分析，提炼出有效信息应用于指导产品质量改进与生产管理。

由以上可以看出，需要建立一个综合、集成的系统，在这一系统中，信息的关联、质量信息的分析、传递、反馈显得尤为重要。

二、基于 ERP 的制造业质量分析与控制系统的研究

1. 基于 ERP 的质量分析与控制的体系结构

既然质量贯穿于产品形成的整个生命周期，而 ERP 又是面向供需链的集成管理，因此基于 ERP 的制造业质量分析与控制内容上不应该只局限于汽车企业内部的生产过程中，应包括以下几个部分。其体系结构如图 4-9 所示。

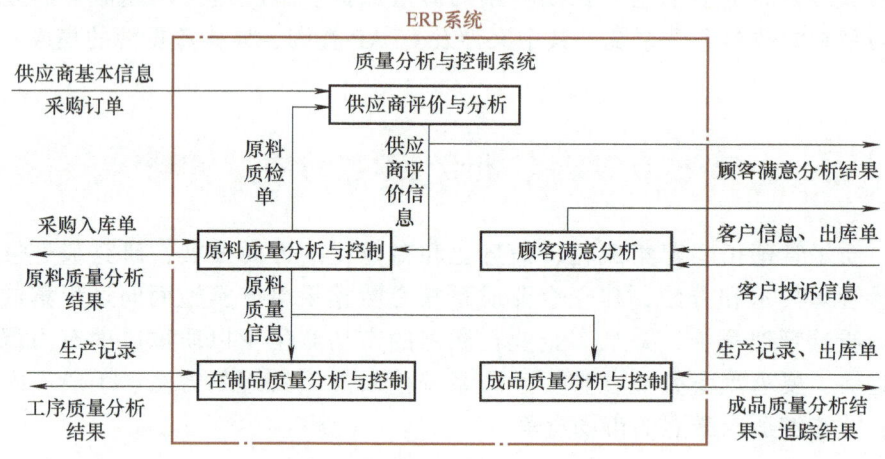

图 4-9　基于 ERP 的制造业质量分析与控制体系结构

（1）供应商的分析与评价　供应商是企业的协作者。在当今社会中，企业与供应商之间已不再是传统的一般采购关系，而成为长期的、信息共享的、风险与报酬共担的、利益休戚相关的伙伴关系。

从直接的角度看：①它们向企业提供的物料直接或间接地影响着产品的质量、采购成本与质量成本；②许多产品的创新与开发就是从原材料开始的。因此供应商和企业应该建立起良好的合作机制才能在激烈的竞争中保证"双赢"。

从间接的角度看，供应商的选择极大地影响着供应链的构建、企业的运作效率、竞争地位以及长期的战略地位。在经济全球化不断深化的今天，随着供应链管理的深入，市场竞争不再是一个个汽车企业之间的单打独斗，而是不同供应链之间的整体较量。企业间的竞争不仅仅体现在对顾客的竞争上，也体现在与优秀供应商的合作中。通过对供应商的分析与评价，促进供应商产品质量的改善和供货情况，实现供需双方的长期互惠合作。

因此，汽车企业需要以维护和发展良好的、长期稳定的供应商合作关系，淘汰不合格

供应商，确保以最低的成本获得最优的产品和服务为目的，对供应商展开长期跟踪评价。通过对供应商的调查，并通过企业的 ERP 平台联系供应商基本信息、采购信息、原料质量检验结果、入库单等相关业务活动的数据，实现供应商的评价分析，并将评价的结果用于指导采购与原材料的质量分析。

(2) **原料质量分析与控制** 企业采购的物资，如材料、零件、部件，以及外协件，都是产品的组成部分，直接影响产品的质量。通过原料质量分析与控制防止不合格品流入生产加工过程，减少质量成本的损失，而且也为供应商的评价与选择提供依据。

通过抽样检验，防止不合格品流入生产加工过程，减少质量成本的损失。根据不同的抽样检验类型，针对不同的数据种类采用不同的数据分析方法。对数据特征进行跟踪分析，并将分析结果用于对供应商评价分析及在制品、成品的质量分析中。

(3) **工序质量分析与控制** 产品制造过程是产品质量形成过程中的重要环节，是企业中参加人员最多、涉及部门最广的一个阶段。在确认产品设计质量的前提下，它是实现产品设计质量的关键。

工序质量分析与控制通过质量数据的分析使系统工序保持稳定状态；并利用数据的统计结果，发现影响各因素的影响程度与相关关系，为质量管理者提供质量改进的依据；及时发现生产中的质量问题避免大的损失，提高效率、降低成本。

通过检验获得在制品在工序中的质量数据，针对这些数据进行数据特征的分析，根据分析的结果采取及时的控制措施，保证工序中在制品的质量。在分析时，通过企业的 ERP 平台，关联生产中的、原材料的相关数据，即影响质量的人、机、料、法、环、测等因素，通过数理统计的方法找出质量问题，为质量改进提供依据。

(4) **成品质量分析与控制** 虽然从原材料的采购到工序的各环节都在进行质量分析与控制，但还是会不可避免地出现不合格的成品。这些不合格品一旦出厂，重者危害到使用者的安全健康，轻者将导致顾客利益的损失，都将会损害企业的信誉，最终影响企业在市场的竞争力。因此需要对成品进行一定的质量分析与控制。其作用在于：①在成品出厂之前起到了把关作用；②通过一定的质量分析，及时发现质量问题，反馈到生产的各环节，为质量改进提供一定的依据。此外，可以通过企业的 ERP 平台及数据的关联关系实现对产品形成的全过程的质量跟踪，以及发现质量问题后进行反向追溯，找到问题的发生根源。

2. 基于 ERP 的质量分析与控制的系统设计

(1) **业务流程的优化** 虽然 ERP 建立在信息技术的基础上，集成了企业所有资源信息，但其核心还是体现了先进而深刻的管理思想。而这些先进的管理思想得以实现，要通过企业行之有效的业务流程，以及信息技术的支持。因此要实现基于 ERP 平台的质量分析与控制，应该规范、优化企业的业务流程，才能及时、有效、共享，才能保证对生产全过程进行跟踪控制。

(2) **功能设计** 根据基于 ERP 的质量分析与控制的体系结构，设计以下一些基本的功能模块（见图 4-10）。

1) 质量基础信息管理。质量基础信息管理主要是针对质量标准与质量计划的制订、维护与查询，以及质量目标的制定以及实现质量目标的措施及程序。

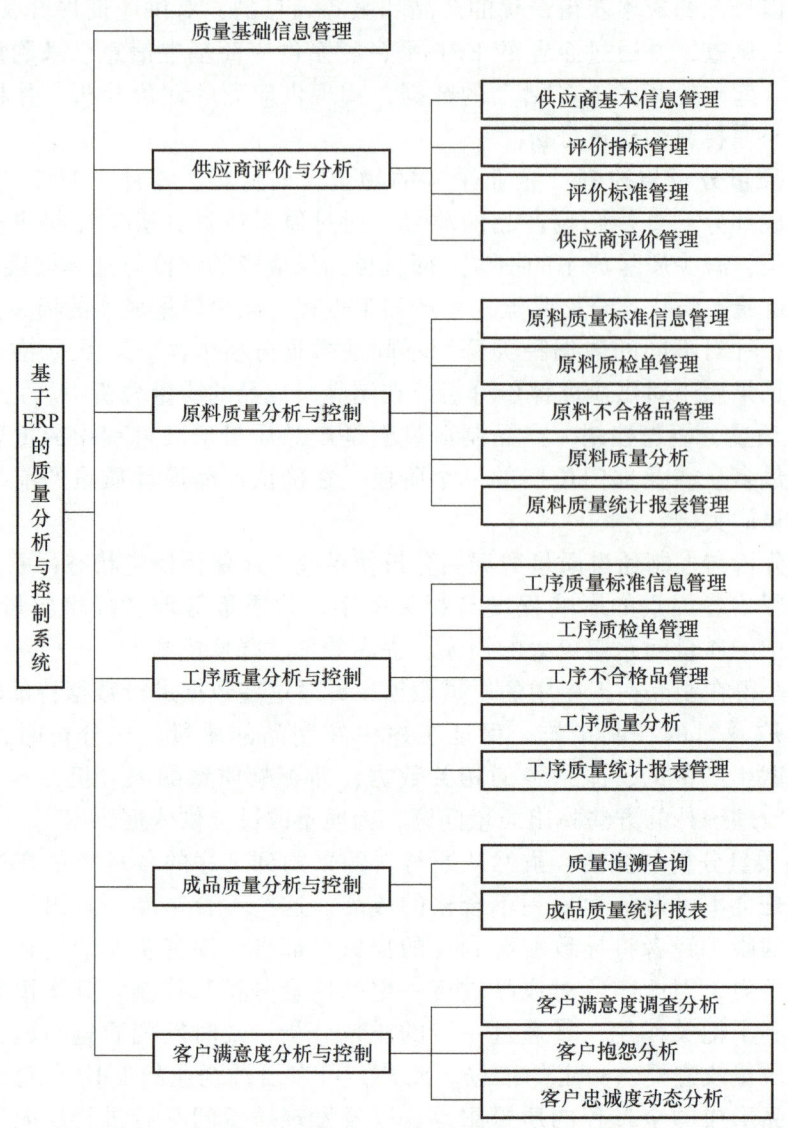

图 4-10　基于 ERP 的质量分析与控制系统功能树

2）供应商评价与分析。首先应根据企业实际结合市场需求建立供应商评价指标体系。通常指标体系中应包括：供应商的质量保证系统、供货的质量（包括产品质量、价格、交货期、柔性、服务等）、供应商的核心技术能力等指标。

其次是评价算法的选择。对上述指标进行合理的量化，并通过一定的算法选择出合格的供应商。

因此在供应商评价与分析子系统中，包括供应商基本信息管理、评价指标管理、评价标准管理、供应商评价管理等几大功能模块。

3）原料质量分析与控制和工序质量分析与控制。这一模块包括：根据不同检验类型（计量、计数）的物料及物料在企业产品中的应用情况设计抽样检验方案；质检数据的管理；针对不同的数据种类设计采用不同的数据分析方法及对统计数据的管理。

因此，在原料、工序质量分析与控制中，应包括质量标准信息管理、质检单管理、不合格品管理、质量分析、质量统计报表管理等几大功能模块。

其中常用的原料质量分析与控制的方法有直方图法、供应能力系数分析法、质量特性的趋势图分析、频次图分析法。

常用的工序质量分析与控制的方法除了上述方法外，还有多变异分析法、工序能力分析、工序最佳分布中心分析、工序控制图分析、散点图分析、质量特性的方差分析、质量特性的回归分析等方法。

需要特别注意的是：首先，在进行抽样检验时需要注意数据抽样的合理性。一是样本应能捕获主要的随机性变异，样本不应包括系统性的随机变异；二是样本容量要足够，样本容量太小难以判定数据分布的正态性，而很多工序分析方法都是建立在样本数据是正态分布的基础上的。其次，在进行质检数据的分析时需要注意满足不同分析方法的不同应用条件。

4）成品质量分析与控制。成品作为工序的产品，其质量检验、分析与控制和工序质量分析与控制实质上是一样的，只是其质检项目不同而已，因此可以将其放在工序质量分析与控制功能模块中完成；产品质量的追溯可方便产品出现质量问题时找到出现问题的根源，杜绝再次出现同类的质量问题。因此在该子系统中设计了成品质量统计报表和质量追溯查询两大功能模块。

5）客户满意度分析与控制。可从下述三个方面分析客户满意度：

① 客户抱怨分析。企业迅速、有效地处理客户抱怨，不但可以提高客户满意度和忠诚度，还可以通过对抱怨信息的整理、分析发现自身问题。这是改进产品或服务质量的重要渠道，其关键在于要规范投诉受理的流程，以及对投诉信息的记录、分类和统计分析。

② 客户满意度调查分析。由于大多数客户产生了抱怨之后不会进行投诉，企业可以设计《客户意见调查表》，把企业想了解的、客户想要表达的内容，通过《客户意见调查表》来获得有关满意度的直接衡量指标。其关键在于客户满意度调查指标的建立，以及对所收集信息的数据统计方案的设计。

③ 客户忠诚度动态分析。客户的忠诚度一般通过客户的购买行为来反映，因此应对客户的购买行为变量，如购买的频率、数量、金额和周期等，进行长期的跟踪测试，以便识别忠诚客户，预警客户的流失。

(3) 系统的信息集成与共享 基于ERP的质量分析与控制系统内部各功能模块之间以及和ERP系统内的其他功能模块、外部相关自动化系统和企业环境质检都有着广泛的信息交流与共享，实现信息集成与共享的主要支持技术是计算机系统、数据库和计算机通信系统。它们分别提供了数据处理、数据管理和数据通信的基本功能。其中，数据库技术的应用是实现信息集成与共享的最重要的方法。

ERP系统是基于供应链的管理，对供应链、信息链上所有的资源进行统筹规划和使用。从ERP系统的管理理念以及设计思想上考虑其管理方式应为集中式管理方式，其业务耦合性非常高，所以在数据库的设计上一般采用集中式数据库管理系统或虚拟分布式数据管理系统，要求采用一种全局数据库。企业各部门从全局数据库存取数据，局域网及用户端具有存取界面和方法。企业划分为主数据库以及分布在局域网的数据库，减少了全局数据库的压力。但该方法要求数据库的统一标准和规范。

作为 ERP 系统中的子系统之一，制造业质量分析与控制系统是根据先进制造环境下质量管理的需求（即强调质量数据与采购、生产、销售、库存及售后服务等业务的相互促进及质量与其相关信息的分析、控制）构建的。它是以 ERP 中先进的思想为指导，利用信息系统完成从供应商到顾客的产品形成整个生命周期的质量管理，也为其他子系统提供了必要的数据信息，实现了各业务之间的相互促进，可以大大提高企业的现代化效益。

第五章 汽车营销与电子商务

第一节 汽车营销概述和互联网在汽车营销中的应用

一、汽车营销概述

1. 市场营销管理过程

市场营销管理是通过系统性的营销策略及方法去开发和创造价值，并将其传递给用户的过程。一般说来，营销程序包括五个基本阶段，每个阶段都有其特殊的营销任务：①分析市场机会；②研究和选择目标市场；③设计营销战略；④确定营销组合；⑤管理营销活动。营销管理活动具有连续性、整体性和程序性，良好的营销管理活动必须有一个回馈检视程序，对每一步骤都需要进行评估，看它是否前后一致。

分析市场机会的前提是明确企业的任务，包括行业范围、产品的适用范围、能力范围、市场细分范围、垂直范围和地理方位。市场机会分析主要包括外部环境分析和内部环境分析。外部分析通常称为"4C"分析，即消费者（Consumers）分析，环境（Circumstance）分析，竞争（Competitions）分析和市场流通（Channels）分析。内部分析即企业应了解其内部的优势和弱点，并与市场机会相匹配。

研究和选择目标市场就是要衡量和预测一个设定市场的吸引力，这要求估计市场的总体规模、成长、盈利率和风险。确定目标市场通常有两种方法：①"市场总体"，即把市场看作一个整体，看作一个大的、总的市场；②"市场细分"，即把市场看作是由几个比较小的细分市场所构成的，其中一个作为目标市场。目标市场选定后，企业需要为目标市场制定一个定位战略，以决定是提供更优良的产品与优质服务，还是开发一种简单而廉价的产品，将目标瞄准那些对价格更敏感的顾客？在市场战略上，还应选择所扮演的角色：领先者？竞争者？追随者？还是补缺者？

4PS理论为传统的营销组合，包括产品策略（Product Strategy）、价格策略（Price Strategy）、促销策略（Promotion Strategy）和流通策略（Place Strategy）。4PS理论认为企业应运用以上策略来影响、劝服用户与自己做成交易。其基本内容是：如果企业生产出适当的产品，定出适当的价格，利用适当的分销渠道，并辅之以适当的促销，那么企业

就会获得成功。

企业的营销组织由销售人员、销售管理者、销售研究人员、广告人员、产品和品牌管理者、市场细分管理者以及顾客服务人员组成。营销经理应善于选择、培训、指导、激励和评估营销人员,并定期与下属见面以检查他们的业绩,评价他们的能力,指出他们的缺点,提出改进的意见。同时还要通过市场营销调研、营销计划、营销实施和营销控制,对营销活动进行管理。

2. 汽车营销的内容和特点

从销售对象上看,汽车营销的范围包括整车销售、配件销售和二手车销售。汽车整车销售是汽车企业为了满足消费者现实和潜在的购车需要及实现企业目标,通过市场达成汽车交易所开展的商务活动过程。

汽车整车销售的特点有:

(1) **受汽车市场波动影响大** 汽车作为社会经济活动中的一种大型工业品,其市场行情随国民经济运行的波动而波动。这种波动呈现出明显的周期性特点,即每一波动周期在理论上均包括"衰退、萧条、复苏、高涨"四个阶段。

(2) **售后服务要求高** 汽车不同于一般的商品,其使用寿命相对较长,而且具有遭到意外损害可能性大的特点,使得汽车维修成为汽车商品售后服务的一个非常重要的内容。所买的车能不能及时得到较好的维修,维修的时间有多长,平时在哪里可以进行维护和保养,这些都是车主在购买新车时所非常关心的问题。

(3) **配套手续繁多** 因为国家对汽车销售、使用、回收等都有一系列相应的规定,其中在新车销售环节就有许多强制的规定,如购买新车必须相应购买车辆险,必须缴纳购置税,还有新车上路需要牌照等,因此买车时相关服务是否便捷也是消费者选择的一个重要衡量指标。

3. 汽车营销模式

随着经济社会的发展,汽车成为促进社会发展的动力之一,汽车营销市场随着社会对汽车的旺盛需求而变得异常火爆。近五年,我国汽车保有量呈高速增长趋势。据公安部交通管理局发布的数据,截至 2018 年 6 月底,全国机动车保有量达 3.19 亿辆。预计到 2020 年中国汽车保有量达到 6.3 亿辆,或成为全球第一。汽车营销模式对汽车销售至关重要,已经成为汽车行业竞争的焦点。汽车营销模式随着汽车产业的繁荣而不断更新变化。

(1) **代理制模式** 在代理制模式中,经销商承担的主要义务是分销,即制造商通过经销商将商品销售给消费者。除此之外,契约中对经销商不再有额外的限制,而经销商的收益主要来自商品买卖之间的差价。代理制模式包括以下两种表现形式:

1) 总经销方式。制造商先将商品提供给总经销商或批发商,由后者发展自己的经销商,并通过其将商品销售给消费者。制造商可以选择一个或多个总经销商,而每个总经销商之下又有多个经销商,由此构成金字塔型的营销网络,这也是许多行业和商品销售中常见的方式。这种营销模式的主要优点是有利于商品广泛分销,帮助制造商巩固已有市场,迅速打开销路,扩大新的市场。

2）汽车交易市场方式。传统的总经销方式中的经销商之间在营销场所上彼此独立，与此不同的是，汽车交易市场方式的代理制营销模式是由各种不同的汽车产品和众多经销商集中在同一场所，以店铺方式开展经营、同时提供相应配套服务。汽车交易市场模式通常划分出专门的区域进行汽车销售，此区域通常聚集了大量汽车品牌，同时可以将相关服务行业引入。交通、银行、保险、餐饮等行业的引入，能够方便购车人在购车时办理相关手续。汽车市场交易模式通常以汽车超市、汽车城、汽车园区等形式出现，消费者非常热衷于此种模式。这种模式投资比较大，占地面积巨大，减少了许多中间商环节，对汽车行业具有重要影响。

（2）**特许经营模式**(4S店模式)　在汽车营销中，特许经营模式是指由汽车制造商作为特许人，向特许经销商输出以汽车为核心的产品与品牌商标，特许经销商则在指定区域内建立品牌专卖店，销售该制造商的汽车产品，同时提供相应的服务。特许经营以排他性经营为主要特征，即特许经销商拥有某品牌在局部市场的垄断经营权，但必须承诺只经销该品牌，这样就排除了其他制造商与其订立销售契约的可能性。特许经营模式的另一个特征是直接面向客户的扁平式营销网络，这种渠道结构减少了管理层次，提高了对市场的反应速度，降低了销售成本。以4S店为代表的生产厂家特许经营模式，是我国现今最主要的汽车营销模式。4S店只经营一个专有品牌，管理标准、外在形象和硬件设施都有较高要求，并受汽车生产厂家监督，这类模式能为消费者提供较完善较高水平的服务，但是运营成本较高，对于产销量不大的车型和品牌来说，投入成本较高的4S店式的经营模式极容易产生亏损。早在2002年起，欧盟已经开始逐渐取缔4S店特许经营模式，以压缩汽车流通领域的费用。对我国来说，汽车市场与发达国家相比仍存在较大的差距，4S专卖店在我国还有生命力，但是也要清醒地认识到，我国汽车市场已经进入更理性的平稳发展期，未来4S店的生存将面临严峻考验。

（3）**网络营销模式**　随着电子商务在我国的蓬勃发展，"电子商务"消费模式已经为国人所熟悉，并开始被引入到汽车销售活动中，这为汽车销售形势带来了新的机遇。目前，我国的汽车网络营销主要呈现两种形态：一种是近年来日渐流行的是"O2O和B2C"模式，即消费者利用互联网直接参与经销活动的形式和线上营销线上购买带动线下营销线下消费的经营模式。但由于汽车产品的特殊性，其售后服务及用户利益还需明确规范，因而，这一新的经营模式还有待进一步完善。

另一种则是通过网络营销，在开展销售活动的同时进一步宣传企业产品。汽车企业通过建立的官方网站对其汽车产品进行网络营销，其重要目的是希望充分利用网络营销的品牌宣传、产品介绍、信息推广、产品预订等功能，在开展销售活动的同时进一步宣传本企业的产品。

二、汽车营销策略

1. 汽车产品策略

汽车产品策略直接影响和决定着其他的汽车市场营销策略，对汽车市场营销的成败关系重大，所以汽车产品策略是汽车市场营销组合策略的基础。汽车产品策略可以分为汽车产品组合策略和汽车产品生命周期策略。

汽车产品组合策略，就是根据汽车企业的目标，对汽车产品组合的广度、深度和相容度进行决策，确定一个最佳的汽车产品组合，包括扩大汽车产品组合策略、缩减汽车产品组合策略、高档汽车产品策略与低档汽车产品策略、汽车产品异样化和汽车产品细分化策略。

汽车产品生命周期，是指从汽车产品试制成功投入市场开始到被市场淘汰为止所经历的全部时间过程。一般来说，汽车产品的生命周期分为四个阶段，即导入期、成长期、成熟期和衰退期。不同汽车产品在生命周期的不同阶段各具不同的特点，汽车企业营销策略也应有所不同。如导入期的市场策略有高价快速促销策略、高价低费用策略、低价快速推销策略、逐步加入市场策略等，而成熟期的市场策略有市场改革策略、产品改革策略和市场营销组合改革策略等。

2. 汽车定价策略

汽车价格的构成，是指组成汽车价格的各个要素及其在汽车价格中的组成情况。汽车价值决定汽车价格，汽车价格是汽车价值的货币表现。但在现实汽车市场营销中，由于受到汽车市场供应等因素的影响，汽车价格表现得异常灵活，价格时常同价值的运动表现不一致；在价格形态上的汽车价值转化为汽车价格构成的四个要素：汽车生产成本、汽车流通费用、国家税金和汽车企业利润。

汽车价格竞争是一种十分重要的汽车营销手段，正确采用定价策略是汽车企业取得市场竞争优势地位的重要手段。汽车新产品定价有三种基本策略：

（1）**撇油定价策略**　这是一种汽车高价保利策略，是指在汽车新产品投放市场的初期，将汽车价格定得较高，以便在较短的时期内获得较高的利润，尽快回收投资。

（2）**渗透定价策略**　这是一种汽车低价促销策略，是指在汽车新产品投放市场时，将汽车价格定得较低，以便使汽车消费者容易接受，很快打开和占领市场。

（3）**满意定价策略**　这是一种介于撇油定价策略和渗透定价策略之间的汽车定价策略。所定的价格比撇油价格低，而比渗透价格要高，是一种中间价格，这种定价策略能使汽车生产者和消费者都比较满意。

3. 汽车销售渠道策略

汽车销售渠道是汽车生产企业向最终消费者直接或间接转移汽车所有权经过的途径，是联系汽车生产者和消费者之间关系的纽带。汽车销售渠道的重要意义在于汽车流通过程构成了汽车市场营销活动效率的基础。汽车能否及时销售出去，销售成本能否降低，企业能否抓住机会占领市场，在相当程度上都取决于销售渠道是否畅通和优化。

汽车销售渠道的环节主要包括：汽车销售渠道的起点生产企业、中间商以及终点消费者。汽车销售渠道中的中间商按其在汽车流通、交易业务过程中所起的作用，可分为总经销商（或总代理商）、批发商（或地区分销商）和经销商（或特许经销商）。

根据渠道的长度、层次以及中间商的角色不同，销售渠道可以分为五种类型：汽车生产企业直售型（零层渠道模式）、生产企业转经销商直售型（一层渠道模式）、生产企业经批发商转经销商直售型（二层渠道模式）、生产企业经总经销商转经销商直售型（二层渠道模式）、生产企业经总经销商与批发商后转经销商直售型（三层渠道模式）。

4. 汽车促销策略

汽车促销是汽车企业对汽车消费者所进行的信息沟通活动，通过向消费者传递汽车企业和汽车产品的有关信息，使消费者全面了解感兴趣的汽车产品，了解汽车生产企业和销售企业，产生购买的欲望。

汽车促销的方式主要有两类：人员促销和非人员促销。人员促销主要是指派出汽车销售人员进行汽车销售活动；在非人员促销中，又分为广告、销售促进、公共关系等多种方式。汽车促销方式是以上几种方式的最佳选择、组合和运用。

三、互联网在汽车营销中的应用

1. 互联网应用于汽车营销的趋势

当今时代，互联网已经渗透到政治、经济和社会文化的各个领域，已进入人们的日常生活，并带来社会经济和人们生活方式的重大变革。由网络所带来的电子商务与传统的商务形式有巨大差别：交易内容不同，信息流动方式不同，交易的场景不同，交易的基础设施不同。在这个信息化的空间内，消费者了解企业和产品的方式、购买和发货的方式也随之发生改变，甚至消费者分配自己忠诚度的方式也有所不同。

由于互联网具有信息迅捷、内容丰富、互动性强、搜索简便、低成本等特点，非常适合作为汽车的营销平台。很多汽车消费者都愿意通过互联网进行汽车品牌查询和报价搜索。

（1）网上车展逐步推广　由于实物车展需要投入巨大的人力、物力以及财力，且辐射范围有限，当前许多汽车企业看到了网络的便捷性、辐射性，开始利用网上车展进行汽车及相关零部件的展示，这样不仅克服了传统车展的不足和限制，更为汽车整车生产企业、汽车零配件生产企业及相关经销商、代理商、汽配厂商等提供了产品展示的渠道。而且，现在已经存在许多网络信息平台，有针对性地向这部分企业提供相关服务，例如太平洋汽车网、汽车之家、网上车展网等，可以帮助企业进行企业形象展示和产品展示，大大提高了汽车展示的整体效果，有利于汽车行业信息的交流，并为汽车交易提供了极大的便捷。

（2）网上零部件采购量提高　除了整车销售以外，汽车零部件销售额也极为可观。但是，在传统采购形式下，汽车零部件采购会受到地域、采购成本、采购效率等因素限制，很难达到采购价格最优化。将传统采购改善为网上采购，不仅降低了采购成本，更极大地扩展了采购的范围，提高了采购效率。目前，许多汽车公司开始逐步联合建立零部件采购网站，从而进一步奠定汽车网络营销基础。

（3）客户服务水平逐步完善　随着汽车销售行业竞争压力逐步加大，服务已经成为这些企业提高市场竞争力的一个重要手段。利用网上产品介绍、新用户服务、客户答疑交流、汽车产品知识、订单查询及处理等都可以提高客户忠诚度。现如今，许多汽车企业都开始在网上增加订购服务，实现客户网上车型、内饰及颜色的特别定制，不仅缩短了客户收货时间，更实现了企业货源的最优配置。

（4）新产品开发与生产速度加快　企业利用互联网可以实现互联网信息共享，并获

取更多的项目合作开发机会,从而帮助汽车企业加快新产品的开发力和生产力。现如今,我国已经有许多汽车企业开始利用互联网进行公开招标,并选择适合自己的项目合作伙伴,不仅缩短了开发时间,更提高了市场反应力。

2. 互联网的发展对汽车营销的影响

互联网在不断变化的市场中扮演越来越重要的角色,主要体现在以下几方面:

(1) **产品生命周期不断缩短**　这是新产品开发速度越来越快的必然结果,产品成熟期缩短,旧的规格迅速进入产品生命周期的衰退阶段。就这一点而言,互联网的快速传播功能带来了极大的好处,它使一种新产品即使在短时间内也能迅速到达全球各地,赢得更多的客户,为新产品提供了利用规模经济、降低价格的可能,一般民众也能更加及时地享受到新产品。

(2) **营销手段不断丰富**　互联网技术的发展为营销提供了越来越多的手段和工具,使企业能以更有感染力的方式向消费者介绍自己的企业和产品,更有针对性地和更多的顾客进行有效的沟通,如数据库管理可以使企业不再盲目地、只能从整体上猜测目标顾客的特征,因为互联网提供了一种可以和顾客进行及时的、互动的沟通方式,客户管理、一对一营销再也不仅仅只是一种理想,而是可以实实在在地去实施。

(3) **缓解信息不对称**　面对众多的产品,买卖双方之间的信息不对称加剧。顾客面对的不再是自己熟悉的产品,而是陌生的产品,不知其工作原理,不能判断产品的材料构成。如何从众多的产品中选择自己真正所需要的东西,是摆在消费者面前的难题,也是摆在企业面前的难题。互联网虽然不能完全消除信息不对称,但会在相当大的程度上缓解这一问题。

3. 互联网应用于汽车营销的优势

(1) **增强对顾客的吸引力**　在传统的汽车营销模式中,消费者往往只能被动地接受汽车企业信息,汽车企业不能主动地和消费者进行深入的沟通互动,了解消费者显性和隐性的需求,为客户定制符合其个性化需求的产品。

互联网使消费者在整个营销过程中的地位得到提高,互联网的发展使得消费者可以直接与产品或服务的生产者进行直接沟通,消费者对营销过程的参与增强。互联网上丰富的信息及获取的方便性使顾客的选择余地变大,可以在各大汽车公司的网站、汽车经销商的网站之间任意转换,对同类型汽车进行价格、性能等方面的比较,比较内容可以具体到某个零部件、某项汽车性能指标,以买到更满意的汽车产品。这是一种人性化的、合乎现代消费观念的营销模式。通过有效的沟通互动,迅速拉近汽车企业和消费者的情感距离,树立良好的企业形象,逐渐增强产品品牌对消费者的吸引力,实现由沟通到购买的转变。

在实现顾客的忠诚度方面,由于网络营销系统的公开、透明度增大,公司在网站介绍本公司的产品并提供技术支持,随时查询、处理订单信息,并为顾客提供优质的服务,因此增加了顾客对企业的忠诚度,督促了个别潜在的顾客快速购买。这样还可以减少公司的客服人员负担,让他们去处理公司其他方面的事务,加强与客户的交流互动,使得客户更加满意。网络营销系统可以帮助建立完善的客户数据库,保存客户的各类信息档案进行分析研究，为实施其他的营销计划开发其他潜在的客户群提供有益的信息资料。

（2）节约大量成本　与传统购买过程相比，网络环境下的商务交易可以有效地降低买卖双方交易过程中的成本，如信息、磋商、支付、物流等过程中产生的成本，实现汽车厂商和经销商的双赢。同时网络营销使得营销渠道缩短，一对一的服务不仅可以提升服务品质也可以使得企业不再负担中间商的高额费用，不仅可以降低企业成本也可以把实惠带给消费者从而达到共赢。

首先，可以减少获取信息的成本。商务交易由供需双方共同完成，其前提是买卖双方都能够宣传或者获取有效的商品信息，是供求信息把双方结合在了一起。当今社会已经进入到买方市场阶段，制造方（供应方）更要千方百计地宣传自己的商品。

传统的销售模式如图 5-1 所示。基于互联网的网络营销模式如图 5-2 所示。

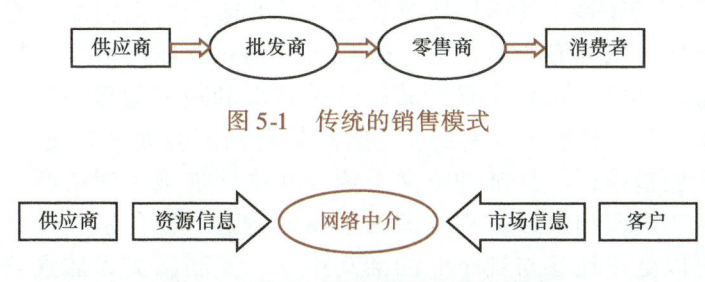

图 5-1　传统的销售模式

图 5-2　基于互联网的网络营销模式

对于企业来说，利用互联网可以很容易地找到自己的目标顾客群。顾客的每一笔交易都将留下电子记录，企业利用这些数据累积形成的巨大数据库，可以分析出消费者的消费模式、产品偏好、购买力等结果。通过这些信息，企业可对单个顾客精确定位，从而大大节省企业的资源；还可以随时随地查找行业信息、竞争对手信息，以及通过在网页上建立专门栏目等形式收集用户的反馈信息。对于顾客来说，许多门户网站所提供的搜索引擎和信息分类功能，可以降低顾客寻找信息的成本，轻松找到自己想要的信息。

其次，可以减少贸易磋商成本。与传统的贸易过程不同，在网络环境下，整个商贸磋商的过程可以在网络系统的支持下完成。原来商贸磋商中的单证交换过程，在电子商贸中演变为记录、文件或数据报文在网络中的传递过程。各种各样的电子商贸系统和专用数据交换协议能够保证网络信息传递的准确性和安全可靠性。各类商贸单证、文件在电子商贸中都被改变成了标准的报文形式，这有利于减少漏洞和失误，规范整个商品贸易的过程。在磋商过程中产生的通信成本也是交易成本的一部分，在网络营销中，大部分的交易信息可通过电子邮件传输，与传统通信相比，节约了大量的通信费用。

再次，可以减少展示成本。传统企业的创建必须有相应的基础设施来支持，如仓储设施、产品展示厅、销售店铺等。在运营中还会产生许多经常性的支出，如：昂贵的店面租金、装潢费用、水电费、营业税及人事费用等。当然，这种产品展示成本最终会体现在产品价格中，也构成交易成本的一部分。互联网为那些新兴的虚拟企业提供了发展机会。运作于网络空间中的虚拟商店，不需要店面、装潢、摆放的货品和服务人员，并大大减轻对实物基础设施的依赖。它通过互联网向顾客展示产品，网络上良好的图像效果以及它的低成本对企业有极强的吸引力。

此外，还可以通过降低管理成本、提高决策效率增加企业盈利。当汽车销售公司实现网络化营销后，公司内外所有信息的传递都将非常迅速、准确，而且网络交易的无纸化节约了很多成本。同时，完整的网络营销模式能够快速应对市场的反应，避免了一些不必要的失误，提高了公司战略决策质量。

最后，可以减少物流成本。商品供应链是由商品从制造商到消费者手中整个流动过程的各个环节组成的，其中就包括制造商和各级经销商。在传统的商业运作模式中，制造商把他们的产品推销给经销商，经销商又推销给消费者，这种"推动式"供应方式的各环节包括销售、维修、库存等，涉及大量的物流成本。而网络营销解决方案的重要内容，就是如何合理设置物流系统；通过网络优化供应链管理，确定每种商品库存的最佳数量和存放地点、商品定购存储以及配送优化，从而提高商品由制造商向消费者传递的效率。

(3) **有利于产销的衔接** 互联网所具有的高效及时的双向沟通功能为企业与其分销商的联系提供了新的、更为有力的平台。企业可以通过互联网建立虚拟专用网络，将分销渠道的内部网融入其中，及时了解产品的分销状况和最终销售情况，为企业及时调整产品线、补充脱销产品、分析市场特征、实施高效营销策略提供方便，为企业降低库存、采用实时生产方式创造条件。从某种意义上说，互联网加强了制造商和分销商之间的紧密联系，也加强了制造商和最终客户之间的联系和沟通，使分销真正成为企业活动的自然延伸，客户也可以更多地参与到企业的活动中来，互联网成为加强双方市场竞争力的重要基础。汽车制造商可以根据消费者的电子订单真正实现根据订单制订生产计划，满足用户个性化需求，提高经济效益。

(4) **全方位地介绍汽车产品** 汽车企业可以通过网络技术将产品的文字、图片、视频、用户体验、媒体测评等信息有机整合起来，给消费者一个生动直观、全方位的产品展示，而且展示不受时间空间的影响，消费者任何时候都可以通过网络方便快捷地了解汽车产品，极大地吸引了消费者，激发了他们的购买欲望。

第二节 汽车生产企业的营销管理与电子商务

一、营销信息化管理

营销管理部门的工作相当繁重，和销售相关的信息（如库存、价格、信用额度、折扣政策）分散在企业各个部门，下单时需要多次查询才能完成一个订单，还存在由于信息更新的不及时导致下错单的可能（如两人查询后同时下单，可能导致库存不足分配）。另一方面，分散的信息使得其重复利用率较低，制作报表工作量很大。实施信息化管理后，由系统根据预先设定的规则自动进行数据的匹配、校验和跟踪，最大限度地减少了出错，使业务人员从烦琐的查询事务中脱离出来。

1. 订单管理

订单管理的重点是信用额度控制和销售价格管理。系统根据已下达订单和应收余额自动控制额度，对于超过额度的订单将进行冻结，无法发货。在销售价格方面，由于系统预先设定了根据车型、代理商等级和生效日期等不同组合形成的价格表，使用时只需在

订单上输入这些相关信息，就会自动反映出相关的价格，价格不允许修改，这样对这两者的控制就大大加强了。

2. 渠道管理

渠道管理是营销管理中的一个亮点。汽车制造企业的销售对象是经销商，包括特许经销商和代理商，通过经销商再销售给最终用户。渠道信息管理系统可以帮助汽车企业追踪到车辆在代理商处的分布情况和最终用户的信息，实现了多点异构系统信息的实时交换，使汽车制造商和经销商的订单管理、物流管理和用户管理流程结合为一体，是汽车行业 B2B 业务模型的典型应用。

3. 应收管理

结合订单管理和渠道管理的功能，汽车营销的应收管理具有透明化和实时性强的特点。每个代理商的应收余额在订单发运后或者付款后会自动更新，并且代理商可以通过渠道系统实时查询自己的应付状况，便于代理商决定付款计划和采购申请的计划。

二、汽车企业对用户（B2C）的电子商务

汽车行业信息化进入互联网时代，更多地体现在企业与消费者利用网络进行信息的互动交流上。互联网可以说是世界上最大的信息仓库，企业通过互联网搜集所需要的行业、产品信息，也通过兴建自己的网站，把信息发布出去，加强与消费者之间的信息联系。企业通过在网站上建立论坛、官方微博、微信公众号、公开电子邮件地址等方式，搜集客户乃至竞争对手对自己的意见、看法。而消费者也能通过企业的这些信息交互渠道，为产品的销售、企业的发展提供宝贵的意见。同时，通过论坛等形式，消费者还可以与已经拥有汽车的朋友进行沟通交流，为自己买车、驾车提供参考。一些企业也充分利用网络的便利性和互动性，及时地向分销商和客户提供关于产品的最新信息；允许分销商和客户在线访问产品的可用性信息、订单输入系统和订单状态；为分销商和客户提供在线产品支持信息，便于他们更快地解决问题等。

汽车属于大宗昂贵消费品，购买者也是相对高端的顾客，对产品质量、性能、品牌等指标有更高的要求，因此通过网站获取初步信息是了解汽车产品的理想途径之一，建设专业水平高的汽车企业网站，有效地利用网络营销手段，对汽车制造商和销售商的营销策略具有不可忽视的作用。

三、汽车企业对经销商和供应商（B2B）的电子商务

网络的互动性不仅体现在汽车企业与消费者之间，消费者与消费者之间，还体现在汽车企业与企业之间，汽车生产商与部件提供商之间。一辆汽车是由上万个零部件组成的，涉及的面很广，与之相关的行业也很多。尤其在科学技术飞速发展的今天，新技术、新工艺的采用，促使新产品不断涌现，这就需要企业间多进行交流沟通。网络互动性强的特点在这种新形势下得到了很好的发挥。利用网络，企业能够及时跟踪和了解世界汽车发展的最新动向和最新的科学技术。

企业通过互联网构筑虚拟专用网络，将分销渠道的内部网融入其中，可以及时了解分

销过程中的商品流程和最终销售状况，这将为企业及时调整产品结构、补充脱销产品、分析市场特征、实时调整市场策略等提供帮助，从而为企业降低库存，采用实时生产方式创造条件。而对于分销商而言，网络分销也开辟了及时获取畅销商品信息、处理滞销商品的巨大空间。汽车制造企业通过B2B可以实现以下功能：

1. 产品目录管理

对于汽车生产商，不仅可以通过建立包含了任意商品类别的公共商品目录，向经销商发布产品信息，也可以创建只供指定经销商查看的商品目录。而作为经销商，在商品目录管理系统上，能够创建包括任何厂商、任何商品类别、任意数量的自建商品目录，在这些目录的商品信息的任何更改，都可以实时反映在这些目录中。

2. 网上洽谈

当经销商发现感兴趣的商品，或者生产商寻找经销商发布的采购目录后，网上洽谈功能可以帮助经销商/供应商进行实时交流，而且所有的洽谈记录都存放在数据库中，以备查询。

3. 订单管理

根据用户的实际需要，自动将发生在生产商/经销商之间的订单草稿以及洽谈形成的采购意向集合到一起，且可以组合成一个订单发送给供应商。另外，对于经常交易的双方来说，由于相互之间比较信任，也可以不经过任何洽谈就直接发送订单，极大地提高了采购/供应效率。

第三节 汽车网络营销

一、汽车网络营销概述

多年以来，汽车营销一直通过汽车4S店、汽车交易市场等传统方式进行销售，这种方式虽然比较直观，但成本较高。在以往汽车行业利润率较高的情况下，这种销售方式的弊端还不明显，但在现今汽车行业竞争激烈、平均利润下滑的情况下，营销渠道成本过高这个问题就显得比较突出。因此，高效、低成本的网络营销就成为汽车厂商和汽车经销商关注的焦点。

同时，汽车消费者的个性化需求越来越明显，个性化、小批量、柔性化的"量体裁衣"式生产正在成为现实。制造商必须和消费者进行交互式的信息沟通，而互联网应用在汽车营销中最明显的作用正是其信息优势。汽车作为一种复杂而昂贵的商品，消费者需要大量而翔实的信息帮助他们做出判断和选择，制造商也需要随时了解消费者需要，把握市场动态，不断改进，生产出符合市场需要的车型。对于这样的商品，互联网就成为一个很好的、超大容量的、互动式的信息交流平台，可实现制造商与经销商、经销商与消费者之间的信息沟通和共享，消费者的信息迅速传递到经销商和制造商手中，使制造商能对消费者的需求变化迅速做出反应，从而最大限度地满足消费者需求。

网络营销（Cyber Marketing，Online Marketing）是指通过有效利用计算机网络技术，最大限度地满足顾客需求，以达到开拓市场、增加盈利能力的目的，实现企业市场目标的过程。网络营销的实质是顾客需求管理，即利用互联网对售前、售中、售后各个环节进行跟踪并满足顾客的需求。汽车网络营销模式是指汽车制造商借助于信息技术特别是互联网技术，将商品提供给消费者的营销模式。

二、汽车厂商网络直销流程

网上直接销售合并了全部中间销售环节，并提供更为详细的商品信息，消费者能更快、更容易地比较商品特性及价格，从而在消费选择上居于主动地位。这种模式销售成本较低，而且能够迅速完成交易，汽车网络直销的直销流程图如图5-3所示。

1）消费者进入互联网，查看汽车企业和经销商的网页。

2）消费者通过购物对话框填写购物信息，包括个人信息，所选购汽车的款式、颜色、数量、规格、价格等。

3）消费者选择支付方式，如信用卡、电子货币、电子支票、借记卡等，或者办理有关贷款服务。

4）汽车生产企业的客户服务器检查支付方服务器，确认汇款额是否认可。

5）汽车企业的客户服务器确认消费者付款后，通知销售部门送货上门。

6）消费者的开户银行将支付款项传递到消费者的信用卡公司，信用卡公司负责发给消费者收费单。

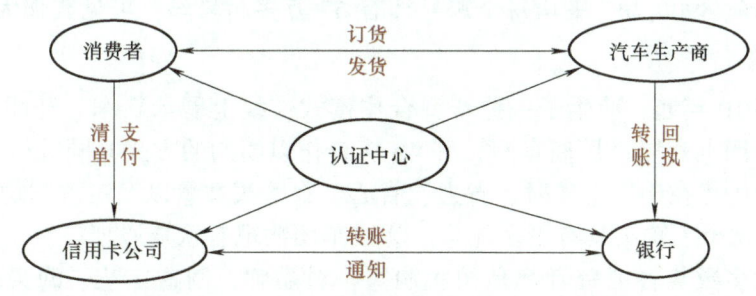

图5-3　直销流程图

这种交易方式不仅有利于减少交易环节，大幅度降低交易成本，从而降低商品的最终价格，还可以减少售后服务的技术支持费用以及为消费者提供更快更方便的服务。但是也存在不足：购买者只能从网络广告上判断汽车的型号、性能、样式和质量，对实物没有直接的接触，更没有"试车"的可能。

三、网络营销在汽车行业的应用

互联网的引入丰富了汽车企业营销渠道，为其提供了一个新的发展平台。目前越来越多的汽车企业认识到互联网推动汽车营销的重要作用，纷纷挤占这一科技制高点，并将之视为确立未来营销竞争优势的主要途径。

1. 微博营销

微博作为品牌社交媒体营销的重要阵地之一，其打造热点话题的机制早已处于成熟

期，通过瞄准目标用户的痛点，合理地运用易传播、有内涵的话题触发热点讨论，能够引发消费者现象级的自传播，从而塑造独特的品牌形象，并实现大量的品牌曝光和转化。

为了满足在宣传上的多样化需要，各个汽车品牌积极发展公司账号、客服账号、产品账号等不同功能定位的账号，构建微博矩阵。车型账号作为汽车品牌的产品账号，是其微博矩阵的重要一环，各大汽车品牌在运营品牌官微之余，为品牌旗下的热门车型也开设车型官微，全方位传播企业和品牌的形象。

为了提高品牌微博传播影响力，很多汽车官微结合微博话题营销，输出高质量、有看点的原创内容。例如热门车型官微@东风风行景逸于2017年9月上线了自制节目《搭车卡拉SHOW》，同时发布微博话题"景逸双T卡拉周报"，该栏目每期邀请一位明星或名人做嘉宾，搭乘景逸X5或景逸X6，在车上唱歌或进行小型脱口秀。也有的汽车官微利用热门娱乐节目或庆典，吸引消费者注意力，提高微博传播影响力。还有的利用用户感兴趣的内容，积极展开对话，引发互动共鸣。

根据新浪全景大数据显示，自从微博2014年正式启动自媒体计划以来，其汽车自媒体数量和影响力一直在持续提升当中：2015年，汽车自媒体账号粉丝9466万，2016年达到1.6亿，2017年超过2.7亿。微博自媒体活跃于微博平台，用高质量的内容与用户互动，吸引了更高的阅读量和互动量。2017年，汽车微博自媒体发布的博文月均阅读量达到58亿，月均评论达到292万，月均点赞量达574万，月均转发量达到406万。2017年监测的132个高质量汽车品牌官方微博账号，平均每天贡献261.4条微博，这132个账号一共拥有粉丝8900万，平均每个账号拥有67万多名粉丝，可见其强大的影响力。

2. 网上团购

汽车业从2010年起，萌生了一种新型合作模式：线上展示新车、开团方式买车、线下实体店提车，网上商城（厂商官网）和4S店合作以团购的方式共同进行汽车的营销。

汽车团购的优势在于：①省时、省力、省心。在购买数量以及对汽车购买信息了解程度的方面，团购比个人购买具有更多优势。②汽车团购也有从众心理。对于汽车这样的大宗复杂产品，大多数年轻消费者都是初次购买，对品牌、制造工艺、购买过程以及售后服务等相关过程和环节都不甚了解，因此希望通过集体行动获取信息，提高认知。③团购是吸引眼球的工具。通过网络平台，可以低成本、很轻松地在特定时间、特定的界面凝聚起巨大的人气。④传播速度快、销售效率高、更容易找到目标群体。⑤有利于经销商消化库存。

但与此同时，汽车团购的问题仍然很多，不适合车企大规模参与。①汽车团购的消费者在经销商的定位中，并不等同于公司、政府等采购的大客户，因此也并不能在团购开始和结束后享受到过多的优惠和服务。②底价不透明，潜规则横行。③"特供"网购汽车只是在网上完成销售过程，试驾、保养、维修等服务仍需要4S店进行线下配合，若出现短板，消费者利益无法保证。④团购不存在进入门槛，商业模式极易复制，往往变成价格战，更无成熟的管理标准，这些都让汽车团购饱受非议。⑤单纯降价不利于品牌持久竞争力，消费者会更关注价格，而不是功能。⑥售后服务权责不明。

正因为汽车团购存在以上种种问题，即便个别车企有突破，但从整个行业来看，网络购车依旧难以从根本上有新的突破，只能作为传统购车的补充。汽车企业如何突破传统

4S 店的销售，实现社会化的电子商务，网购汽车如何健康发展，依旧长路漫漫。

3. 互动空间

社区网站、微博、公众号、论坛等形成的社区文化把营销模式推到了新的阶段，网络互动空间成为汽车网络营销的重点所在。互联网改变了传统的汽车信息传播线路，成为发布和推广的重要平台。据统计，消费者做出购买决定平均花费时间近155天，购车后近50天中消费者还会处于兴奋期，他们有分享切身感受的需要，因此在网络中会自发形成一个全周期、立体化、放大性的信息平台：车型价格与性能、维修费用、汽车保养等网络推荐信息成为社区网站的热门帖。针对目标消费者在网络上的行为轨迹策划营销策略组合成为汽车网络营销制胜的关键。

4. 现存的问题

当前的汽车网络营销仍存在着一些问题。

首先，尽管互联网的作用已经显得日益重要，但是很多汽车商目前在利用网络方面还存在不少问题。根据调查资料，无法通过网络完成交易的顾客人数是最终购买者数量的两倍多，这说明汽车商提供的网上销售服务水平还不能满足顾客的要求，主要表现在并非所有的销售商都会在网上提供及时的信息，有的甚至根本不会提供，在一些推荐销售商的网站，并没有准确的车型资料，或者即使有合适的车型却没有给出足够的、合适的说明，这些都无法和当面购买相比。

其次，在网站上消费者往往对价格更加敏感，而这也是能否吸引网上消费者的一个重要因素。目前国内仍有很多顾客是处于购买人生第一辆车的初级消费阶段，对于售后服务比如维修、保险还有理赔都不太熟悉，而往往信誉较高、售后服务好的大经销商在价格上不具优势。此外，很多网络销售平台往往过于开发广告等效益，网络内容过于繁杂，而消费者的网络搜索显得不够直接，不能让消费者一目了然也是问题所在。

最后，实施网络营销不仅意味着营销手段的变化、观念的更新、员工素质的提高，还意味着经营方式和管理模式的转向。实行网络营销，对汽车销售本身是一场挑战，它将会对企业的组织结构、运作方式、资源管理、结算方式、服务跟踪以及质量考核等提出新的更高的要求。

【案例 5-1】

奔驰 smart 携手电商团购

奔驰 smart 流光灰 2012 特别版选择电商平台"淘宝"旗下"聚划算"进行团购销售。奔驰在正式团购前采用了众多刺激营销手段，用限时限量、特价、大礼包等刺激消费者的神经。首先是电视、户外网络预热，然后借用微博线上活动"寻找'灰'常 smart 男"为活动造势、线下院线活动将 smart 开进五个重要销售城市影院展出、借助电视优势传播等线上线下整合营销传播方式极大地提高了奔驰的关注度。

2010 年 9 月 9 日上午 10 点，聚划算团购平台开团销售奔驰 smart，团购者只需要支付 999 元定金，便能够将原价 17.6 万元的奔驰 smart 硬顶 style 版以 13.5 万元（约 7.7 折）的价格入手。在众多网友的密切关注下，聚划算平台 24 秒售出第一辆，3 分钟售出 39 辆，3 小时 28 分钟将原计划销售的 200 台 smart 全部销售完毕，为应对火爆局势临时加售

5台。淘宝聚划算强大的销售力显然也出乎奔驰意料，原本计划持续21天的团购活动，竟然3个多小时即提前完成。

简评：奔驰smart借助电商平台，跳出传统销售模式，成功实现汽车网络销售，并且取得惊人效果——205辆奔驰smart在3个多小时里销售一空，几千个销售线索在活动中被搜集并给到经销商，再一次证明了汽车营销的多样性。

【案例5-2】

大众汽车："蓝色驱动" App 下载人数超110万

2012年，大众开展了"蓝色驱动"App营销活动。大众中国设计了中国首个车载移动应用，实时记录、分析用户的驾驶习惯，为用户提供节能建议，显示节油情况。通过设计互动性好玩又有趣的App帮助车主改善驾驶习惯节约油耗，大众的探索无论是对App的使用还是其营销理念都让人眼前一亮。

"蓝色驱动"App活动有效结合了付费媒体、自媒体和免费媒体。大众中国为这一活动设立了专门的网站，设定丰厚的奖品和奖励来激励下载者使用。网页中还提供了一个"造冰救北极熊"的小游戏，在造冰拯救的过程中，还可以与其他玩家PK，赢得奖品。在传播上，整个活动除了通过大众汽车官方主页、大众汽车等网站，还通过微博、论坛、开心网、人人网等社交网络上的主页、"大众自造"网络互动平台以及部分手机网页广告进行传播，既有效扩大了传播量，又建立了良好的口碑。其中开心网拥有庞大的大众粉丝群，粉丝多达约250万人。

作为当时国内为数不多的通过App进行品牌营销的尝试，在整个营销过程中，App下载量高达110多万次，超出平均水平8倍。使用该应用的行驶里程数超过180万km，相当于绕地球45圈。用户节油量约为5%，相当于可以再行驶10万km。社交网络上共评论、分享22万次。

简评：大众中国"蓝色驱动"App既符合企业核心价值，又有利于品牌推广，摆脱了传统营销理念，把传统的销售提高到品牌理念的宣传，使保持良好驾驶习惯和节油等当今热门话题和企业核心价值无缝衔接，让人眼前一亮。

第四节　汽车经销商的电子商务

一、汽车经销商业务信息化管理

汽车服务企业管理系统架构如图5-4所示。

1. 汽车销售管理系统

传统的销售管理模式早已不能适应当今汽车销售企业的市场需求。采用先进管理模式来管理客户关系，采用信息化管理手段固本培元，成为企业提升竞争力的重要途径之一。

汽车销售管理系统能够处理销售管理（订货过程、退货业务、退货处理、售价变动、促销活动）、仓库管理、采购管理等方面的信息。常见的汽车销售管理系统包括汽车销售机会管理、门店导购管理、试车管理、报价管理、订单管理和行动管理等销售管理模块，入库管理、出库管理和盘点管理等仓库管理模块，供应商管理、采购询价和采购订单等

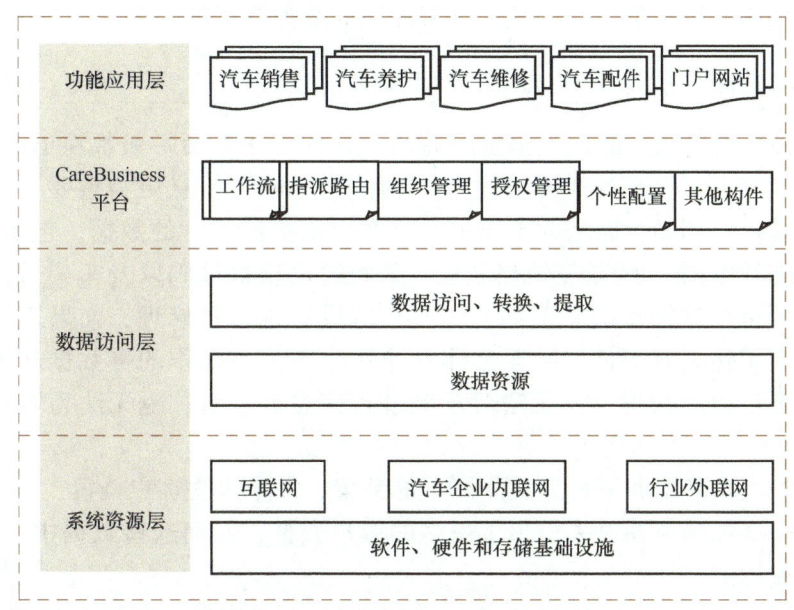

图 5-4　汽车服务企业管理系统架构

整车采购管理模块。

对于综合提供整车销售、养护和维修等服务的企业，可以集成选用汽车养护管理等其他系统，共同为企业的信息管理提供支持。

2. 汽车维修管理系统

随着国内汽车行业的发展，汽车维修行业的规模将继续迅速扩大，市场也将更加规范和成熟，竞争更加激烈。当前汽车维修企业或有维修业务的修理厂、公司约有 10 万多家，汽车维修已经成为中国汽车产业的重要组成部分。近年来，随着互联网行业的飞速发展，很多经营者已经使用或正在考虑使用管理软件加强管理。

汽车维修管理系统包括维修业务受理管理、维修派单管理、维修配件领料管理、维修车间管理、维修工绩效管理、维修结算管理和工具管理等。

汽车修理服务主要是处理客户上门服务的业务，将汽车施救业务纳入汽车养护管理系统中，将汽车配件管理业务纳入汽配管理系统中。三者组合使用，可以形成满足从事多种汽车服务业务企业的管理信息系统。

3. 汽车配件管理系统

汽车配件行业因其涵盖的车型非常之多，配件、零件种类成千上万，单靠手工作业管理难以达到科学准确，因此当前在汽配行业应用计算机系统进行管理已成为主流。

汽配管理系统是针对各汽配店日常的汽车配件的进出、产品的购销、账款的结算等业务而专门开发的。汽配管理系统不仅能使工作人员从烦琐忙乱的工作中解脱出来，还能提供全方位、多层次的系统管理。

汽配管理系统包括配件销售管理、配件采购管理、配件仓库管理、应收应付管理等。从事汽车养护和汽车维修的企业一般也包含汽配管理业务，汽配管理系统可以与汽车养

护系统、汽车维修系统一道，共同满足汽车经销商业务管理的要求。

二、汽车经销商客户关系管理

汽车是一种高价值的产品，也是耐用商品，它的使用寿命一般都在10年甚至更长的时间。对经销商来说，汽车处于动态过程中的信息比购买信息更为重要，因为这种信息是提供服务的基础。例如，原来的系统中只有客户购买汽车时的数据，包括客户的姓名、地址、电话、邮政编码、所购汽车的型号、车辆的发动机号码以及车架号码。但是，从客户购车开始，至今这辆车的状况如何，汽车有没有进行过修理，如果进行过修理，修理了什么、更换了什么零部件，甚至具体到是哪个工人来操作的等数据却没有。如果缺乏这些汽车动态过程的数据，就无法对车辆进行完整的了解，也无法为客户提供更有针对性的服务。

但是有一些汽车经销商平日只关注汽车的销售，并未建立客户档案，更别提客户信息的管理；或者一些经销商在过去积累了很多的客户数据，然而这些数据中有些是残缺的，因此是完全没有用的。

客户关系管理（Customer Relationship Management，CRM），可以系统解决上述问题，它的核心是客户价值管理，从最有价值的顾客出发，与每一位顾客建立一种学习关系的基础。在提供从市场管理到客户服务与关怀的全程业务管理的同时，对客户购买行为和价值取向进行深入分析，为企业挖掘新的销售机会，并对未来产品发展方向提供科学、量化的指导依据，使企业在快速变化的市场环境中保持发展能力。

以汽车经销商的标准销售流程为例：标准的销售流程实际是一个获取客户的过程，从初次接触到最终实现销售，卖家始终都是以与用户保持沟通作为基础，而客户关系管理也正是要求销售员要严格按照这个流程来开展工作，并且保证每一步都要与用户进行深入的沟通并记录下来。以试车为例，现在在经销商处购车，都要为用户提供试车服务，如果在营销过程中没有进行这一步骤，经销商必须记录其中原因：是由于用户主动放弃，还是由于经销商暂时无法提供试乘车，或是由于销售人员忽略了这个步骤。经销商要认真总结和分析这些原因，不断完善和优化自己的业务流程，提高用户对汽车产品和企业的满意度。国际著名调研公司JD. POWER公司多年来一直对国内汽车行业进行用户满意度调查，结果表明上述流程的各个步骤正是影响汽车经销商满意度最主要的原因。

为此，汽车经销商应成立专门的客户服务中心，组织专门人员来集中管理客户信息，保证客户关系管理的正常运作。通过使用数据仓库与数据挖掘工具对客户信息进行细分，分析客户对汽车产品以及服务的反应，分析客户满意度、忠诚度和利润贡献度，以便更为有效地赢得客户并保留客户。

三、汽车网络营销对传统汽车经销商的冲击

汽车市场的总体规模与中国经济相关，与人们的消费能力相关。汽车网络营销可以对汽车和服务进行宣传，同时也分享了传统经销商的利润。一般来说，汽车网络营销从三个方面分享传统经销商的利润。

1）中介式电商获得中介利润。在市场情况不变的前提下，电商获得的利润就是传统

经销商减少的利润。

2）电商尝试包销某个车型。电商通过网络渠道发布产品信息，并最终达成交易，直接抢占新车的市场份额。例如 2015 年 8 月，阿里巴巴和永达汽车合作通过网络平台销售 4000 台雪佛兰 2013 款景程汽车，半月完成全国 1 个月的销量。

3）在汽车后市场上，数百家汽车后市场电商如雨后春笋般出现，进行二手车销售、维修、洗车、汽车金融等服务。汽车后市场业务是经销商的主要利润来源，电商抢占后市场业务，会对传统经销商产生越来越大的负面影响。

汽车网络营销的中介模式切断了经销商与终端客户的直接联系，限制了经销商的发展。终端客户信息是企业提高单个客户价值的基础，掌握信息的企业也深受资本市场的追捧。此外，汽车网络营销的电商在努力发展资金代收代付模式，目前客户通过电商平台购车，以在平台支付订金，再到 4S 店支付余款的模式为主。电商则更希望能在平台上收取全部款项，在客户取车后电商再与 4S 店结算。一旦实现全额收款，电商就会在信息和资金两方面制约经销商，处于绝对强势地位，而经销商在失去与电商平等对话的资格后只能逐渐沦为平台的附庸。

但是，现实情况是现有格局并不容易改变，传统经销商具有网络销售中的电商所无法替代的作用。汽车厂商与经销商之间的合作模式已经经过了长期的磨合，形成了庞大的、相对完善和稳固的格局。仅是全额付款购车和压库存两项，经销商就向厂商提供了巨额的资金支持。虽然经销商在今后的汽车销售中不会就此退出，但现有的营销模式面临着较大的变革压力，传统汽车经销商也必须建立一个高质量的网络平台。对于代理一个或几个品牌的汽车经销商来说，如果能够做到网络下有实体店面，网络上有虚拟店铺，两者有机结合并有效运作，形成良性循环，则能取得事半功倍的效果；经销商应该努力通过网络做大、做好自身品牌。这就需要经销商把树立自身品牌的工作融入产品营销、维修服务、经营理念及企业文化的方方面面，形成一个良好的在线展示与互动的平台，给准客户或潜在客户以良好的第一印象。

第六章　汽车后市场的电子商务

第一节　汽车后市场电子商务概述

一、汽车后市场及汽车后市场电子商务的概念及分类

1. 汽车后市场的概念及分类

近年来，我国汽车产业发展迅猛，我国汽车保有量的不断增长，为我国汽车后市场服务业的蓬勃发展带来了巨大机遇。

对于汽车后市场，不同的人有不同的定义，归纳起来大体有三种：

1）认为该市场是指消费者在使用汽车的过程中所发生的与汽车有关的费用和服务，这些服务包括维修、保养、零配件、美容、改装、油品等方面。

2）强调的是整车落地以后所产生的服务才可定义为汽车后市场服务。

3）重点强调该市场属于汽车产业链的有机组成部分之一，包括汽车销售领域的金融服务、汽车租赁、保险、广告、装潢、维护、维修与保养，日常运行的油品，驾校、停车场、车友俱乐部、救援系统、交通信息服务、二手车等。

一般而言，汽车后市场是指汽车销售后，一切与车主使用相联系的行业群体的总称，也就是说，汽车从售出到报废的过程中，围绕汽车售后使用环节中各种后继需要和服务而产生的一系列交易活动的总称。

汽车后市场最早的分类是以汽车整车销售的前、后顺序进行分类的，汽车后市场行业简称"车后市"。汽车后市场大体上可分为七大行业：汽保行业、汽车金融行业、汽车养护行业（汽车IT行业、汽车精品、用品、美容、快修及改装行业）、汽车维修及配件行业、汽车文化及汽车运动行业、二手车及汽车租赁行业、后市场联盟平台整合。

2. 汽车后市场电商的概念及分类

汽车后市场电子商务是指卖家和买家通过互联网/移动互联网的技术和手段完成汽车后服务的交易流程，提高汽车后服务的流通效率，降低流通成本，实现汽车后服务的在线化、便捷化和扁平化。

庞大的汽车后市场不断吸引着投资者的进入，参与者主要包括传统类汽车后市场行

业、平台类汽车后市场电商、自营型汽车后市场电商和第三方平台。汽车后市场电商行业竞争者类型分析见表6-1。

表6-1 汽车后市场电商行业竞争者类型分析

类 型	分 析
传统类汽车后市场行业	传统类汽车后市场行业的优势是在行业内耕耘多年，对产品把握能力较强，对汽车后市场行业整个流程比较清楚。但是缺乏电商运营经验，在网络推广和网购服务等方面可能存在缺陷
平台类汽车后市场电商	平台类汽车后市场电商的优势是投资少、资产轻、毛利率高、经营计划调整灵活；商品多样化，可以充分满足客户个性化的需求；不需要建立买手团队，没有物流仓储的麻烦，管理轻松
自营型汽车后市场电商	自营型汽车后市场电商的优势是产品质量更有保障，进货成本更加低廉。由于是自营模式，网站会更加注重产品质量的审核，而且自主销售模式采购规模大，可以直接同厂家合作，进货成本要相对低廉；选购的商品统一集中发货，物流费用更低，大数据得到真正应用
第三方平台	第三方平台的优势是完善的购物流程，信用体系完善，无论信用度还是可信度都非常高；商城模版，可快速搭建网上门店；平台流量大，且客户的目的性强；可直接利用庞大的、现成的用户资源，帮助企业节省自建及维护电子商务平台网站等费用和长期的推广广告费用

二、汽车后市场发展现状

1. 市场快速增长

近年来，随着我国汽车保有量的迅速攀升，汽车保险、维修、美容、二手车交易等"后市场"需求也日趋增多。我国汽车"后市场"行业正迎来快速增长。

2017年我国全年共销售汽车2902万辆，连续9年蝉联全球第一并再创历史新高。蓬勃发展的汽车市场的背后，是庞大的汽车"后市场"产业。汽车维修、零配件更换、翻新美容、二手车交易、废旧车拆解等汽车"后市场"行业正迎来巨大的市场空间。

影响汽车后市场需求的两大因素是：汽车保有量和汽车产业链利润结构。在汽车保有量方面，2017年中国汽车保有量接近2.15亿辆，汽车后市场规模已超过1.3万亿，成为仅次于美国2410亿美元的全球第二大市场。但在汽车产业链利润结构方面，在成熟国家的汽车产业链中，汽车后市场利润占50%～60%，而我国目前只占10%左右，还有很大的提升空间。

由于市场潜力巨大，不少资本都看中了这片蓝海。自2014年以后，我国汽车后市场迎来了大规模的资本入驻，其中多数投资在新能源汽车市场及汽车后市场两个领域。

2. 行业发展态势

我国汽车后市场由"群雄逐鹿"的格局迈入"合纵连横"的阶段。

（1）消费以4S店及连锁店为主，认可O2O模式 汽车维保渠道集中在4S店及连锁店，一线城市除广州外维保主要渠道均为4S店，其他城市连锁店比例相对较高。

买单主体影响渠道选择。有车险理赔的支撑，车主倾向于选择4S店；更换轮胎及油漆钣金等类别，自行承担费用的比例更高。部分车主会考虑性价比权衡渠道选择。

网上预约、线下维修保养方式新颖且服务到位，相比较传统维保渠道，受认可程度更高，而个体路边店得到的评价较低。这表明大多车主对该类小规模个体店信任度较低。

车主对于目前电商平台购物认可度较高，尤其对于零配件用品而言，可能价格方面影响较大。

（2）**常规维保年平均消费有下降趋势，电商有价格优势** 中投顾问发布的《2017—2021年中国汽车后市场深度调研及投资前景预测报告》指出，车主维保频次逐步下降，相对而言，高价位汽车的保养频率更高。保养频次下降的原因主要有两点：一是新车的质量逐年提升，小毛病越来越少；二是在大城市由于交通拥堵、停车难等因素导致驾车时间减少，车辆行驶的公里数下降。

从维保消费金额来看，2015年，汽车常规维保年平均消费金额为5071元，整体低于2014年的水平。这一下降趋势到了2017年越发明显，常规维保年平均消费仅为3021元，相较2016年显著下滑了1000元，其中低价位车辆保养费用降幅更是超4成。维保年平均消费下降的原因主要是维保行业竞争的激烈化，门店不同程度上采取补贴和促销等，使常规维保花费持续下降。

车价越低，维保渠道选择更多样。从整体看，高端车维保选择比较单一，集中在4S店、连锁店及大型修理厂。低价车的车主对价格较敏感，更愿意尝试多种渠道，寻求高性价比的服务。

配件类产品整体购买比例不高，车身附件自购比例接近50%，而易损件仅为30%。自购配件群体多选择购买与安装一条龙服务，因为更具便利性。在零配件的购买渠道上，4S店和汽配城价格劣势明显，而路边店商品种类比较单一，线上购物渠道在配送上获好评较高。汽车用品可替代性强，线上品类丰富，价格优势明显，份额占比高，购买比例达到近一半。

（3）**企业以直营连锁为主，市场集中度低** 当前，大部分后市场企业在开展连锁经营，直营连锁为主要方式，越来越多的企业走向跨省连锁。我国汽车后市场的集中度远低于美国。美国的4S店数量、维修店数量、配件店数量分别为1.3万家、1.7万家和3.6万家，而我国三者的数量分别为2.2万家、4.4万家和2.5万家。我国汽车后市场直营连锁企业中，门店超过100家的不足5个，超过200家的基本全是加盟连锁。

美国4S店和连锁店所占的市场份额大致是三七开，而我国未来的市场格局极有可能是五五开，原因是我国的4S店在市场中长期处于主导地位，而连锁店的发展不够理想，市场力量仍然比较弱，此消彼长需要一个过程。

（4）**外生力量影响力增强，合纵连横抢市场** 我国汽车后市场未来整体格局变化不大，但各方势力暗流涌动。值得注意的是，外生力量影响力不断增强，跨行业的连锁公司、资本、电商、保险公司入局，连锁已经成为发展的必由之路，各种跨界合作、"抱团取暖"屡见不鲜。未来将有更多企业"合纵连横"抢占我国汽车后市场，市场集中度将进一步提高。连锁将是未来核心业态形式，但目前尚未出现连锁巨头。跨界带来的创新将加快市场的成长速度，保险政策调整将对市场产生较大影响，其他政策近期的影响则较小。外资配件商和服务商正虎视眈眈，或有大动作。

3. 服务质量水平

2018年7月，J. D. Power（君迪）发布了2018中国汽车售后服务满意度研究 SM（CSI）报告。报告指出，行业总体售后服务满意度微增长；授权经销商还在不断流失客户和收

第六章　汽车后市场的电子商务

益；非授权服务站的客户满意度在提升；虽然汽车经销商已努力尝试通过数字化服务来提升客户满意度以留住客户，但是它们在提供积极、友好的数字化体验方面还存在不足。

研究发现，服务顾问利用平板电脑提供售后服务的车主满意度，比服务顾问未使用平板电脑的车主满意度高出 45 分。不仅如此，通过移动应用软件提示得知车辆保养和维修进度的车主，比那些通过经销商或服务顾问电话得知进度以及亲自等待保养、维修完成的车主对服务顾问的满意度更高。

经销商在提供友好数字化客户体验方面还存在不足。该研究显示，40%受访者在使用微信或应用软件预约时遇到了问题，包括预约的条件不易达成（14%）、网站或应用软件不易使用（14%）和预约不到想要的时间（13%）。正因如此，大多数车主（59%）仍然选择电话预约。

三、汽车后市场发展趋势

1. 行业整合将继续，整体竞争实力差的企业将面临洗牌出局

汽车后市场发展的总趋势将是品牌数量减少，而品牌专业化、集中化趋势明显，大量的知名品牌集中在少数企业手中，趋向垄断和规模化。

2. 微利时代的来临

随着市场竞争越来越激烈，以及营销市场的不断规范，汽车后市场行业暴利时期已经过去，随之而来的是进入了一个微利时代。过去，纯利润高达 30%～40%，甚至更多，现在的企业普遍利润也只有 15%～20%，而有些局部市场的个别产品，利润竟然只有 5%～10%。

3. 品牌战将代替价格战、品质战

价格战在汽车后市场营销领域一直是中低档产品销售中所乐于采用的一种手段，依靠自身的生产力，依靠先进的设备及管理，依靠较为顺畅的营销渠道等降低生产成本，为消费者提供优惠的价格。但随着人们物质生活条件的不断改善，品牌产品比廉价产品有更广阔的市场。品牌效应使客户愿意接受其较高的定价，有更广阔的利润空间。因此，在未来的汽车后市场营销领域，品牌战将代替价格战、品质战。

4. 品牌打造与生产经营相分离

为了更加有效地占领市场，现有的制造及营销业将会向两极发展。一部分将成为打造品牌的专业企业，它们经营的是品牌而不再是产品本身，有的甚至没有工厂；另一部分将成为专业的生产企业，而它们又可以不必去考虑市场，不用自己去经销，完全由品牌经营商下单生产。这种品牌打造与生产经营分离，有利于集中精力和资金量进行生产及品牌打造，向专业分工的细微化方向发展；使生产向订单型发展，有利于实现计划生产；使营销能集中精力打造强势品牌，有可能将品牌向国外发展。

5. 将有更多的汽车后市场企业以"复制"的方式收购中小企业

品牌战成功的企业，当订单增加的时候，有时会感到生产能力不足，这些企业除了扩大生产规模之外，也会委托其他企业生产。但有时因其技术能力、设备问题等各种原因，品质经常无法保证，于是将会出现以"复制"的方式收购中小企业的做法。

所谓"复制"就是按照自己企业的模式、风格和管理方法去要求和规范所收购的企业，以使该企业在生产管理、品质管理方面达到自己的要求，使产品品质达到应有的水平。这种"复制"的方式收购能为企业节省资金，使品质和交期得以保证。远远比自身扩大生产规模来得快。

6. 政府将继续加大对汽车后市场产业的扶持

我国政府一直对活跃的汽车后市场的发展提供了强有力的支持，旺盛的汽车消费需求也为汽车后市场提供无限商机。到目前为止，汽车后市场已经进入了一个较高增长期。但由于比较传统的汽车消费观念，汽车后市场产业发展一直比较缓慢，后劲略显不足。为了更好地做大做强汽车产业，打造汽车后市场产业新的集群优势，政府也有意通过政策扶持，积极引导，拉长汽车产业链。

四、汽车后市场电商发展的阶段及趋势

1. 汽车后市场电商发展的三个阶段

互联网汽车行业发展可以用三个阶段来概括，这三个阶段也是随着个人计算机向移动互联网的发展而形成的演变。我们现在所处的阶段正是第三个时期。

第一个阶段是2000—2011年，这一阶段的特点是：门户兴起、资讯为先。汽车垂直门户网站兴起，以汽车资讯切入市场，为移动端积累大量用户。

第二个阶段是2011—2014年，这一阶段的特点是：移动应用逐渐丰富。资讯门户开始向移动端延伸，驾考、行车辅助、汽车交易、汽车后市场等其他服务环节应用日益丰富，汽车移动端服务链逐渐成形。

第三个阶段是2014年至今，这一阶段的特点是：O2O模式为核心的汽车服务快速发展，线上线下的产品和服务共同发展，互联网巨头也在这个时候进入市场，促进线上线下资源整合，盈利模式逐渐完善，商业化进程加速。

我国汽车后市场发展潜力巨大，这一庞大的市场不断吸引着投资者的进入，但在市场上生存却并非易事，O2O领域正进入一个残酷的搏杀阶段。

2. 汽车后市场电商发展趋势

1）线上平台服务不断完善，车主服务项目逐渐健全，移动化便捷化程度进一步提高。

2）电商平台积极布局线下网络，抢占线下资源。完善的线下服务体系能够提升用户体验，也将推动线上平台的发展，布局线下网络抢占线下资源将助力于电商平台的长远发展。线下服务布局不断扩张，标准将会逐渐统一和规范，线上线下相互融合和补充。

3）供应链系统建设和组件完善，提高产品调度和流通效率，降低成本提高收益。

4）随着后市场垄断逐渐被打破，更多电商平台不断向全供应链方向发展，模式差异逐步缩小，竞争将进一步加剧。

5）数据不断积累，推动行业技术和服务升级，提高用户体验和满意度。

6）用户画像更加全面和丰富，C2B定制化和个性化产品和服务逐渐取代B2C生产模式。

第六章 汽车后市场的电子商务

第二节 汽车金融电子商务

一、汽车金融市场的总体概况

汽车工业是我国的支柱产业之一，在国民经济中占据重要的地位。汽车金融作为汽车产业链中最具价值和活力的一环，日益成为各方关注的焦点。与国外相比，国内汽车金融的渗透率相对较低，但市场增长潜力巨大，近年来飞速发展，背后的驱动要素主要包括我国汽车消费市场的快速增长、消费主体和消费观念的转变、汽车金融市场参与者日趋多样化、汽车金融产品和服务更加丰富、个人征信体系的完善，以及汽车金融行业的政策利好等。

所谓汽车金融是由消费者在购买汽车需要贷款时，可以直接向汽车金融公司申请优惠的支付方式，可以按照自身的个性化需求，来选择不同的车型和不同的支付方法。对比银行，汽车金融是一种购车新选择。

1. 汽车金融是汽车行业利润的主要来源

在国际上，汽车金融可谓汽车产业链中利润率最高的环节，汽车金融公司为整车企业贡献的利润率高达30%~50%。据统计，全球汽车销售量中的70%是通过融资贷款销售的，汽车金融业务所带来的利润占到全球汽车行业利润的24%左右。目前我国汽车产业利润主要集中在整车厂，整车制造和汽车零部件销售，利润占比合计80%，而汽车后市场的利润占比较少。随着政策和市场规律双重动力驱动，我国汽车行业的利润格局将重新分割，行业利润将向汽车后市场倾斜。作为汽车后市场的重要组成部分，汽车金融必将从中大幅受益。

2. 国内汽车金融渗透率远低于国外汽车金融成熟国家

综观全球汽车市场，2015年汽车金融的平均渗透率已达70%，其中英国、美国、德国汽车金融渗透率更分别高达90%、86%、75%。而同是发展中国家的印度也基本达到了世界平均水平。我国作为全球汽车的产销大国，2014年汽车金融渗透率仅为20%，2015年达到35%，2016年为38%，增幅虽大，但仍与汽车金融成熟国家尚有较大差距。

3. 我国汽车金融市场规模快速增长，发展空间广阔

虽然国内汽车金融渗透率相较国外差距明显，但是就国内而言发展速度飞快。2001—2017年，国内汽车信贷市场规模由436亿元增长至超过1万亿元。我国汽车金融市场近年来快速增长的主要驱动因素包括汽车消费的快速增长、消费主体年轻化与消费观念的转变、政策密集出台助推汽车金融行业发展。

二、中国主要汽车金融市场概览

汽车金融覆盖汽车产业链的各个环节，目前批发金融、消费金融和保险是汽车金融市场的主流产品，而二手车市场的快速发展使二手车金融成为最有潜力的汽车金融产品之一。

1. 汽车批发金融市场

汽车批发金融特指金融机构针对汽车经销商提供的金融服务，涵盖库存融资、建店融资、试乘试驾车融资、并购贷款和现金管理等领域，其中库存融资占据了主要部分。汽车批发金融的市场参与者主要包括商业银行、汽车金融公司和融资租赁公司，其中商业银行和汽车金融公司是最主要的参与者。

商业银行向经销商提供的主要贷款产品包括库存融资、建店融资和流动资金贷款，是经销商较为推崇以及应用最广泛的融资方式，汽车金融领域参与较多的银行包括民生银行、中信银行、平安银行等，商业银行向经销商提供的金融服务同质性较强。

汽车金融公司现阶段的主要业务包括经销商库存融资和消费信贷。汽车金融公司提供融资支持的对象主要是该品牌授权经销商，能够在一定程度上缓解经销商的资金压力，但能够提供的资金总额度有限。截至 2018 年 5 月，经中国银保监会批准设立的汽车金融公司共计 25 家。几乎全部的合资品牌汽车厂商都将旗下汽车金融公司引入中国市场，而大部分自主品牌汽车厂商也已成立或正在筹建汽车金融公司，试图直接为经销商提供融资支持。汽车金融公司提供的主要金融产品包括经销商贷款、零售贷款和融资租赁。经销商贷款在汽车金融公司全部业务中的占比整体呈下降趋势，零售贷款逐步占据主导地位。

2. 汽车消费金融市场

汽车消费金融是指在汽车销售过程中，金融机构对消费者提供的融资服务。从我国开展汽车消费金融业务以来，商业银行及汽车金融公司一直占有绝大部分市场份额。随着我国金融业的发展、融资渠道的拓宽以及市场参与主体的日趋丰富，厂商财务公司、融资租赁公司、消费金融公司、互联网金融公司甚至小贷公司等将广泛地介入到汽车消费金融行业中来。随着消费观念的变化以及理财意识的增强，汽车零售贷款渗透率将会持续增强。

3. 汽车保险市场

截至 2017 年年底，我国汽车保有量 2.17 亿辆。2017 年，我国车险业务实现原保险保费收入 7521.07 亿元，同比增长 10.0%。考虑到我国千人汽车保有量仍远低于欧美等发达国家，未来几年我国的汽车保有量仍将以每年 1500 万～2000 万辆的速度增长，假设汽车平均售价 15 万元，单车保险费用约为 3000 元，车险市场的规模未来有望突破万亿。

中国人保、中国平安、太平洋保险是国内三家最大的车险公司，保费收入合计占比接近 70%。2015 年，商业车险费率市场化改革之后，给了险企更大的自主权，同时也加剧了业绩分化。

4. 二手车金融市场

（1）二手车交易量巨大，推动汽车金融需求增加　随着城镇化进程加快、消费观念转变等一系列有利因素的推动，我国二手车市场维持着稳定快速增长。据商务部统计，2017 年，全国 31 个省份 1068 家二手车交易市场累计交易二手车 1240 万辆，同比增长 19.33%。同期我国汽车销量达 2888 万辆，同比增长 3%，可见二手车的增速明显高于新车。据中国汽车流通协会预测，至 2020 年，中国二手车市场交易量将突破 2000 万辆，二手金融的市场规模将达到 1000 亿元。近几年来我国二手车虽有了高速的发展，但与欧美

等发达国家相比差距仍然明显。目前,我国二手车新车销量比为(0.4~0.5):1,远不及发达国家(2~3):1的水平。

二手车金融的主要驱动因素包括:国内二手车市场的政策和经济环境逐渐成熟;新的商业模式和更新周期的缩短增加了二手车供给;消费观念的改变促使消费者选择二手车金融。

(2) 二手车金融供给情况 二手车市场的发展带动了汽车产业链尤其是后市场各业务的协同发展,形成了相互影响促进的二手车生态圈。随着我国二手车市场规模的快速扩大,汽车金融在二手车经营中的作用越发重要。与新车销售相同的是,各交易主体在交易过程中产生资金需求,如经销商和二手车经纪商的二手车库存融资、个人消费者的购车融资等。汽车金融的参与将帮助解决交易各方的资金问题,助力打通二手车销路。而与新车经营不同的是,二手车在评估、定价等方面存在一定难度,二手车金融的参与又进一步提高了对定价、风控水平的要求。目前,我国汽车金融的发展程度仍然很低,传统金融机构更是因缺乏专业的二手车定价评估水平对二手车金融业务"望而却步",参与度较低。

目前,国内二手车金融的参与者主要包括汽车金融公司、融资租赁公司及二手车电商平台。汽车金融公司方面,目前各大汽车金融公司都已经开展了二手车个人金融业务,上汽通用汽车金融、奇瑞徽银汽车金融及大众汽车金融的二手车贷款均面向所有品牌二手车开发。融资租赁公司方面,在二手车领域内融资租赁公司可分为独立汽车融资租赁公司、经销商集团系融资租赁公司和二手车商系融资租赁公司。二手车电商平台方面,目前,国内二手车电商交易量最大的是来自 B2B、C2B 竞拍模式,其主要参与者是车易拍、优信拍,两者的交易量之和超过了电商交易总和的 60%。两家公司均可针对车商提供库存融资,但是规模和影响都较小。

三、中国汽车金融行业的最新动态

2015 年以来,随着汽车金融市场的发展和外部环境的变化,汽车金融市场机遇与挑战并存,不断涌现出一些新的参与者和新的业态,汽车批发金融市场、汽车消费金融市场以及保险市场纷纷出现了一些新的动向,给汽车金融市场注入了新鲜血液。

1. 汽车批发金融市场

汽车经销商作为汽车批发金融市场的主要需求方,受车市增速放缓及整车厂库存加压的影响,面临着库存水平高企以及资金周转速度减慢的压力,促使经销商纷纷向汽车后市场转型,同时也加剧了行业的整合并购。经销商的融资需求也在逐步多元化,不仅是新车库存融资,还包括试乘试驾车融资和二手车融资。此外,在建店融资和零配件融资方面,经销商的融资需求也在快速增长。部分金融机构面对汽车销售行业不景气,开始压缩对经销商的信贷投放规模,或提升审贷标准。经销商融资需求的快速增长与金融机构对经销商的信贷收缩所形成的矛盾,一方面需要经销商应对行业和市场变化对自身业务进行调整;另一方面也需要金融机构在风险可控的前提下从供给侧寻找突破点。

2. 汽车消费金融市场

(1) 新政策出台支持汽车消费金融发展 2016 年 3 月 24 日,中国人民银行、银监会联合发布了《关于加大对新消费领域金融支持的指导意见》（下面简称《指导意见》），拓宽了消费金融服务机构的融资渠道，鼓励汽车金融公司、消费金融公司通过发行金融债券、同业拆借等方法充实自身资金。《指导意见》鼓励汽车金融公司业务产品创新，允许汽车金融公司在向消费者提供购车贷款（或融资租赁）的同时，根据消费者意愿提供附属于所购车辆的附加产品（如导航设备、外观贴膜、充电桩等物理附属设备以及车辆延长质保、车辆保险等无形附加产品和服务）的融资。

（2）**汽车消费金融资产受到资本市场青睐** 在过去几年里，汽车金融市场曾一度被商业银行所主导。不过，从2012年开始，监管层重新允许不同的汽车金融公司发行资产支持证券以加强它们的融资渠道。信贷资产证券化已逐步成为汽车金融公司主要的融资渠道之一，改善了行业一直存在的直接融资与间接融资比例失衡的问题。汽车金融公司和商业银行是发起个人汽车抵押贷款资产支持证券（Asset Backed Securities，ABS）的主力军。2017年，个人汽车抵押贷款ABS产品发行31单，规模达1000亿元。

（3）**金融租赁公司加快布局汽车消费金融** 当前金融租赁公司凭借雄厚的资金实力，尝试大规模开展汽车融资租赁业务。目前影响金融租赁公司介入汽车租赁业务的主要障碍是对汽车消费金融市场的覆盖面不够，风险控制没有针对性，于是金融租赁公司采取和专业汽车融资租赁公司合作的方式，各展所长，打造更有竞争力的租赁商业模式。

（4）**互联网金融积极参与汽车消费金融** 在互联网金融领域，汽车资产逐渐成为主流资产之一。互联网汽车金融有三大优势：第一是汽车资产流动性强，交易成本低处置便利；第二是额度较小，周期灵活容易被借款人和投资人所接受；第三是车贷业务易于标准化，利于规模化和风险控制。2015年5月，理财范宣布携手传统汽车金融服务商中硕集团，涉足汽车金融，开启了网贷行业进军汽车金融的序幕。随后，人人贷、陆金所、拍拍贷、美利金融等也都不同程度地表态将重点拓展汽车金融。在互联网巨头中，阿里巴巴通过与50多家汽车企业达成合作，为雪铁龙、日产、别克、力帆等车型提供贷款服务；百度则通过推出百度汽车平台，与各大银行、网贷平台等达成了贷款业务的合作；而腾讯则通过入股易车车贷、人人车等，曲线完成了汽车金融的布局。互联网金融目前的资产类别主要有小微金融、供应链金融和汽车金融等，其中汽车金融资产因为流动性强、安全度高备受热捧。互联网金融不仅可以在汽车抵押贷款、购车分期上发挥所长，未来还可以将服务延伸到汽车产业的诸多领域，如融资租赁、二手车维修保养、车辆保险、汽车经销商上下游供应链等。

（5）**经销商以融资租赁形式涉足汽车消费金融** 在汽车高速增长期结束进入稳定增长期以及主机厂竞争加剧的大背景下，经销商为了调整利润结构，改善经营业绩，纷纷通过成立融资租赁公司的方式布局汽车消费金融领域，但很多经销商也都是刚刚成立自己的融资租赁公司，连现有销售规模中的渗透潜力都未充分发掘，但未来具有一定的市场发展空间。

（6）**汽车共享平台提供消费信贷服务** 汽车共享平台也开始切入汽车金融市场，以全方位的服务满足用户的用车需求。2016年3月，神州优车成立了旗下的一站式汽车金融服务平台神州闪贷。针对不同客户，神州闪贷提供了包括新车的消费信贷、车辆的抵押贷款、二手车的贷款服务等多款产品。而神州旗下广泛分布的门店可以为消费者提供验车、咨询等服务，而神州优车多年积累的人车数据，与神州闪贷的汽车金融服务可实现最大意义上的协同。

3. 汽车保险市场

（1）商业车险费率改革促进 UBI 车险生态系统形成　2015—2018 年，保监会印发多个意见和方案，推动了三次商业车险费率改革，以逐步实现车险费率市场化。车险费率市场化之后，保险公司将拥有商业车险费率拟定自主权，在参考基准风险保费的基础上，进行差异化的定价。差异化定价的基础可以是消费者驾驶行为、违规记录、车辆零配件价格、维修成本等一系列因子，与之相对应的保险形式 UBI 是最契合的创新型产品。基于驾驶行为而定保费的保险（Usage Based Insurance，UBI）是根据驾驶员使用车辆的程度来设计的机动车保险的，保险取决于实际驾驶时间、地点、具体驾驶方式或这些指标的综合考量。而这些指标数据需要通过安装在汽车上的小型车载远程通信设备来实现，国内相关的硬件设备（OBD）发展已颇为成熟。其次，4G 通信实现了将车辆信息实时传递到互联网，即实现车联网，这将对车险相关的定价、理赔以及后续的维修服务提供支持。车联网大数据使保险公司进一步开发差异化产品以及寻求细分市场服务成为可能。

（2）车贷险重启　汽车消费贷款履约保证保险，简称"车贷险"，是一种担保性质的履约保证保险，即投保人（借款方）根据被保险人（金融机构）的要求，请求保险人（保险公司）为自身信用提供担保的一种保险形式。保险人代投保人向金融机构提供担保，如果由于投保人不履行合同义务或者有违约行为，致使金融机构受到损失，将由保险人负责赔偿责任。

车贷险可为汽车信贷提供风险保障，使整个产业链条流转更加顺畅，产业链价值得到放大，对整个汽车交易过程起到了重要的支持作用，使金融机构、汽车经销商、购车人、保险公司都有较大的利益空间，实现多方共赢。

目前汽车信贷资产受到资本市场的青睐，越来越多的金融机构在积极布局汽车信贷业务。但是对于部分金融机构而言，其对于汽车信贷的风险把控能力不足，需要借助外部手段降低风险，车贷险的推出能够满足金融机构的诉求。保险公司应与金融机构合作建立和完善个人信用审核制度，尽量选择与汽车信贷领域的专业性金融机构开展合作，依靠金融机构的风控体系作为第一道屏障。另外，现在险企开展车贷险面临的环境已经有了很大改善。例如，个人征信体系的建立、机车登记制度的建立、大数据体系的日趋完善，风险把控能力有所增强。从长远角度看，车贷保险业务必将是金融机构和保险公司的一个新的利润增长点。

四、金融科技在我国汽车市场的应用

在"金融科技"这个名词进入我们的视野之前，我国市场最先高烧不退的词汇当属"互联网金融"一词。起初，它主要是作为支持电子商务发展的第三方支付平台的产生和迅速成长的。随后，无论是来自金融行业还是来自互联网信息技术行业，各参与方分别以支付、P2P 借贷、在线理财、网络众筹等各种形式，积极地置身于中国金融科技创新的潮流中。在汽车金融方面，市场的主要参与方也从数量有限、形式传统的汽车金融公司、商业银行、保险公司和融资租赁公司，发展成为广泛包含各类型金融科技创新公司的开放式参与体系。

1. 在汽车批发金融市场的应用

一般来讲，金融机构为汽车经销商提供的金融服务，更类似于商业银行给中小型贸易企业提供的融资服务，但更具体，且有着清晰的阶段性区分。建店阶段，经销商需要建店融资和设备融资，设备主要是售后的维修设备；进入运营阶段，经销商需要库存融资来备货以支持销售，也需要流动资金贷款来购买售后配件、办公设备、支付工资等。更准确地说，汽车批发金融业务主要是汽车经销商的库存融资业务，即通过金融杠杆帮助经销商从整车厂进货。

多年来，为我国汽车经销商提供库存融资服务的主体是各大商业银行，并主要通过基于车辆合格证质押的商业电子汇票的模式来开展。随着汽车行业自身资本积累及对国外汽车金融公司模式的认识，整车厂背景的汽车金融公司逐渐发展成为一支重要力量，并基于自身对经销商进、销、存数据实时掌握的优势，提供了更加符合汽车存货周转和销售规律的单车融资模式。但总体上的商业模式，并没有随着信息科技时代的到来而出现大范围的变革，更多的是信息科技对各业务模块的优化。当然，也有很多特别值得肯定的尝试。

对于金融机构来说，汽车批发金融业务的风险管控是需要制订针对性解决方案的，车辆相比其他类存货最大的区别就是可移动性。上海汽车集团财务有限责任公司经过自主研发，将射频识别技术与互联网技术相结合，开发出了专门针对车辆合格证监管的合格证保管箱，并基于相同技术应用，将射频识别芯片分别粘贴在出厂的车辆和合格证上。当一台新车经由物流公司运送到经销商处时，经销商人员将车内的合格证取出存放于合格证保管箱内，并将车辆检验入库。基于该技术应用创新，上海汽车集团财务有限责任公司可以通过远程监管的方式对合格证是否在保管箱内进行监管，对车辆进行飞行检查的财务公司人员也可以通过扫描设备迅速地完成库存盘点。而对于经销商来说，经销商免去了合格证质押银行营业网点而导致临时取用上的不便，也在配合库存盘点上减少了人力物力。上海汽车集团财务有限责任公司在风控上对物联网技术的应用，一方面优化了信息不对称条件、完善了风控手段、降低了风控成本；另一方面改善了风控流程、提升了客户体验。

此外，如平安银行、上汽车享网、P2P平台等，也对汽车批发金融业务进行了积极的金融科技创新。平安银行推出的线上供应链金融业务，将经销商办理库存融资的大部分流程都搬到了互联网上，极大地简化了原有流程，提升了客户体验。上汽车享网于2016年首次完成了批发金融业务的互联网化，开始为上汽斯柯达品牌经销商提供库存融资服务。与平安银行的银行、整车厂、经销商三方模式不同，上汽车享网实现了金融机构、整车厂、经销商及车享网自身的四方新模式。基于二级经销商的小额融资需求，一些网贷P2P平台在对二级经销商的资质进行专业评估后，将其贷款需求打包成投资标的发布在平台上，利用自身优势助二级经销商实现与投资方的信息匹配。

2. 在汽车消费金融市场的应用

汽车消费金融可以与汽车各种类型的消费相关联，从买车、用车到卖车、换车，汽

第六章 汽车后市场的电子商务

本身是消费品（新车、二手车），也是消费载体（出行、后市场）和场景（休闲、购物）。每种消费都可以通过金融信贷的方式实现，消费者都可以通过信息技术手段与金融服务提供方取得联系，并自助地在线发起申请、获得授信、完成支付并最终实现消费。经过初步分析可以发现，无论是传统的汽车消费金融参与方，还是新进入者，都有机会通过各种方式从多个环节切入该领域。考虑到汽车消费市场及群体的无限延展和纵深性，各参与方也积极地通过金融科技创新的方式或补充、完善原有价值链条，或全面、部分进入到汽车消费金融领域。

在汽车行业，整车厂背景的汽车金融公司进行了多种创新尝试，上汽通用汽车金融的微信公众号和官网上都可以操作额度预测、贷款申请和还款查询；大众汽车金融的微信公众号可以进行额度预测和还款查询；上汽财务的好车e贷平台包括网页、手机App两类通路，主页、汽车垂直网站、上汽车享网、保险比价网、经销商端App和客户端App六类端口，依据自身资质的不同，客户可在线完成额度测算、贷款申请、经销商查询及贷款审批等流程，并可带着审批结果直接到经销商处办理提车。

在金融行业，平安银行推出的橙e网，除了可以在线申请新车、二手车贷款，还可以申请保险、保养、购车税、精品装饰等贷款，有车族还可以在线申请车辆抵押贷款实现融资。2015年8月，招商银行与美国新车/二手车交易平台COX集团及多家经销商集团共同出资，成立了汽车O2O电商平台"汽车街"，为其汽车金融在线业务提前布局。2015年9月，广发银行联手易车推出国内首张由金融机构与汽车互联网企业发起的联名信用卡，借易车的船试水汽车消费金融。2016年6月，平安集团通过收购实现对"汽车之家"的控股，平安系在"互联网+汽车金融"行业的战略布局迈出了关键的一步，也给业内带来了无限的想象空间。总体上，股份制商业银行在汽车金融上的战略选择比较明确，战略推进上也明显快于传统国有四大行。

在互联网信息技术行业，BAT三家互联网巨头都对汽车金融市场进行了布局。阿里巴巴通过旗下天猫平台推出"车秒贷"，背后是阿里汽车和蚂蚁金服等内部优势资源的整合；腾讯利用在社交领域的优势，通过微信理财通推出针对特定整车品牌的购车理财产品；百度虽布局稍晚，但也通过对接车贷和车险供应商试水平台化经营。BAT虽然在电子商务、社交和搜索三个领域各自称雄少有联合，但在汽车金融领域，尤其是购车消费信贷和车险两个细分市场上，却步调一致协同作战。腾讯、百度联合京东先后对托生于易车网汽车金融业务部的互联网融资租赁平台"易鑫车贷"进行战略投资，阿里巴巴联合腾讯、平安等共同创立了国内首家互联网保险公司"众安保险"，并于2015年年底推出了首个互联网车险品牌"保骉车险"。此外，京东在作为易鑫车贷主要入口的同时，与多家汽车金融公司及保险公司合作，构建汽车消费金融的在线交易平台。互联网P2P平台宜信推出的"宜车贷"主要专注于二手车抵借款业务。互联网车险比价平台"易保险"已与多家保险公司开展合作。定位于汽车后市场及二手车市场金融服务平台的"第1车贷"，获得了包括中信集团和北汽集团在内的战略投资。

3. 在汽车保险市场的应用

众安保险自2013年11月揭牌开业以来，在保险产品上不断推陈出新。2015年11月，推出了互联网车险品牌"保骉车险"，其模式上的创新之处在于：通过众安与平安的

107

联合共保，真正做到线上线下无缝对接——众安负责线上营销，平安负责线下服务。在车险定价方面，保骉车险依靠大数据模型并根据车主的驾驶习惯等多维因素进行差异化定价的创新尝试，顺应商业车险费改突出"随车""随人"的定价模式要求，提升了风险与保费的匹配水平。在核保理赔方面，借助平安在车险理赔上的线下能力和多年积累下来的赔付数据，在为车主提供便捷理赔服务的同时，通过赔付数据不断优化风控和定价模型。众安还可通过赠送车载诊断设备和驾驶辅助设备，为车主们推送精准的增值服务，生成针对单一车辆的使用报告，为将来二手车交易的评估定价提供可靠的数据。当车联网技术步入应用层面的新阶段，从新车售出的第一时间起，就可通过车载设备对车主的用车频率、驾驶习惯、维保周期等数据进行全方位的收集，生成车辆的全生命周期历史数据库。再加上大数据、云计算等科技手段与其发生完美碰撞，这样的数据库对于汽车行业各个产业链的参与方，都具有无法估量的价值和意义。

4. 在其他细分市场方面的应用

在购车消费方面，融资租赁作为一股新势力逐渐崛起。传统上，融资租赁主要针对商用设备提供金融杠杆服务，鉴于其在购车分期产品模式上的灵活性，结合国外成熟市场发展趋势的参考判断，以易鑫车贷、建元资本、汇通信诚（原广汇租赁）、海通租赁等具有不同行业背景的参与方为代表的金融机构，积极地投身于汽车金融市场的布局中来。在金融科技的应用方面，汇通信诚基于自身强大的下线规模优势，通过与易车、汽车之家、天猫等平台开展合作，打通线上线下两端，丰富客户接入端口和场景。海通租赁推出基于乘用车售后回租的在线融资产品"车融宝"，客户通过移动端在线操作，无须线下审核面签便可完成放款。2016年4月，上汽与阿里巴巴成立合资公司"斑马汽车"。2016年7月，上汽与阿里巴巴合作推出的"互联网汽车"概念第一代产品"荣威RX5"正式上市，该车搭载"斑马智行"系统，可通过车内语音实现对车辆部分功能的控制，也可通过手机App实现车辆远程控制，并为用车维保提供在线服务支持。2016年8月，斑马汽车宣布与P2P共享租车平台"凹凸共享租车"合作，推出针对凹凸用户的"以租养贷"金融购车优惠政策。贷款购车客户可将购得车辆放在凹凸平台上出租，出租获得收益帮助客户偿还车贷，车贷结清后的租金收益都归客户所有，当然，斑马汽车希望将该创新模式应用到智能汽车普及方面。

通过这种创新的金融购车模式，当客户总量逐步积累到一定规模时，就可以通过租车共享平台实现包含三个层次的智能汽车普及生态圈，而最终受益的，将是整个智能汽车生态圈。第一层是智能汽车所有权层，这一层内的客户拥有智能汽车的所有权，他们除了平时自己使用智能汽车外，因与共享租车平台保持着长期的出租协议关系，可以通过平台将处于闲置时段的车辆出租给有使用需求的承租客户，也就是第二层，智能汽车使用权层。这里对使用权层客户的界定是，对智能汽车有使用需求且仅通过租赁形式实现的承租客户。第二层内的客户通过共享租赁的形式，以较低的成本实现对智能汽车的接触、使用和体验，这非常有助于智能汽车的推广和普及。第三层是非智能汽车租车客户层，他们是第二层的潜在转化客户群，是否租用一台智能汽车对他们来说只是选项之一。

通过以租养贷的金融购车模式，首先解决构筑智能汽车普及生态圈第一层的资金压力，并通过"赚取收益"的方式吸引更多的客户愿意购买智能汽车，与共享租车平台合作成为智能汽车的出租人；接着，在第一层以租养贷的模式驱动下，通过共享租车平台将富余的智能汽车使用权供给能力与需求端相对接，实现稳定的租金来源。第二层与第三层也通过对智能汽车使用的体验和尝试，逐步地向内圈移动，推动整个智能汽车普及生态圈不断扩展。

第三节　汽车养护电子商务

一、汽车养护电子商务的概念及类型

1. 汽车养护的含义

汽车后市场养护行业（以下简称汽车养护），仅包括汽车保养、快修、美容等轻保类服务，不包括大型修理服务。

2. 汽车养护电商平台的类型

汽车养护电商平台可分为自营型维养平台、综合型平台、厂商自建O2O平台、服务提供平台等。

（1）**自营型维养平台**　代表企业：途虎养车、养车无忧、汽车超人、好胎屋等。自营型电商移动端订单比例不断提升。

（2）**综合型平台**　代表企业：京东、淘宝/天猫、1号店等。移动化已经成为综合型平台发展趋势。

（3）**厂商自建O2O平台**　代表企业：车享家等。车享家为打造一站式综合服务模式，并且为打通线上平台联通线下门店而积极进行线下布局，线下门店将覆盖全国23个省及直辖市，门店覆盖各主流省会及经济发达城市，全国汽车保有量超200万辆的城市覆盖率达八成以上。

（4）**服务提供平台**　代表企业：e保养、典典养车、车点点、乐车邦等。服务提供平台类企业的移动化程度也在不断加深。

各种后市场维养平台特点详见表6-2。

表6-2　后市场维养平台特点一览表

类　型	特点分析
自营型维养平台	优势是产品质量更有保障，进货成本更加低廉。由于是自营模式，网站会更加注重产品质量审核，而且自主销售模式采购规模大，可以直接同厂家合作，进货成本要相对低廉；选购的商品统一集中发货，物流费用更低；大数据得到真正应用
综合型平台	优势是完善的购物流程；信用体系完善，无论信用制度建立的时间还是可信度都非常高；商城模板，可快速搭建网上门店；平台流量大，且客户的目的性强；可直接利用庞大的、现成的用户资源，帮助企业节省自建及维护电子商务平台网站等费用和长期的推广广告费用
厂商自建O2O平台	优势是拥有充分的新车用户资源和平台建设的资金来源。通过线上的汽车维养平台，构建线下维养实体店、新车选购（线下）、二手车（线上、线下）交易等全方位、一站式综合服务平台，即汽车全生命周期生态服务平台
服务提供平台	优势是投资少，资产轻，毛利率高，经营计划调整灵活；商品多样化，可以充分满足客户的个性化需求；不需要建立买手团队，没有物流仓储的麻烦，管理轻松

二、汽车养护的电子商务的现状

2012年开始，以途虎养车、养车无忧等为代表的独立的互联网养护企业逐渐兴起，渗透率不断提升，从初期通过高质低价的品牌辨识度较高的零配件品类打开市场并获取信任，到致力于建设自己的供应链体系并拓展养护业务来增强用户黏性，从产品品牌竞争阶段发展到企业品牌竞争阶段。

1. 汽车保有量的增加及养护需求的延伸，促进行业规模增长

汽车保有量的持续增长，以及消费者消费能力的提升、配件市场逐渐开放刺激消费等原因都促进了养护行业的高速增长，整体增速将会超过汽车保有量的增速。

2. 车辆养护的渠道趋向多元化

在汽车养护市场中，4S店依然占主体地位，占比约七成；而随着互联网及移动互联网的快速发展、用户消费习惯的改变，互联网养护渠道的市场渗透率逐渐扩大。

从汽车养护平台模式来看，自营型养护电商凭借高效的O2O服务模式，市场份额稳定增长；综合电商凭借强大的流量优势保持领先的份额占比；服务提供平台目前处于模式转型和探索时期，主要以导流业务或以线下加盟连锁门店形式，将业务重心转向线下服务。

3. 4S店渠道处于品牌信任阶段，互联网养护处于用户认知阶段

4S店利用新车销售渠道优势可获取养护服务的基础用户并建立渠道信任；互联网养护渠道目前正处于用户认知和出保用户获取阶段。

由于用户获取和新车销售直接挂钩，90%以上的车主会因新车购买后在保质期内直接绑定4S店养护服务，因此，用户会迅速进入对渠道的熟悉阶段。加上4S店的货源供应渠道和服务具有先天优势，容易获取用户信任。

企业品牌建设是一个长期的过程，每个阶段都需要对应的方式来进行用户积累和品牌推广。目前绝大多数互联网养护渠道尚处于品牌认知阶段，少数企业正向品牌熟悉阶段过渡，需要通过大量的广告投放、市场营销活动等方式迅速提升品牌知名度。

4. 商业模式众多，核心业务各异，线下服务将是核心竞争力

现阶段，汽车后市场互联网养护平台商业模式多样化，盈利模式不尽相同。

其中，线上平台＋线下门店加盟模式较为广泛，平台自建仓储和物流，打通供应链与C端，保证价格统一、透明；同时可推动现有线下门店互联网化，且无须投入大量资金进行门店建设。

（1）**线上平台＋直营**　资产模式最重，自有资金开设门店，对门店服务质量可控性强，但需要大量资金作为支撑。这种模式的特点是线上引流，线下门店为主，标准化程度高。车享家采用的就是这种模式。

（2）**线上平台＋直控**　少量自建门店，并为商家提供从品牌、技术、培训、供应链到服务质量的全方位支持。该模式的特点体现在线上引流，线下门店为主，服务更加标准化，代表性企业有典典养车。

（3）线上平台＋加盟　原有线下门店进行加盟后，消费者通过线上购买零部件后，配送至线下加盟门店进行养护维修、保养，其特点为线上下单，线下服务，主要以自营商品、养护服务为主。该模式的代表性企业有途虎养车、汽车超人等平台。

（4）线上平台＋线下资源整合　线下门店入驻平台，消费者自行选择，线上平台进行导流，收取中介费，其特征是通过线上预约保养服务，先买单后享受服务，商品单一。乐车邦和车点点是采用这种模式的代表性企业。

5. 互联网养护企业从产业链各环节切入市场，丰富用户养护选择

在新车售卖环节，主机厂站在产业链生产的上游位置，从生产制造到二手车置换均占据了市场垄断地位，4S店养护服务从源头绑定客源，占据市场主导地位。而金融保险处于新车售卖下游环节，多年受制于经销商，在逐渐推进市场化的过程中提出"零整比"，试图分化经销商垄断局面，通过保险业务绑定养护服务。养护环节处于新车售卖和保险的下游环节，独立的养护企业以往在上游供应链主体的牵制下很难获得客源。随着养护行业市场化程度不断加深，通过更充分市场竞争手段获取客源为第三方养护企业提供了更大机会。

6. 大多数用户仅对轮胎、机油等广告力度高的品牌有一定认知

大多数用户对车辆养护知识了解程度一般，仅对轮胎、机油等广告力度高的零配件品类有一定认知。目前，用户在车辆养护过程痛点频现，配件质量不透明等因素制约了用户对除4S店外养护渠道的选择。

三、汽车养护的电子商务的问题

2016年，中国汽车后市场经历着快速发展与变化，尤其二手车电商与互联网养护行业经历了资本的疯狂追捧到资本寒冬骤然而至的急速转变，大浪淘沙过后，市场逐渐走向更加专业化、合理化。在大浪淘沙的过程中，有知名度较高的汽车后市场养护平台，如博湃养车、诸葛修车网、平安好车、赶集易洗车、E洗车等企业轰然倒塌或遇到前所未有的困境。这些平台失败或遭困的原因有所差别，程度各有不同，但几乎都与企业资金链断裂相关，这仅仅说明了表层原因，更深层的原因还在于平台的模式本身是否适合和适应了当前的市场需求以及市场环境。

1. 运营模式的先天性缺陷，导致对线下门店缺乏控制力

花巨资搭建的平台、花巨资吸引来的用户，一旦消费奖励减少，平台对于消费者来说就会变成一个"一次性"使用的搜索平台，而线下门店只要"殷勤待客"，从线上导流至线下门店的客户便"一去不回头"。

2. 消费习惯短时间内很难改变，导致转化率持续低下

除了面临其他行业共有的诸如消费者黏性低、盈利模式不明确等问题之外，还需解决汽车后市场中一些特有的挑战，如消费者的观念和消费习惯还未跟上，对汽车产品了解和自主动手能力有限等问题。

3. "平台"维养资源有限，也缺乏整合"资源"的手段

B2C电商模式黏性低，可替代性较高，无法解决当前消费者核心"痛点"。中国消费

者的自己动手制作能力在短时间内难以提高,除了非常简单的零部件之外,绝大多数汽车零部件依然需要由汽修店来安装,而大型电商平台如天猫、京东在简单汽车用品及零部件的供应方面已具备较大的平台优势。

4. 平台运营成本高,缺乏可见的盈利能力,导致后续资金跟进不力

所有的平台最后几乎都是因为运营成本高企,融资资金不到位而出现经营困难,最终不得不采取缩减或关闭平台的决定。

四、汽车养护的电子商务发展建议

1. 各互联网养护渠道品牌建设路径

(1) **自营型** 目前绝大多数自营型互联网养护企业均以轮胎、机油等高认知度配件作为市场切入点,以正品品质保证、高效的物流配送、免费服务安装等方式吸引用户使用;随后,逐渐丰富服务内容,逐渐形成用户黏性,进而形成品牌认可度。

(2) **服务平台型** 服务平台型养护企业可以以4S店或自营连锁店作为服务载体,以高品质为品牌背书;提供4S店原厂配件及统一标准化服务,而自营连锁店自建养护服务标准;以4S店原价8折以下的价格吸引用户,给用户带来高性价比品牌体验,进而拓展品牌影响力。

2. 互联网养护电商打造品牌化路径

1)以轮胎为切入点,提供大品牌轮胎,并辅助线下免费安装,吸引消费者使用,带动消费者对企业品牌的认知。

首先,与市场大多数知名轮胎、机油厂商合作,保证产品质量,满足日常养护需求,增强消费者信任度;其次,打通上下游供应体系,缩减中间环节,降低配件价格,吸引消费者使用;再次,自建仓储中心和物流服务体系,与全国范围内线下门店合作,让消费者享受一站式服务。

2)提供标准化、高质量的养护服务,提升客户使用满意度,逐渐形成品牌认可度。

①服务流程标准化。"线上下单+线下自选门店服务"的服务流程,让消费者享受高效、便捷的养护体验。②门店配置标准化。对线下合作门店硬件设施、人员配置、技师水平有一定的考核标准,确保门店质量。③服务内容及品质标准化。明确各类养护服务内容和项目,保证服务过程严格使用正品配件,并完成所有规定的服务项目;建立品牌服务门店,打造服务品质标杆,对合作门店提供技师培训等服务,以点带面,逐步提升服务标准,进而提升用户满意度。

3)扩展服务内容,从标准化产品服务向非标准化服务发展,为用户提供更多服务选择,提升用户黏性,进而形成品牌认同感。

阶段一:从轮胎向标准化保养服务拓展。在这个阶段的发展特点是由低频服务项目扩展到高频的保养服务;保持标准化服务内容,技术要求不高,容易产生用户黏性。

阶段二:标准化保养向非标准化深度保养延伸。在此阶段由常规保养项目延伸至深度保养项目,满足用户多元化需求,有效补充和完善服务内容,进一步提升用户黏性。

4)契合用户日常生活及网络使用习惯,构建品牌生态化。

移动化、娱乐化是目前用户日常生活的重要形式；互联网养护电商移动化趋势逐渐凸显，移动化业务发展成为现在及未来的发展重心；构建品牌生态，形成会员管理机制，是目前互联网企业打造品牌生态的典型路径；以用户为中心，从车辆使用和管理、车主生活等方面构建生态圈。

第四节　汽车租赁电子商务

一、汽车租赁的含义及其分类

1. 汽车租赁的含义

由于我国政府管理职能的不断改革，在不同时期，汽车租赁也就属于不同的政府部门管理。1997年贸易部颁发实施的《汽车租赁站点工作暂行管理办法》中将汽车租赁定义为汽车租赁是指出租方提供租赁期内的出租车辆，并且承担租赁期内的相关税务费用、车辆保险、救援及维修等服务的实物租赁形式，承租人以缴纳租赁费用获取汽车使用权的交易行为。贸易部对汽车租赁的界定较为准确，但是并没有明确提出在汽车租赁过程中是否提供驾驶劳务。随后，在交通部颁发的《汽车租赁业管理暂行规定》中明确提出汽车租赁是不提供驾驶劳务的租赁行为。

汽车租赁的实质是在将汽车的产权与使用权分开的基础上，通过出租汽车的使用权而获取收益的一种经营行为，其出租标的除了实物汽车以外，还包含保证该车辆正常、合法上路行驶的所有手续与相关价值。不同于一般汽车出租业务的是，在租赁期间，承租人自行承担驾驶职责。汽车租赁业的核心思想是资源共享、服务社会。

汽车租赁具有租赁期短、租用方便，由出租方提供维修保养等租后服务等特点。我国汽车租赁企业由于经营时间短，规模和实力有限，多采取分散独立经营的模式。但随着我国经济的发展和租赁市场的成长，这种模式难以为顾客提供方便快捷的服务，限制了企业的市场开拓和经营规模的扩大，难以为企业提供持续健康发展的空间。汽车租赁企业在经历了最初的市场培育之后，经营模式必将走上连锁经营和与生产厂商合作的道路。

2. 汽车租赁分类

（1）**汽车租赁按照租赁期长短划分**　1997年颁布实施的《汽车租赁试点工作暂行管理办法》中按照租赁期的长短将汽车租赁分为长期租赁和短期租赁。在实际经营中，一般认为15天以下为短期租赁，15～90天为中期租赁，90天以上为长期租赁。

长期租赁是指租赁企业与用户签订长期（一般以年计算）租赁合同，按长期租赁期间发生的费用（通常包括车辆价格、维修维护费、各种税费开支、保险费及利息等）扣除预计剩存价值后，按合同月数平均收取租赁费用，并提供汽车功能、税费、保险、维修及配件等综合服务的租赁形式。

短期租赁是指租赁企业根据用户要求签订合同，为用户提供短期内（一般以小时、日、月计算）的用车服务，收取短期租赁费，解决用户在租赁期间的各项服务要求的租赁形式。

（2）**汽车租赁按照经营目的划分** 汽车租赁按照经营目的划分为融资租赁和经营租赁。融资租赁是指承租人以取得汽车产品的所有权为目的，经营者则是以租赁的形式实现标的物所有权的转移，其实质是一种带有销售性质的长期租赁业务，一定程度上带有金融服务的特点。

经营性租赁是指承租人以取得汽车产品的使用权为目的，经营者则是通过提供车辆功能、税费、保险、维修、配件等服务来实现投资收益。

二、国内汽车租赁业发展历程

在国外，汽车租赁业已有100多年的历史，是一个非常成熟的行业。据资料显示，美国用于汽车租赁的车辆超过160万辆，租赁汽车使用已经成为人们生活中非常普遍的事情。全球著名的汽车生产厂家都将汽车租赁企业视为密切的合作伙伴，有将近三成新生产的汽车产品进入汽车租赁领域，这也成为汽车生产厂商一个重要的销售渠道。从20世纪初期汽车租赁业诞生至今，在众多的汽车租赁企业中逐渐形成了像赫兹（Hertz）汽车租赁公司这样的行业领头羊，这些历史悠久、规模大的汽车租赁公司领导着市场。

相比发达国家而言，汽车租赁业在国内仍处于起步阶段。从1989年汽车租赁诞生至今仅仅走过了将近30个春秋，整个行业从无到有，发展比较迅速。期间主要经历了以下几个阶段：

1. 萌芽起步期

1995—1996年，随着我国经济体制改革步伐的推进，社会消费结构也在逐渐发生变化，消费形式由满足吃、穿、用方面逐步转向新的消费热点——住与行方面发展。因此，与交通运输密切相关的汽车生产工业与汽车租赁服务业发展滞后的矛盾就暴露得更加明显。这一时期，汽车租赁行业刚刚处于起步阶段，其发展规模无法满足快速增长的市场需求，形成汽车租赁业的买方市场，汽车租赁企业回报率高，也正是在这种旺盛的市场需求下，汽车租赁业规模不断扩大。在全国范围内，汽车租赁公司也如雨后春笋纷纷出现在全国经济发达城市。

2. 盲目发展期

1996—2000年，由于汽车租赁企业的大量出现，汽车租金开始逐步下调，整个行业规模处于自然放大状态，企业规模小，经营手段单一，市场陷入无序竞争状态，企业的生存和发展受到了严峻的考验，许多公司的经营状况开始出现分化。

3. 初步调整期

2000年之后，整个行业处于一个较长时间的调整期。在这一时期，我国汽车市场发展迅速，汽车销售市场出现井喷，私有汽车数量大幅增加，这也激发了更多人的购车需求与机动车的购买欲望，使得汽车租赁的市场需求结构发生了很大的变化。这一时期机遇与挑战并存，一方面汽车租赁经营者通过不断地扩大企业规模以应对汽车租赁市场的旺盛需求，另一方面汽车生产厂商通过降低汽车价格来提高市场占有率。汽车价格的不断降低以及二手市场的剧烈震荡使汽车租赁价格也不断降低，这样汽车租赁企业的利润就不断减少，市场风险也在逐年加剧，很多企业运营难以为继，有的企业甚至出现观望或选择退出市场的行为。由此可见，我国汽车租赁业发展至今还处于初步的成长期，行业发展很不成熟，还需要市场的进一步调整。

三、汽车租赁的发展现状

1. 我国汽车租赁业市场规模分析

（1）我国汽车租赁业市场规模 随着用户对汽车使用的刚性需求愈发明显，租车市场迎来良好的发展环境。前瞻产业研究院发布的《2018—2023年中国汽车租赁行业发展与企业竞争力提升策略分析报告》数据显示，2017年中国租车行业市场规模达655亿元，同比增长11.83%左右。除传统长租和短租业务保持快速增长外，融资租赁和分时租赁的兴起，为整体租车市场发展注入新的动力。另一方面，国内领先的租赁企业在车队规模、服务流程、业务创新等方面不断升级，表现出强劲的发展势头，为行业整体发展提供有力保障。

（2）我国汽车租赁企业车队规模 我国汽车租赁行业仍处于早期发展阶段，渗透率较低，未来潜力巨大。目前市场上大多数租赁车辆用于短租，短租是当前最主流的汽车租赁方式。

我国的汽车租赁公司包括国内私人汽车租赁公司（如神州租车、一嗨租车）以及我国国有汽车制造商的联属公司（如首汽、大众）。国际汽车租赁公司主要透过与国内汽车租赁公司合伙参与竞争。例如，Hertz已与神州订立战略合作关系，而Enterprise和AVIS则分别投资于一嗨租车和上汽，并与其合伙。截至2017年年底，我国前十大汽车租赁公司的车队总体规模约为20万辆，汽车租赁公司车队总规模达到了50多万辆。

在众多因素中，汽车租赁公司之间的竞争主要集中于车队规模、品牌知名度、网络覆盖范围、价格、车型多样性及车况、服务种类的多样性及客服素质上。考虑到其他汽车运输服务也通常会分流汽车租赁的客户，我国的汽车租赁公司也与提供汽车运输解决方案的非汽车租赁公司（如Uber、用车、嘀嘀打车、快的打车提供的汽车共享服务、代驾服务或出租车相关服务）进行较小程度的竞争。然而，这些服务乃针对不同的客户需求，非汽车租赁服务不大可能代替汽车租赁服务。

2. 我国汽车租赁市场结构分析

汽车租赁在我国起步较晚，目前处于起步发展阶段，一些中小企业、政府与个人还未适应租车消费。租赁车辆主要以轿车为主，占比在90%左右，微客及中轻型客货车份额较小。从汽车经营租赁出租率来看，平均出租率很难达到100%。节日期间，出租率基本都在85%以上，甚至达到100%。其余时间则较美国仍有一定差距。目前，我国汽车经营租赁的出租率平均水平为60%~65%。我国已成为全球最大的汽车消费市场，但汽车融资租赁市场还是一个新兴市场，有巨大的增长空间。

（1）汽车租赁用户消费结构 从消费结构来看，目前，汽车租赁行业用户主要有两类：企业用户和个人用户。具体而言有三个层次：

第一层次：企业长期用车。这个层次主要以三资企业、中小企业以及经历车改的大型企事业单位为主，一般用于满足企业经营及公务、商务活动的需要，该部分比重有所增加，这部分消费占整个汽车租赁市场的30%左右。

第二层次：企业短期用车。这个层次针对的客户是高级白领以上的人员，用以满足这些人员在异地进行商旅活动时对交通方面的要求，同时也解决了在本地的公、私接待事务方面的需求。这部分消费占整个汽车租赁市场的40%左右。

第三层次：个人（家庭）用车。这个层次主要以中高收入家庭为主，其主要用途为家庭旅游、探亲访友、临时外出等，这部分用车占整个汽车租赁市场的30%左右。短期来看，此部分用户数量有所增加，但从整体上看，比重仍在三成左右。

（2）**汽车租赁车型结构**　从汽车租赁车型结构来看，我国汽车租赁市场的租赁车型以轿车为主。在低端市场，微型轿车和微型客车占据绝大部分市场份额；在中端市场，国产轿车占据主要市场份额；在高端市场，进口小轿车和部分国产高档车占据主要市场。微型客车主要在低端的租赁市场拥有一定的份额，在中高端市场的份额很小。货车在整个租赁市场的比重很低，甚至很多城市已经取消了这类车型的租赁业务。

（3）**汽车租赁行业市场竞争结构**　从汽车租赁行业市场布局来看，我国汽车租赁行业市场规模排在前五位的租车公司为神州租车、安飞士租车、大众租车、一嗨租车和首汽租车五家公司，这五家公司整体市场份额仅为10%左右。

3. 我国汽车租赁行业发展模式

（1）汽车租赁行业管理模式

1）直营连锁管理模式。直营连锁管理模式的优势体现在成本优势、运营优势和品牌优势三个方面：

成本优势：直营连锁便于集中统一调配资源，减少运营中的中间环节，可较大程度地节省公司成本。

运营优势：直营连锁模式有利于统一制定战略、统一经营模式、统一管理，公司的运营决策能更快速、更高效、更彻底地被执行。

品牌优势：直营连锁能够更直接地宣传公司的品牌形象，有利于公司品牌的宣传和推广，将公司的优点直接地传达给消费者，提升品牌满意度。

2）特许加盟管理模式。特许加盟是特许人与受许人之间的一种契约关系。根据契约，特许人向受许人提供一种独特的商业经营特许权，并给予人员训练、组织结构、经营管理、商品采购等方面的指导和帮助，受许人向特许人支付相应的费用。简而言之，特许经营是特许方拓展业务、销售商品和服务的一种商业模式。

（2）汽车共享管理模式分析　汽车共享是指许多人合用一辆车，即开车人对车辆只有使用权，而没有所有权，类似于在租车行里短时间包车。这种模式手续简便，打个电话或通过网上就可以预约订车。汽车共享一般是通过某个公司来协调车辆，并负责车辆的保险和停放等问题。这种方式不仅可以省钱，而且有助于缓解交通堵塞，以及公路的磨损，减少空气污染，降低对能量的依赖性，发展前景极为广阔。

汽车租赁共享模式结合了智能交通和汽车分享的概念。汽车共享模式大体上分为两类：一类是Zipcar模式，另外一类是P2P模式。Zipcar是以"汽车共享"为理念的美国网上租车公司，1999年成立，是全球第一家分时租车公司。现代社会拥有私家车的成本越来越高，除了车价，还有养护、保险、停车一系列的费用。在追求效率和重视环保的欧

美，很早就出现了"汽车共享"的商业模式，Zipcar就是其中的佼佼者。P2P模式就是私家车共享模式，它的初衷就是把闲置的私家车与租客的用车需求整合起来。P2P汽车共享服务缘于这样一个假设：如果今天你不需要使用你的车，你愿意把自己的车租给他人使用，从而赚取一定的报酬。P2P租车是指通过互联网、移动互联网平台将闲置的私家车进行整合信息共享，如果租客有使用需求可以对接相应时间段空闲私家车的车主，完成租车交易。

四、汽车租赁发展中的问题与趋势

1. 汽车租赁发展中的问题

我国汽车租赁业于1989年起源于北京，2001年前后掀起了第三轮发展高峰，使得国内汽车租赁行业有了长足的发展。据初步统计，目前从事汽车租赁服务的企业超过一万家，但平均车队规模还较小。其主要原因是：我国汽车租赁市场仍处于发育阶段，需求还不旺盛；企业为了生存不得不制定较高的租赁价格，而价格是左右我国汽车租赁业务发展的最重要因素，这阻止了市场扩张，使企业无法通过滚动发展提高车辆更新能力与规模扩展能力。

2. 我国汽车租赁业的发展趋势

（1）"定制租赁"风起云涌 大部分国际租赁品牌已经进入市场，这些外资品牌或者借壳落地，或者完全独资。它们利用其本身的业务优势，在国外率先掀起了"定制租赁"，也必然会将这一业务引入国内。这一租赁方式可以满足租车者的个性化需求。例如，当一年以上的长期租赁客户需要某品牌的车辆时，租赁公司就可以根据需求购买这款新车；对于长期租赁的集团用户，租赁公司也可以根据客户的需求，进行集团采购，并负责租赁日常管理及养护。"定制租赁"已经成为大型租赁企业的核心业务。

（2）和金融结合降低骗租率 如果租赁企业能更多地和金融系统结合，将能在一定程度上缓解骗租的问题。金融系统已经建立起个人客户征信系统以及简单的网络系统查询功能，基本能掌握客户和金融系统诚信登记信息，如果参考这一评级开展业务，将会减少租金骗租概率。

（3）租金车越来越新 随着车辆的更新加快和租赁公司管理水平的提高，租赁车的使用年限已经降到了3~5年，甚至更短。在欧美一些市场，由于租赁行业的业务健全，租赁车辆年龄都在1年左右，也就是说，客户租赁到的车，基本上都是1年的准新车，超过2年的租赁车，租赁企业会利用二手车渠道淘汰掉，并重新购置新车。

五、汽车分时租赁

从全球范围来看，分时租赁最早源于国外，并在德国、法国、瑞士、挪威、荷兰、美国、加拿大、英国、澳大利亚、日本及韩国等国有多年的运营经验，形成了诸如Autolib、Car2go等较为典型且深受关注和消费者喜爱的分时租赁模式。目前在我国，电动汽车领域内的汽车共享仅通过分时租赁这一种形式实现，可以说，在电动汽车领域，分时租赁等同于汽车共享。

1. 汽车分时租赁的含义

汽车共享在本质上是一种更便捷的、短时的汽车租赁，它不同于私家车和出租车、公交车等公共交通，是介于二者之间的一种具有创新性和灵活性的交通方式。

汽车分时租赁有以下几点特征：①汽车分时租赁，在本质上是一种汽车租赁，其最根本的特征是车辆的使用权与所有权相分离；②不同于传统汽车租赁至少以日为单位开展租赁活动，汽车分时租赁提供的是以小时，甚至以分钟为单位的租赁服务；③由于第二条特征的存在，使汽车分时租赁可以满足消费者不同的汽车租赁需求。

2. 汽车分时租赁行业现状

我国最早从事汽车分时租赁业务的企业是车纷享。2010年，车纷享成立于杭州，当时主要为阿里园区的员工提供服务。目前在北京、上海、杭州、深圳、长沙、武汉等一、二线城市都有企业在从事汽车的分时租赁。据不完全统计，截至2018年6月，全国注册的分时租赁共享汽车企业已经超过500家，运营车辆超过10万辆。另据报告显示，未来几年，我国分时租赁汽车数量将保持约45%的年复合增长率，至2025年，我国分时租赁汽车数量将达60万辆，在2025年之后，随着无人驾驶出租车的问世，新车销量在出行服务领域的占比也将大幅提升。

与国外的分时租赁汽车以非电动汽车为主不同，国内的分时租赁汽车主要为电动汽车，这与汽车厂家为推广新能源汽车而将分时租赁作为切入口进入的决策不无关系。

3. 汽车分时租赁企业的主要类型

在我国从事汽车分时租赁业务的企业主要有四类：①整车背景企业，如上汽环球车享、北汽新能源的绿狗、奔驰的Car2Share；②互联网创业企业，如车纷享、一度用车、友友用车；③传统汽车租赁公司，如一嗨租车、易卡租车等；④分时共享技术提供商，如微租车。这些企业从事分时租赁业务都是希望以一种更具优势的汽车共享方案替代传统的汽车租赁模式，通过充分发挥分时租赁的优势，让客户获得比传统汽车租赁更大的使用价值。现阶段为体现产品的差异化和获得政府、整车厂的更大支持，这些企业主推的分时租赁车辆主要是电动汽车车辆（见表6-3）。

表6-3　中国电动汽车分时租赁的主要类型

类　型	代表企业	特　点
整车背景企业	上汽环球车享 北汽新能源——绿狗 奔驰——Car2Share	依托车厂雄厚的资源，拥有资金、品牌、运营、车型研发等优势，目前很难盈利
互联网创业企业	车纷享 一度用车 友友用车	轻资产运营，本身不具有汽车产权；与车企或汽车租赁公司合作，构筑良性的生态圈
传统租车公司	一嗨租车 易卡租车	汽车电动化潮流下在已有业务范围内推出新能源汽车车型，给予消费者更多的选择
分时共享技术提供商	易微行（北京）科技有限公司——微租车	分时租赁企业提供IT系统和软件，换取车辆位置等数据，通过数据交换和整合，获取商业合作和经济利益

4. 电动汽车分时租赁模式

电动汽车租赁是一种有别于传统形式的汽车租赁，是借助物联网技术实现的一种新型租赁模式。与传统租车相比，电动汽车租赁有符合短途出行需求、满足多人高效率共用、网点分布多等特点，可降低私人使用电动汽车成本、弥补公共交通空白、降低机动车保有量、缓解空气污染和节能环保等积极作用，并最终实现城市可持续化发展。目前在国际上也已经有了较为成功的案例和经验。

目前，分时租赁较为流行的模式有两种：①租赁站点模式，在租赁站点提取和归还车辆；②自由流动模式，在某些区域内任意地点提取和归还车辆（见表6-4）。

表6-4 电动汽车分时租赁模式

分时租赁模式	A借A还模式	A借X还模式
特点	在租赁站点提取和归还车辆	在某些区域内任意地点提取和归还车辆
局限	对用户来说不够方便、灵活	对车辆数量、车队管理和调度要求高
代表企业	一嗨租车、一度用车	车纷享、环球车享

5. 电动汽车分时租赁代表性企业发展面临的问题

我国对电动汽车分时租赁模式的探索开始于2013年，相较国外的分时租赁模式而言起步较晚，但是在国家和各地政府的大力支持以及各类主体的积极参与下，我国电动汽车分时租赁模式发展迅速，并在政策支持、地域分布和价值链上有明显体现。表6-5所列是国内电动汽车分时租赁企业面临的困难汇总。

表6-5 电动汽车分时租赁企业面临的困难汇总

企业名称	商业模式	面临的困难
盼达用车	打造"互联网+车联网+用车服务"的新能源汽车智能出行平台，可进行远程预订、手机解锁、随借随还和移动支付，实现用车全流程纯移动端、纯线上化的"人机互动"出行平台，并采用电池的换点模式	• 车辆使用信息准确性不高 • 车型少，用车体验不佳 • 租车的储物空间不足
一度用车	采用与汽车租赁公司合作方式的分时租赁模式，利用手机完成租还车流程，全程采用无人值守的取/还车	• 运营成本相对较高 • 尚不能异地取还 • 车型有限 • 无法保证租到最近网点的车辆 • 快速可复制的模式对资金需求及运营能力的压力巨大
壹壹租车	以能源汽车+分时租赁的汽车共享模式进入分时租赁市场，利用手机完成租还车流程，车辆取还采用"A+X"模式，其中"A"代表租赁点，"X"则表示为任意还车点	• 车辆取还的"A+X"模式给租车公司增加了成本
EZZY	采用会员制及区域化运营模式，提供"零押金、零手续、零门店、全城随时随地取还、全城免费停放"的服务模式	• 将停放在B区域的车辆调度到高净值区A区域的成本较高 • 投入车辆规模有限 • 由于充电网点局限于A区，影响了车辆使用率

综上所述，电动汽车分时租赁行业普遍面临着车源成本高、投入车辆规模和车型有限、停车位难找、充电不方便、车辆使用率低、运营难度大、成本高、盈利难等诸多问题。

6. 汽车分时租赁行业发展对策建议

（1）针对车辆成本、规模和车型问题的对策　汽车分时租赁的重模式中前期车辆购置成本较高。针对车源成本高的解决对策可有以下四种方案：① 通过整车企业与电动车运营公司深入合作，合作成立租赁公司，分摊电动车的购置成本。② 打造一个开放的平台，除了自购车辆以外，还对社会车辆开放，即重模式和轻模式的结合。③ 购置不同的电动车投入不同领域，进行差异化发展，从而降低整个购置成本。④ 获得政府的支持。从国外的经验来看，政府在推广新能源车分时租赁的过程中起到了相当关键的作用。例如，法国巴黎的 Autolib 租车项目，是由巴黎市政府委托波洛莱集团投资运营的，具有一定的公共服务性质。如果盈利则二者分享，如果亏损超过一定界限，巴黎市政府也会承担所有的超额亏损部分。

（2）针对车位难找，充电不方便的对策　目前国内电动车分时租赁项目地推的主要难点就是寻找优质租车点和停车位，因为多数分时租赁要求停车位必须安装充电桩，停车场为此要做电力扩容和线路改造，因此很多物业方以此为由阻止分时租赁项目的进入。上海、北京、广州等大城市不仅停车位紧张，而且收费也相当贵，特别是机场、车站等地方，每天的运营成本难以支撑成本的支出。因此，不难发现在一些大城市的少数闹市区的分时租赁停车位没有充电桩。当电动汽车电力耗尽时，运营中心就需派遣工作人员到现场将车开到另外一个充电站充电，这无疑大大增加了分时租赁的运营成本。

对于这一问题的解决良策是由政府出面采用 PPP（政府与社会资本合作）模式，在与百姓生活密切相关的标志性文化场所、学校、医院等公共机构，率先推广公共充电桩建设，并逐步扩展到机场、车站等建设成本较高的地方。政府不仅要承担 PPP 模式带来的盈利与亏损，还须有贯彻到底的决心和执行力，否则 Car2go 的换车型事件就有可能成为电动汽车分时租赁业的前车之鉴。在 2011 年 Car2go 启动全电动车队的时候曾轰动一时，外界普遍看好电动汽车租赁服务。然而时隔五年后，Car2go 却宣布将淘汰所有的电动汽车，并用天然气车替换这部分车型。之所以出现此种窘境归因于美国能源部当初承诺在圣迭戈安装 1000 座充电站的计划远未得到实施。Car2go 以天然气车替换电动汽车的举措，充分说明了建设支持电动汽车发展的基础设施是电动汽车共享模式得以发展的重要条件。

（3）针对车辆使用率低的对策　针对车辆使用率偏低的问题，可以采用以下策略解决。① 设计一个功能强大的分时租赁系统，实现车联网、充电桩、智能地锁、智能后视镜等功能的整合，不仅能了解到目前每辆电动车的车况、行驶状况、油量、续航里程等情况，而且可以通过点对点租赁路线的大数据分析，查询出租赁比较频繁的租赁点，可以根据实际情况进行车辆投放，以提高车辆使用率。未来，随着无人驾驶技术的成熟与落地，电动车分时租赁公司可将无人驾驶技术应用于夜间的车辆调度上，以降低高企的人工成本。② 采用 EZZY 车辆调度的做法，鼓励用户将停放在需求量相对低的区域的车开

第六章　汽车后市场的电子商务

到需求量相对高的区域，定价策略上可以采取免费或者给予较高的折扣。这种方法可以进一步降低车辆调度上投入的人工成本。

（4）**针对运营难度大的对策**　除成本投入高外，电动汽车分时租赁模式运营难度大也是最大瓶颈之一。一方面，不少平台为降低成本支出，减少配套服务员工，导致车辆无人维护，对外出租的车辆车况、卫生差，用户体验不佳；另一方面，平台运营效率差导致车辆调配难实现供需平衡，随时、随地、随取、随送难以实现，目前大多数租车平台只能实现门店或区域取车还车。为了减少成本，同时又能保证用户体验，针对车况不好的情形，如车辆罚单、恶意弄脏等问题，可采用淘宝评级规则，汽车的下一个消费者，可以给前一个消费者打分，并进入信用体系。如果信用分达不到规定分数，就享受不到公司的优惠打折，或者高峰时候借不到车，甚至会影响到个人诚信。与此同时，随着车辆保有量的增加和使用率的提升，维护成本也会相应摊薄。

（5）**与共享单车公司合作，解决"最后3公里"痛点**　电动汽车分时租赁给用户带来了诸多方便与福利，但由于停车点的分布不够密集，用户停车后始终存在从停车点到目的地"最后3公里"的痛点。停车点的数量和密度涉及成本、充电桩的建设等诸多难题，短时间内无法迅速增加。与共享单车的合作可以经济、高效地解决"最后3公里"的痛点。根据大数据分析，只要在电动车停车点，按照时段需要调度停放一定数量的共享单车即可解决这一难题，带来双赢结局。

第五节　二手车电子商务

一、二手车电商的含义及其基本运营模式

1. 二手车电商的含义

二手车的定义直接关系到所涉及车辆的范围，在某种程度上也关系到二手车评估体系的科学性和市场交易的规范性，因此，给二手车一个明确的定义是非常有必要的。

2005年10月1日，由商务部、公安部、工商总局、税务总局联合发布的《二手车流通管理法》正式实施。此办法总则的第二条将二手车定义为：二手车是指办理完注册登记手续到达国家制度报废标准之前进行交易并转移所有权的汽车（包括三轮汽车、低速载货车，即原农用车）、挂车和摩托车。本节探讨的二手车仅限于汽车。

二手车电商是指利用互联网/移动互联网技术，通过与线下各项服务资源相结合，实现二手车的线上信息查询与共享，以及在线的二手车买卖交易。

2. 二手车电商的运营模式

当前我国二手车电商平台主要分为B端服务平台和C端服务平台，其中B端服务平台在行业产业链中起车源获取的作用，根据获取车源对象的不同，又可以分为C2B和B2B两类模式，C2B主要服务内容是连接零散分布的个人车主和大小经销商，帮助C端用户将车辆卖给经销商，此类经销商多为车辆的终端零售商，此类模式车辆客单价较高。B2B则是连接不同经销商，批量销售车辆，极大地促进二手车的大规模、跨地域的流通，

客单价较低。

C端服务平台在整个二手车产业链的主要作用是车辆销售。根据车辆归属对象不同分为B2C平台和C2C平台两类。B2C平台拥有经销商属性，因此有车源丰富、管理规范、交易效率高等优势，是主要的二手车零售平台；C2C直接连接卖车用户与买车用户，去除中介，撮合双方交易，提升二手车交易透明度。

当前我国二手车电商行业整体仍处于现有模式扩张及快速发展、新商业模式探索中。整体来说二手车电商行业各模式特点明显，围绕自身核心优势开展业务模式，并提供更优质的服务将会成为企业成功的关键。表6-6为我国二手车电子商务行业基本运营模式。

表6-6 我国二手车电子商务行业基本运营模式

二手车电商类型		服务对象	代表企业
B端	B2B竞拍模式	B端商户	优信拍、车易拍
	C2B竞拍模式	C端卖车用户和B端收车车商及二手车零售商（直接面向个人消费者出售车辆的商家）	车易拍、天天拍车、开新帮卖、车置宝
C端	C2C模式	C端卖车和买车两端用户	瓜子二手车、人人车、好车无忧
	B2C模式	B端车商和下游终端买家	优信二手车、车猫、99好车、车王、优车诚品、车101
信息服务	二手车信息资讯平台模式	所有需要了解二手车信息及交易的用户和车商	二手车之家、易车二手车、51汽车、第一车网

二、二手车电商市场发展现状

我国汽车行业经历了十多年的快速发展，新车的产销量已连续多年稳居世界第一。而随着居民汽车保有量的迅速攀升，二手车的交易量也呈现出快速增长的情景，消费者购买二手车的习惯也在逐渐养成。伴随着互联网与移动互联网技术的不断成熟，国内二手车在近些年来涌现出多种新兴电商模式。自2014年起，二手车电子商务行业在我国开始了爆发性的增长，创业者、投资方均争先恐后地涌入了这个发展潜力巨大的市场。互联网的介入，极大地提升了整个行业的效率和价值。经过接近两年的资本大量涌入，二手车电商成为汽车产业链条上最炙手可热的环节。2015年下半年进入资本寒冬后，二手车电商"圈钱"浪潮退去，2016年以来逐渐式微。

1. 我国二手车电子商务行业仍属于初期发展阶段

二手车电商行业在2015年巨额融资动作频频，天价广告赚足眼球，引爆了整个二手车行业，彰显出二手车市场的巨大潜力，但整体来说当前我国二手车电商行业仍处于起步期向快速发展期过渡的初期发展阶段。现阶段的主要特点有：二手车电商渗透率和市场集中度依旧很低，但电商发拍量、成交量、成交率增长迅速，市场及企业的发展空间巨大；同时C端买方市场还处于用户培育的早期阶段，二手车产业链尚未完全打通，车源成为各方争夺的重点资源。部分电商平台开始探索新的商业模式，并逐步打造自己的二手车产业生态圈、尝试推出金融业务及金融产品，探索新的盈利模式。

我国汽车流通协会统计数据显示，2017年二手车交易量达到1240.9万辆，同比增长

了19.4%。二手车政策法规和交易体系不断完善，同时二手车电商的发展极大提升了消费者对行业的认知度，因此更多消费者在购置汽车时会选择购买二手车。2017年二手车电商各类型平台的总交易量为218.4万辆，同比增长51.2%。二手车电商渗透率达到了17.61%，同比提升了3.72%。二手车电商平台前期的营销投入使更多消费者选择电商渠道购买二手车，促使二手车电商平台的交易量高速增长。未来二手车电商的渗透率将会继续提升。

从交易数量可以看出，二手车电商交易量增长速度高于二手车行业整体水平，但与其他成熟的电商行业相比，仍处于较低水平。低渗透的背后显示二手车行业电商化的困境：车辆信息不透明、价格不透明、交易效率低及服务质量难以保证。如何消除用户疑虑，提升二手车电商接受认可程度，需要更有效的用户培养及二手车电商自身服务质量的提升。

2. 我国二手车电子商务行业产业链长，电商切入点较多，发展潜力大

汽车行业将近70%的利润都是由流通及售后服务环节贡献的。二手车作为汽车流通及后市场服务价值链上最为重要的一环，潜力巨大，竞争者混杂。电子商务的兴起不仅给二手车行业带来更高效、透明、便捷的交易渠道，而且二手车电商结合传统二手车庞大复杂的产业链催生了二手车电商行业的多种交易模式。现阶段二手车电商平台运营模式按照平台主要分为B端服务平台（2B）和C端服务平台（2C）。各模式分别聚焦于二手车电商交易的资源对接、收车、流通和销售环节。

在相关部门的推动下，2016年3月25日，国务院办公厅发布《关于促进二手车便利交易的若干意见》，意见明确提出：除京津冀、长三角、珠三角的9个城市外，全国已经实施限制二手车迁入政策的地方，要在2016年5月底前予以取消。2017年7月，商务部、公安部、环保部三部委首次联合发函，再次要求各地落实取消二手车限制迁入政策。

在连续一系列措施的推动下，二手车市场在流通环节迎来了近年来规模最大的一次"破冰"行动。限迁政策的解禁，使二手车市场在2016年终于实现了千万辆的成交量，其后几年销量持续增长。

2018年，新车市场购置税优惠政策取消，二手车市场或将重新迎来消费者的关注。在政策层面，相关部门仍将继续推动全面取消二手车限迁政策，加快修订《二手车流通管理办法》，推进二手车信息和信用体系建设，规范二手车交易秩序，促进二手车市场潜力进一步释放。此外，央行新修订的《汽车贷款管理办法》2018年1月1日起开始实行，二手车车贷比例由50%提升至70%，这将进一步降低二手车买卖的门槛。

在市场层面，这些年大量的第三方和电商平台介入，对传统二手车市场的服务理念有很大冲击。罗兰贝格发布的《中国二手车电商行业报告》预测，到2020年中国二手车B2C市场的电商渗透率将进一步提升至80%。可以预见，伴随着我国二手车市场的持续高速增长，手握大量资本的二手车电商将在未来展开激烈的交锋。

三、二手车电商市场发展中存在的问题

1. 信息不对称

二手车一车一况，车源方占据绝对的信息优势，买家处于信息弱势地位，车况信息存

在很大的不透明现象。

2. 诚信度低

二手车买卖家出发点不一致，卖家为提高车价可能存在虚报里程、漏报事故等问题，行业信用度低，影响买家购车意愿。

3. 交易周期长

二手车买家为掌握更多信息，降低风险，会存在多次看车，多车源对比的现象，增加二手车交易过程的复杂度，延长交易周期。

4. 配套服务不完善，客户体验不佳

二手车由于非标属性，第三方机构在金融支持、售后服务等方面的积极性偏低，提高了购车用户的门槛，也影响了消费者的购车意愿。正是因为以上原因，用户和车商对电商平台提出了更多的配套服务需求。2016年起众多二手车电商平台开始提供金融（购车贷款、融资租赁等）和质保等服务，在提高行业知名度的同时，也在提高用户对行业的认可度，改善用户体验。

5. 解限政策效果一般，各地区积极性有待提高

2016年3月，李克强总理在《政府工作报告》中提到"活跃二手车市场"；2016年5月，国务院办公厅也发布了《关于促进二手车便利交易的若干意见》（以下简称"国八条"）。然而，实施效果并不十分显著，各地仍然坚持不同的准入政策，距离真正实现二手车的全国流通仍然还有很长的路要走。

四、二手车电商的发展趋势

1. 地域流通桎梏即将被打破，从2B交易带动全国大流通

限迁政策是在汽车保有量快速增加、地方环保压力逐渐加大的大环境下产生的，在维护某些阵营利益的同时却大大阻碍了二手车的流通。"国八条"出台之后，地方限迁逐渐解除，一方面用户被压抑的需求得到释放，另一方面2B交易获得较大的自由度。

经销商之间大批量的车辆跨地域流通将成为正常普遍的交易，丰富了车辆的来源，因此二手车销量将呈现更加明显的增长趋势。二手车限迁的解除有利于加快二手车市场的流通，实现二手车残值的提升，推进中国整体汽车市场的健康发展。

2. 主机厂介入后端服务市场，金融、质保服务提供新盈利点

中国新车市场增速的放缓及盈利水平下降，汽车后服务市场正在成为新的掘金地，主机厂纷纷介入后端服务市场热点。二手车交易量的爆发性发展也将为二手车后市场服务提供新的业务模式和新的盈利点。二手车金融和二手车质保将成为二手车行业乃至整个二手车电商行业挖掘后端服务的切入点。

因此二手车金融是二手车电商平台普遍关注的新的盈利方向，2015年下半年以来，众多二手车电商平台推出金融服务，助推二手车销量的同时也是对金融业务及盈利方式的探索。

二手车质保，即二手车售出之后，经销商所提供的一种服务保障，是一种二手车金融/保

险产品。服务主旨在于保护车主不受意外维修费的困扰。质保业务的推广与普及为二手车行业提供了新的盈利点，也是中国二手车市场迈向更成熟市场的标志。

3. 电商平台加强经销商关系管理，立足经销商成为行业基调

二手车车源一直以来都是二手车行业的重要命脉。作为主打线上交易的二手车电商平台，一开始其商业模式就试图避免建立繁重的线下门店及业务机构，而转向轻资产的线上平台模式。但随着二手车电商行业发展进程的向前推进，在二手车销售的盈利水平难以达到电商平台的期望的情况下，众多二手车电商平台意识到拓展二手车服务链的重要性，线下服务也成为电商平台的市场发展侧重点。

从汽车后服务来讲，卖车用户及二手车经销商掌握着至关重要的车源，因此二手车电商平台将逐步开展相关二手车经销商的服务业务，发掘车商在发展经营过程中的问题及痛点，有针对性地开展服务，真正地帮助车商解决问题，从而将车商聚拢在平台周围，保障自身车辆来源，稳固市场地位。

4. 二手车大数据技术推动定价体系逐步完善，行业效率、诚信度逐步提高

我国二手车电商行业目前仍不够成熟，其中二手车车况检验及车辆残值估算一直是行业痛点。所以二手车行业需要结合大数据，从车辆估值的多个维度对车辆进行残值估算与分析，建立科学完善的车辆残值管理体系。

大数据技术的发展还将对社会公民征信体系的建设发挥巨大作用，大数据技术对于用户的消费记录、还款记录、信用记录等做一定分析及评级，能够降低金融产品的风险。另外，通过对于市场海量交易数据的分析与挖掘，可以揭示市场趋势变化，还能通过对用户行为习惯数据进行分析，帮助企业洞察消费者的购车需求。可以预见，未来大数据技术与二手车行业的深度结合与应用将协助二手车建立更加科学、公正、准确的残值管理体系、用户征信体系，从而提升行业效率、提升行业诚信度。

五、二手车电商切入点及发展建议

1. 向二手车综合平台发展

汽车具有天然的封闭性，从买车到保险、维修、保养都相互关联。新车销售延伸下来的这一条线，目前主要控制在4S店手中，新车电商目前已经完全沦落成销售线索提供商。二手车销售是第二个起点，链条长度几乎和新车一样，因为客户追求更高的性价比，而且没有新车质保期，4S店并没有控制链条。因此，二手车电商向综合平台的发展，可针对二手车的维修、保养、上保险等业务领域拓宽，将低频转换为高频。

2. 用金融打开汽车后市场大门

中国汽车流通协会预计2020年二手车交易量整体规模将达2000万辆，而二手车金融保险渗透率有望达到50%。因此，二手车金融将成为各家争相抢夺的蛋糕。

无论是2B还是2C的二手车电商，都在二手车金融上动作频繁。优信二手车推出了"付一半"；平安好车依托背后的平安银行，推出了"二手车易贷"；车易拍开始布局"分期租车"计划；车猫网推出"喵喵速贷"；瓜子二手车及人人车也推出了各自的汽车金融产品。分析其中缘由主要有以下三点：一是银行的车贷申请门槛高，申请难度大，

很多二手车用户很难通过银行渠道获得贷款；二是目前二手车金融缺少大体量的全国性品牌，这给二手车电商平台一个非常好的机会；三是通过发力金融等后服务，二手车电商平台可以打造一个健康有效的二手车生态系统。

二手车电商平台纷纷推出各自的金融产品，除了依托平台的规模，产品的服务质量及个性化将是决定用户选择的核心优势。

3. 覆盖汽车全生命周期

近几年随着中国汽车市场的高速增长，消费者对汽车后市场服务的需求也随之提高，许多维修、养车、汽车租赁、二手车及汽车金融等领域的中小型创业公司也应运而生。然而，汽车后市场的整体服务品质依然参差不齐，对整个汽车生命周期的信息数据管理仍处于起步阶段，缺少能覆盖买车、养车、用车、卖车"全生命周期"的良好体验的线上业务体系，亟待汽车业的互联网巨头出现，来对整个汽车后市场服务行业的技术资源、数据资源、资本资源、业务链等进行产品、规划、技术、运营等多方面全方位整合。

以上三种二手车电商的切入点不同，难度也相异。从延伸到汽车金融，到发展成为综合性二手车平台，乃至覆盖汽车全生命周期，难度越来越大，对电商企业的资源配置及资源整合能力要求也日益突出。

【案例 6-1】

上汽车享——全生命周期 O2O 电子商务平台

上汽车享是上海汽车集团股份有限公司打造的中国汽车市场首个全生命周期 O2O 电子商务平台。秉承"打造中国最可信赖的汽车服务领先品牌"的企业愿景，车享结合"高效线上运营"和"优质线下服务"，致力全方位打通汽车"看、选、买、用、卖" O2O 各环节，一站搞定汽车全生命周期相关服务，为用户提供汽车生活新享受。

1. 车享服务包含"新车业务—二手车业务—售后服务"，覆盖汽车完整产业链

车享网构建覆盖汽车生活全生命周期生态服务，旨在新车选购、二手车交易、用户用车及日常汽车养护等方面提供全方位、一站式综合服务，满足用户汽车生活的基本需求。其中，车享新车业务板块是车享新车电商业务，拥有上汽集团在品牌、经销商渠道、庞大用户群体等优势，为用户提供线上交易及购车金融解决方案等。而车享二手车是车享二手车电商业务，帮助用户解决卖车问题，置换新车意向用户可导流至车享新车业务板块。车享维修保养是车享打造一站式综合服务模式主体，其线下门店是新车、二手车交易及车辆保养维修等服务的载体。

2. 以车享家门店为核心，连接线上线下全产业链服务

车享家门店是车享网线下服务基础，用户在线上对商品及服务进行选购，方便快捷；选购完毕用户在约定时间内到线下服务店接受服务，线下服务同时为线上平台带来持续稳定的客源。车享线上线下服务连通方式主要是：线上平台通过优惠促销、会员积分等活动吸引用户线上下单，并到线下门店享受服务；线下的良好的服务体验，保证了线上流量的稳定提升。

3. 以中心店、综合店为基础，车享家布局社区店，解决用户汽车服务的"最后一公里"

养护服务具有低频、长尾的特点，基本的养护需要给用户带来最大限度的便捷性。车享家注重社区店建设，满足用户较为高频的洗车、小养护等需求，解决用户汽车服务的

"最后一公里"。综合店起到一般维修、保养等服务的支持与监督作用；中心店是整个城市或区域的核心，提供包括大型维修及新车、二手车业务等线下支持的作用，是线下营销的入口之一；社区店则提供小型保养及日常加油、洗车等基本服务。车享家线下服务生态门店的构建，可满足用户的全方位服务需求。

4. 车享汇—构建"车享会员"体系，为用户提供全方位用车生活服务

车享网通过车享新车、车享二手车、车享家三大业务板块构建汽车全产业链服务体系；而车享汇则作为各业务板块的重要组织连接桥梁，将车享与用户、用户与用户通过会员体系管理紧密地连接在一起，打造车主生活一站式服务体系，满足用户的基本服务需求、社交活动需求、其他生活需求等，为会员提供汽车生活全生命周期服务，涵盖"汽车销售—车务办理—用车服务—二手车交易"等综合服务。

从上汽车享上述定位可以看出，线下网络是"车享模式"扎实落地的关键一步。截至2017年年底，上汽车享已累计并开发超1200家线下门店，其中开业超740家，覆盖了100多个城市。通过未来五年内在全国超过万家门店的建设，上汽集团可以借此打通线上线下的资源，搭建线上配件交易平台，在全国创新分时租赁的模式，也将会开启支付、金融、物流等基础的服务，让消费者可以通过一个平台就能满足所有的需求。

从"车享模式"可以清晰地看出，这种依托线下网络布局的全生命周期模式，更适合已有线下实体店基础的汽车制造企业的发展，线下实体店将成为二手车电商的重要导流入口。有了这个入口，二手车评估和交易也可破除卖车人想一周卖掉车而买车人希望花一个月以上时间甄选的矛盾，线下店可以通过对二手车的评估直接收车，避免了因时间推移车主无法真正卖到评估价的情况。

第七章　汽车供应链的信息化管理

第一节　供应链管理概述

现代经济条件下，企业所面对的市场需求多样化、个性化、变化频繁的特点日益突出，而企业之间的竞争也日益激烈。通过专业化分工、服务外包的手段提高核心竞争力，提升对市场的响应速度，降低非核心业务的运行成本成为企业竞争的主要热点。其中，通过利用高效的外部供应链服务平台，借助专业的供应链管理公司所提供的服务，改进企业的内部供应链架构，提升供应链的运行效率，降低供应链的运行成本，是现代经济发展的主要趋势之一。

一、供应链的概念

供应链最早来源于彼得·德鲁克提出的"经济链"，后经由迈克尔·波特发展成为"价值链"，最终演变为"供应链"。供应链也是"扩大生产"的产物，它将企业的生产活动进行了前伸和后延。另外，供应链概念的提出也是基于经济发展的时代背景，包括全球经济的一体化进程，横向产业模式的不断推进发展和企业流程的再造等。

1. 供应链的含义

供应链是指商品到达消费者手中之前各相关者的连接或业务的衔接，是围绕核心企业，通过对信息流、物流、资金流的控制，从采购原材料开始，制成中间产品及最终产品，最后由销售网络把产品送到消费者手中的将供应商、制造商、分销商、零售商、最终用户连成一个整体的功能网链结构。哈理森（Harrison）将供应链定义为：供应链是执行采购原材料，将它们转换为中间产品和成品，并且将成品销售到用户的功能网链。美国的史蒂文斯（Stevens）认为：通过增值过程和分销渠道控制从供应商到用户的流就是供应链，它开始于供应的源点，结束于消费的终点。因此，供应链就是通过计划、获得、存储、分销、服务等这样一些活动而在顾客和供应商之间形成的一种衔接，从而使企业能满足内外部顾客的需求。

虽然"供应链"的定义略有不同，但我们可以从中看到：一条完整的供应链应包括供应商（原材料供应商或零配件供应商）、制造商（加工厂或装配厂）、分销商（代理商

第七章 汽车供应链的信息化管理

或批发商）、零售商（卖场、百货商店、超市、专卖店、便利店和杂货店）以及消费者。它是一个范围更广的企业机构模式。它不仅是条连接供应商到用户的物料链、信息链、资金链，同时更为重要的是它也是一条增值链。因为物料在供应链上进行了加工、包装、运输等过程而增加了其价值，从而给这条链上的相关企业带来了收益，如图7-1所示。另外，全球著名市场咨询机构国际数据公司 IDC 的《制造业视野》（IDC Manufacturing Insights）的研究报告指出：制造企业将"移动"和"云"列为供应链四大新兴技术中最重要的两项。

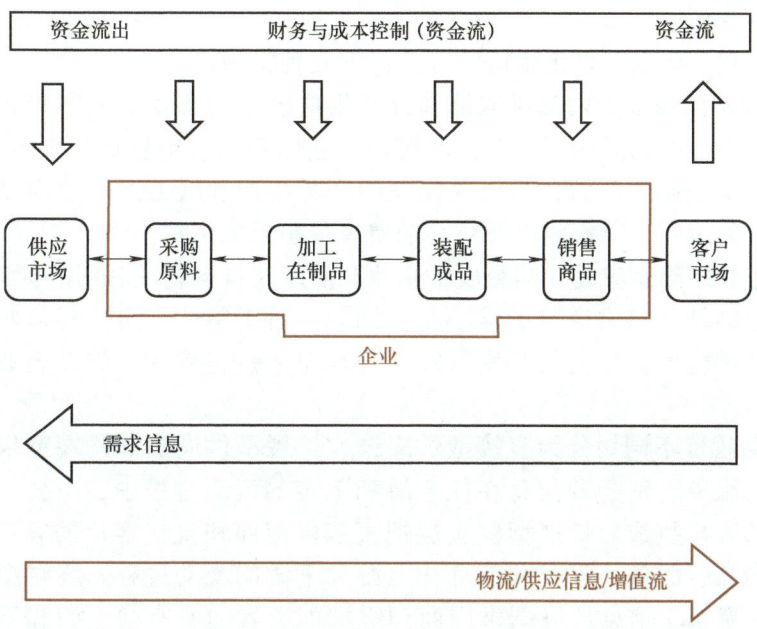

图 7-1 供应链构成的基本框架

2. 供应链的特点

（1）**协调性和整合性** 供应链本身就是一个整体合作、协调一致的系统，它有多个合作者，像链条似的环环连接在一起，为了一个共同的目的或目标，协调动作，紧密配合。每个供应链成员企业都是"链"中的一个环节，都要与整个链的动作一致，绝对服从于全局，做到方向一致、动作也一致。

（2）**选择性和动态性** 供应链中的企业都是在众多企业中筛选出的合作伙伴，合作关系是非固定性的，也是在动态中调整的。因为供应链需要随目标的转变而转变，随服务方式的变化而变化，它随时处在一个动态调整过程中。

（3）**复杂性和虚拟性** 一方面，整条供应链上的企业虽然处于不同的地区，企业规模和管理架构、技术能力、企业文化等有诸多不同，但必须保证供应链高质量地运作。另一方面，供应链是一个协作组织，而并不一定是一个集团和企业。这种协作组织以协作的方式组合在一起，依靠信息网络的支撑和相互信任关系，为了共同的利益，强强联合、优势互补、协调运转。但同时又会不断地发生优胜劣汰、优化组合。

（4）**统一性和工业大数据性** 工业大数据是大数据与智能制造的交叉点，工业大数据是指在工业产品全生命周期的信息化应用中所产生的数据，是工业互联网的核心，是工业智能化发展的关键。工业大数据是基于网络互联和大数据技术，贯穿于工业的设计、工艺、生产、管理、服务等各个环节，使工业系统具备描述、诊断、预测、决策、控制等智能化功能的模式和结果。

工业大数据背景下，企业供应链上下游间共享信息平台，由统一的信息平台分析处理来自市场、客户及供应链系统内的信息，对信息进行跟踪、清洗、分析、计算，最终将决策传达至整条供应链的各个节点，并对其进行监督和管理。

3. 供应链的类型

根据不同的划分标准可以将供应链分为以下几种类型：

（1）**按范围不同划分为内部供应链和外部供应链** 内部供应链是指企业内部产品生产和流通过程中所涉及的采购部门、生产部门、仓储部门、销售部门等组成的供需网络。外部供应链则是指企业外部的，与企业相关的产品生产和流通过程中涉及的原材料供应商、生产厂商、储运商、零售商以及最终消费者等组成的供需网络。

内部供应链和外部供应链共同组成了企业产品从原材料到成品到消费者的供应链。可以说，内部供应链是外部供应链的缩小化。例如，对于制造厂商，其采购部门就可看作外部供应链中的供应商。它们的区别只在于外部供应链范围大，涉及企业众多，企业间的协调更困难。

（2）**按复杂程度不同划分为直接型供应链、扩展型供应链和终端型供应链** 直接型供应链是产品、服务、资金和信息在往上游和下游的流动过程中，由公司、此公司的供应商和此公司的客户组成。扩展型供应链把直接供应商和直接客户的客户包含在内，这些成员均参与产品、服务、资金和信息往上游和下游的流动过程。终端型供应链包括参与产品、服务、资金、信息从终端供应商到终端消费者的所有往上游和下游的流动过程中的所有组织。

（3）**按稳定性不同划分为稳定型供应链和动态型供应链** 基于相对稳定、单一的市场需求而组成的供应链稳定性较强，而基于相对频繁变化、复杂的需求而组成的供应链动态性较高。在实际管理运作中，需要根据不断变化的需求，相应地改变供应链的组成。

（4）**按容量需求不同划分为平衡的供应链和倾斜的供应链** 一个供应链具有一定的、相对稳定的设备容量和生产能力，但用户需求是不断变化的。当供应链的容量能满足用户需求时，供应链处于平衡状态；而当市场变化加剧，造成供应链成本增加、库存增加、浪费增加等现象时，企业不是在最优状态下运作，供应链则处于倾斜状态。平衡的供应链可以实现各主要职能之间的均衡，包括采购的低成本、生产的规模效益、低运输成本、产品多样化和资金运转快等。

（5）**按功能不同划分为有效性供应链、反应性供应链和创新性供应链** 有效性供应链主要体现供应链的物理功能，即以最低的成本将原材料转化成零部件、半成品、产品，以及在供应链中的运输等；反应性供应链主要体现供应链的市场中介的功能，即把产品分配到满足用户需求的市场，对未预知的需求做出快速反应等；创新性供应链主要体现供应链的客户需求功能，即根据最终消费者的喜好或时尚的引导，进而调整产品内容与形式来满足市场需求。

（6）按企业地位不同划分为盟主型供应链和非盟主型供应链　盟主型供应链是指供应链中某一成员的节点企业在整个供应链中占据主导地位，对其他成员具有很强的辐射能力和吸引能力，通常称该企业为核心企业或主导企业。非盟主型供应链是指供应链中企业的地位彼此差距不大，对供应链的重要程度相同。

二、供应链管理的含义和特点

世界权威的《财富》（Fortune）杂志早在 2001 年已将供应链管理列为 21 世纪最重要的四大战略资源之一，其突破了一般战略规划仅仅关注企业本身的局限，通过在整个供应链上进行规划，进而实现为企业获取竞争优势的目的。其关注的重点不是企业向顾客提供的产品或服务本身给企业增加的竞争优势，而是产品或服务在企业内部和整个供应链中运动的流程所创造的市场价值给企业增加的竞争优势。

目前，供应链管理是世界 500 强企业保持强势竞争不可或缺的手段。无论是制造行业，商品分销或流通行业，无论是从业还是创业，掌握供应链管理都将帮助企业掌控所在领域的制高点。

1. 供应链管理的含义

供应链管理是指使供应链运作达到最优化，以最少的成本，使供应链从采购开始，到满足最终客户的所有过程（包括工作流、实物流、资金流和信息流等）均能高效率地运作，把合适的产品，以合理的价格，及时准确地送达消费者手上。

《物流术语》国家标准（GB/T 18354—2001）对供应链管理的定义是：利用计算机网络技术全面规划供应链中的商流、物流、信息流、资金流等，并进行计划、组织、协调与控制等。

全球供应链论坛（Global Supply Chain Forum，GSCF）将供应链管理定义为：为消费者带来有价值的产品、服务以及信息，从源头供应商到最终消费者的集成业务流程。

美国供应链协会对供应链管理的定义是：供应链管理囊括了涉及生产与交付最终产品和服务的一切努力，从供应商的供应商到客户的客户，包括管理供应与需求，原材料、备品备件的采购、制造与装配，物件的存放及库存查询，订单的录入与管理，渠道分销及最终交付用户。

供应链管理是企业的有效性管理，表现了企业在战略和战术上对企业整个作业流程的优化。整合并优化了供应商、制造商、零售商的业务效率，使商品以正确的数量、正确的品质、在正确的地点、以正确的时间、最佳的成本进行生产和销售。供应链管理更是一种集成的管理思想和方法，它执行供应链中从供应商到最终用户的物流的计划和控制等职能。从单一的企业角度来看，供应链管理是指企业通过改善上、下游供应链关系，整合和优化供应链中的信息流、物流、资金流，以获得企业的竞争优势。

相关统计数据显示，2017 年，我国物流及供应链服务市场规模约 265 万亿元；未来五年我国物流及供应链服务市场价值复合增长率将保持在 10% 左右；到 2020 年我国物流及供应链服务市场价值将达到 321 万亿元；到 2023 年，市场价值有望达到 378 万亿元，如图 7-2 所示。

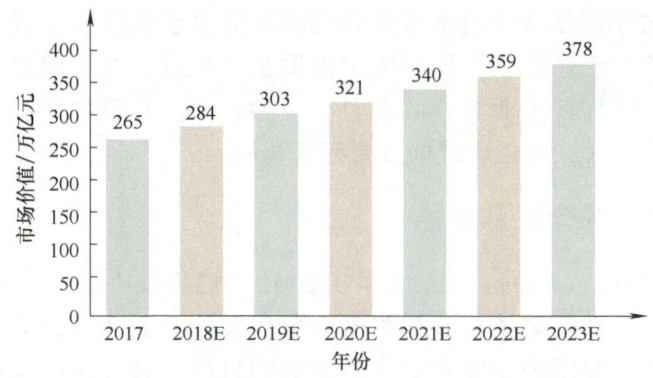

图 7-2　2017—2023 年我国物流及供应链服务市场规模及预测

2. 供应链管理的产生和发展

（1）**物流管理阶段**　早期的观点认为供应链是指将采购的原材料和收到的零部件，通过生产转换和销售等活动传递到用户的一个过程。

1）储存、运输和采购等功能分离，各自单独经营的阶段。供应链仅仅被视为企业内部的一个物流过程，它所涉及的主要是物料采购、库存、生产和分销诸部门的职能协调问题，最终目的是优化企业内部的业务流程、降低物流成本，从而提高经营效率。

2）部分功能集成。例如，采购和物料控制，库存控制功能结合成物料管理，送货与分拨等结合成配送。此外，随着科学技术的发展，以及连锁经营的出现与兴起，企业对物流的要求也发生了变化，这一阶段，提出了配送的概念，出现了配送中心。

3）企业内部的物流一体化，把物流各项功能集中起来，当作一个系统管理。此时，企业物流管理的目标不再是使哪一种功能的成本最小，而是要通过所有功能之间的平衡降低企业整个物流系统的总成本，或者在一定服务水平上使物流成本合理化。

4）供应链管理的兴起。随着企业界物流管理实践的深入，企业管理层开始认识到产品的竞争力并非是由一个企业能左右的，而是由产品的供应链所决定的。

（2）**价值增值阶段**　进入 20 世纪 90 年代，人们对供应链的理解又发生了新的变化。由于需求环境的变化，原来被排斥在供应链之外的最终用户、消费者的地位得到了前所未有的重视，从而被纳入了供应链的范围。这样，供应链就不再只是一条生产链了，而是一个涵盖了整个产品运动过程的增值链。

（3）**网链阶段**　随着信息技术的发展和产业不确定性的增加，今天的企业间关系正在呈现日益明显的网络化趋势。与此同时，人们对供应链的认识也正在从线性的单链转向非线性的网链，供应链的概念更加注重围绕核心企业的网链关系，即核心企业与供应商、供应商的供应商的一切向前关系，与用户、用户的用户及一切向后的关系。供应链的概念已经不同于传统的销售链，它跨越了企业界限，从扩展企业的新思维出发，并从全局和整体的角度考虑产品经营的竞争力，使供应链从一种运作工具上升为一种管理方法体系，一种运营管理思维和模式。

供应链网链结构模型如图 7-3 所示。

（4）**智慧制造阶段**　面对智慧时代的到来，企业不得不思考如何充分利用工业大数

第七章　汽车供应链的信息化管理

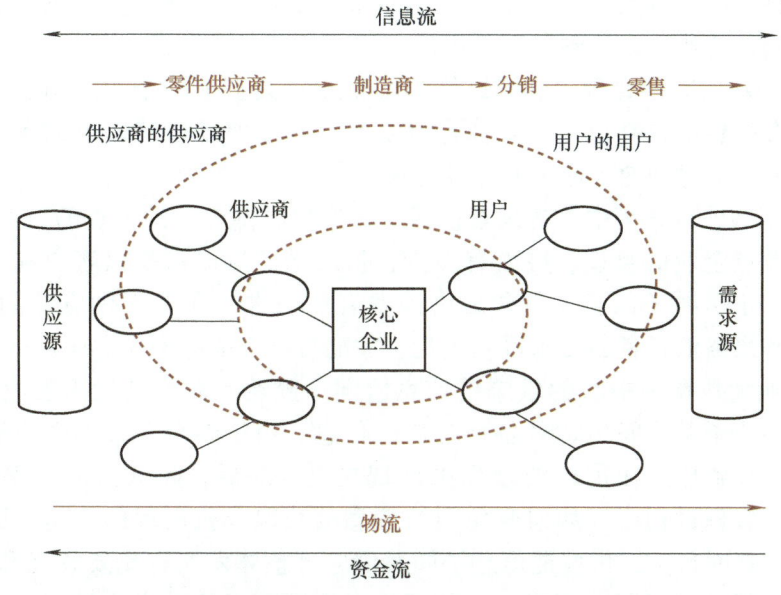

图 7-3　供应链网链结构模型

据、物联网、人工智能等新兴技术，优化供应链管理水平。

在智慧制造环境下，供应链的各个节点企业都采用了物联网等技术，利用数据平台，通过建立数学模型可以模拟演示各种方案的运行结论，不仅能找出对整个供应链中最有益的路径，而且可以对采用该方案下的优势和劣势企业进行排序，从而获益企业弥补劣势企业，真正实现企业在经济利益上的互赢。同时，在工业大数据环境下，企业获取信息的速度变快，从而提升了供应链中各环节运行的效率，企业从采购、生产、存储到销售等各环节的速度也越来越快。例如，当库存水平下降到库存预警线时，系统自动发出存量预警，系统可以自动分析距离用户最近的仓库，并自动计算运输路线，从而将产品以最快的速度送达，实现了供应链中企业之间的无缝衔接。

3. 供应链管理的特点

供应链管理目标是满足客户的需求，最终提高供应链的整体竞争能力。供应链管理的实质是深入供应链的各个增值环节，将客户所需的正确产品能够在正确的时间，按照正确的数量、正确的质量和正确的状态送到正确的地点，并使总成本最小。除此之外，供应链管理的特点还包括以下几个方面：

（1）**实现全过程的战略管理**　供应链是由供应商、制造商、分销商、销售商、客户和服务商组成的网状结构。链中各环节不是彼此分割的，而是环环相扣的一个有机整体。供应链管理把物流、信息流、资金流、业务流和价值流的管理贯穿于供应链的全过程。它覆盖了整个物流，从原材料和零部件的采购与供应、产品制造、运输与仓储到销售各种职能领域。它要求各节点企业之间实现信息共享、风险共担、利益共存，并从战略的高度来认识供应链管理的重要性和必要性，从而真正实现整体的有效管理。

（2）**实现集成化的管理**　供应链管理的关键是采用集成的思想和方法。它是一种从供应商开始，经由制造商、分销商、零售商直到最终客户的全要素、全过程的集成化管理模式，是一种新的管理策略，它把不同的企业集成起来以增加整个供应链的效率，注重的是企业之间的合作，以达到全局最优。

（3）**体现全新的库存观念** 供应链管理使企业与其上下游企业之间在不同的市场环境下实现了库存的转移，降低了企业的库存成本。这也要求供应链上的各个企业成员建立战略合作关系，通过快速反应降低库存总成本。

（4）**完成以最终客户为中心的运营模式** 无论构成供应链的节点的企业数量有多少，也无论供应链节点企业的类型、层次有多少，供应链的形成都是以客户和最终消费者的需求为导向的。正是由于有了客户和最终消费者的需求，才有了供应链的存在。而且，也只有让客户和最终消费者的需求得到满足，才能有供应链的更大发展。

（5）**以工业大数据为中心的供应链信息协同** 随着互联网的发展及物联网的到来，供应链管理中各个子系统间传达着各种各样的信息。由于各个环节的供应链系统存在信息传递介质，会导致信息在传达的过程中出现失真、滞后，降低供应链整体运行效率。所以，在供应链管理过程中，如何避免因为信息的获取分析出现的偏差，影响企业决策显得极为重要。新时代下，供应链信息协同对供应链整体发展有重要意义和深远的影响，是供应链管理中的关键问题，而工业大数据的运用既可以帮助供应链间信息的及时、快速、高效、准确地传递和获取，又能够提高供应链整体的竞争力，如图7-4所示。

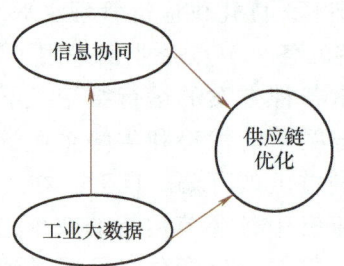

图7-4 工业大数据、供应链优化、信息协同之间的关系

三、汽车产业实施供应链管理的意义

从汽车产业的运行来看，就是一条包含整车厂，各类系统供应商以及售后服务商的供应链体系，其市场竞争力是由整个汽车产业的供应链来体现的。如何在较短的时间里提高我国汽车产业的供应链管理水平，就成为能否在全球汽车产业中占有一席之地的关键所在。

相关资料显示，过去10多年，我国汽车产业保持了高速发展态势。2017年，我国汽车产量2901.54万辆，同比增长3.19%；销量达2887.89万辆，同比增长3.04%，已经成为全球第一大汽车销售市场。有预计，到2025年我国的汽车年销售量将达到4000万辆。目前，一个整车厂一般是30万辆的规模，因此还需要40个这样类型的整车生产企业。庞大的市场发展空间，激烈的市场竞争环境，迫使相关企业更关心如何建立高效的运营管理模式。因此，拥有以下功能的供应链管理系统必将成为我国汽车产业健康发展的核心。

1）根据市场所需的服务特性来划分客户群，分析客户价值。
2）分析市场竞争环境，倾听市场需求信息，识别市场机会。
3）分析企业的核心竞争力，设计出更贴近市场的产品。

4) 有效缩短现金周转时间，拥有高效的后勤网络。
5) 策略性地确定货源和采购与供应商建立双赢的合作策略。
6) 建立整个供应链领域信息系统并借此评估、选择合作伙伴等。

另外，在工业互联网的背景下，不仅可以通过工业大数据系统实现实时跟踪现场物料消耗，结合库存情况安排供应商进行精准配货，实现零库存管理，有效降低库存成本，还可以通过与用户的互动与交流，了解用户的产品使用体验和评价，以及用户的个性化需求，有效地获得最精准的客户数据，进而组织生产资源，打破同质化的产品束缚而实现个性化定制，在提升市场竞争力的同时也提升了企业的盈利能力。

随着汽车市场的不断发展，相关企业间的竞争方式也发生了很大的转变——竞争主体，已经从以往的企业与企业之间的产品竞争转向供应与供应链之间的管理竞争。

第二节　汽车产业供应链管理框架及特点

一、汽车产业供应链管理框架

1. 汽车产业供应链管理的含义

一个典型的汽车企业的业务流程如图7-5所示。因此，汽车产业供应链就是以核心企业（如整车生产企业）为中心，通过对信息流、物流、资金流的控制，从接收到市场的需求信息开始，制订生产计划，采购并生产，汽车生产完毕后，由汽车经销商将汽车交付给最终用户，核心企业对供应链过程进行监控，从而形成的一个将客户、汽车生产企业、汽车经销商、汽车服务商连成一个整体的功能网链管理结构模式。

图7-5　汽车企业的业务流程

2. 汽车产业供应链管理框架结构

汽车供应链管理改变了原来汽车产业各方分散、各自为战的服务模式，实现了一种跨组织、跨部门的协作模式。它覆盖了从零配件供应商开始到客户需求满足结束的全部过程，包括外部基于合同的委托代理与协作、汽车产品开发、需求与供给管理、客户和汽车商关系管理等业务。由于汽车产业涉及众多资源，包含众多的环节，而且整个供应链也处于不断地变化和发展之中，因此汽车供应链管理是一个复杂的系统管理，供应链管理框架也就成为供应链管理首先要解决的问题。

"全球供应链论坛"给出了供应链管理一个概念上的框架，如图7-6所示。这个框架侧重于与供应链相关联的特性、成功设计和管理供应链所需进行的流程。该供应链框架包括了三个部分：供应链网络结构、供应链业务流程和供应链管理组件。

（1）供应链网络结构　一般而言，汽车产业供应链网络结构包括以下三个方面：

1) 汽车供应链包括哪些组成部分。

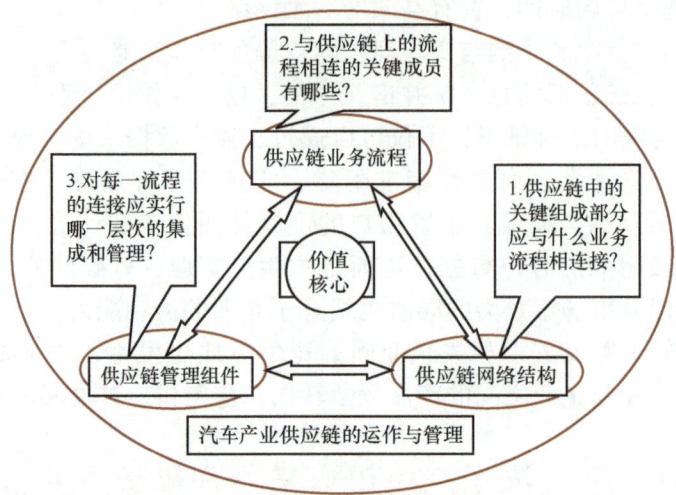

图 7-6 汽车产业供应链管理框架的总体结构

2）有哪些成员参加。

3）这些组成部分和成员之间的关系和相互影响如何。

(2) 供应链业务流程 汽车产业的供应链管理系统包括以下六大业务流程：

1）客户关系管理。

2）需求与供给管理。

3）订单履行管理。

4）服务商关系管理。

5）产品开发管理。

6）投诉管理。

(3) 供应链管理组件 在所有的汽车产业业务流程中，有一部分的业务流程是可以在汽车企业不同的业务中重复使用的。汽车供应链的管理组件就是在这些通用流程的基础上，归纳、总结出的具有通用性质的管理职能，因此被称为"管理组件"。管理组件具有高度的可复用性，包括计划和控制方法、工作流（活动框架）、组织架构、通信和信息流设施构架以及产品流设施构架等。这些组件在不同的汽车业务中都可以复用，因此可以用管理组件的形式将它们标准化。

3. 汽车产业供应链关系管理

汽车产业的供应链管理主要涉及汽车企业从设计、采购、生产，再到销售、服务等一系列活动。比起单一服务的物流业务，汽车产业供应链的特点是同时具有多个环节、多项工作内容。其中，如何处理好整个供应链管理中各类企业之间的关系显得尤为重要，如图 7-7 所示。

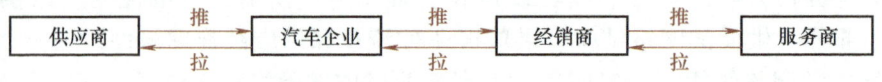

图 7-7 汽车产业供应链关联企业关系

第七章　汽车供应链的信息化管理

图 7-7 所示是一个简单的汽车产业供应链关联企业关系管理模型，它的重点是表示出汽车企业、供应商、经销商和服务商之间的上下游关系。从图 7-7 所示中可以看出，汽车产业供应链关联企业关系存在着"推"和"拉"两种机制，并且服务、资金和信息在供应链中流转。因此，要管理好汽车产业供应链，就必须借助"推"和"拉"两大机制，发挥好核心企业沟通协调的角色，保证服务、资金和信息的有序、高效流转。

供应链的"推"机制是指汽车企业主动联系供应商，设计并制造汽车，通过经销商将产品卖给客户，然后由服务商提供售后服务。供应的"拉"机制是指服务商收集客户的需求，将信息通过经销商或者直接转达给汽车企业，汽车企业根据客户需求设计产品，并选择供应商安排生产，最后汽车由经销商交付给客户。

总体来看，"推""拉"两种机制在当前汽车产业中并存，"推"机制适合那种大规模生产的模式，而"拉"机制更适合为客户定制的方式。

二、汽车产业供应链管理与常规供应链管理的特征比较

如果将产品供应链管理、单一服务供应链管理与多种服务供应链（汽车产业供应链）管理的特征进行对比，可以发现汽车产业供应链具有供应链的共同特征，并且也具有一定的特色。表 7-1 所列是这三种供应链特征的对比分析。由此可见，汽车供应链管理不仅具有生产制造型供应链的特质，也具有服务型供应链的特点。

表 7-1　社区服务供应链特征的对比分析

大类	因素	产品供应链	单一服务供应链	多种服务供应链
	实例	沃尔玛或家乐福	UPS 或 DHL	汽车产业供应链
外部因素	经济全球化	全球采购、全球销售	全球取件、全球配送	全球采购、全球销售
	竞争加剧	世界级销售商已经出现并且市场集中度将进一步提高 世界级销售商与本地销售商间的竞争 多家世界级销售商的全球竞争 不同销售业态之间的竞争	世界级物流企业已经出现，市场集中度将进一步提高 世界级物流商与本地物流企业间的竞争 多家世界级物流企业的全球竞争 物流企业与传统运输企业间的竞争	世界级汽车企业已经出现，并且市场集中度将进一步提高 通过跨国子公司和全球网络展开竞争 国际汽车企业同本土企业的竞争 不同汽车品牌之间的竞争
	信息技术发展	全球超市管理信息系统已经成熟运行	全球物流管理信息系统已成熟运行	全球汽车采购、制造、销售系统已成熟运行
内部因素	产品生命周期缩短	需要加快发掘市场热点的速度	需要加快发掘市场热点的速度	需要不断开发新的汽车产品，以适应客户需求的发展
	产品或服务品种增加	产品大类扩展、数量增加	物流服务大类下的服务项目增加	汽车品种增加，数量增加
	对交货期要求越来越高	全球采购，统一配送	准确的交货服务，顺应精益生产的需要	全球采购、全球制造、全球销售
	对服务和产品的期望越来越高	为客户创造更大的价值	为客户创造更大的价值	为客户创造更大的价值

（续）

大类	因素	产品供应链	单一服务供应链	多种服务供应链
产品和服务	产品/服务特性	实体产品	物流运输，本质是服务	实体产品和无形化服务
	产品数量	种类多、数量多	种类单一、数量多	种类多、数量多
	价目表	统一定价，每一种商品一个价格	统一定价，每一项服务一个价格	统一定价，每辆汽车一个价格
	促销手段	统一促销	统一促销	统一促销
	核心竞争力	低成本、高产品质量	低运输成本，高服务质量	高质量、高品牌效应或低价格
供应链特征	核心企业	大超市销售商	大物流服务商	汽车生产企业
	合作商	全球供应商	全球物流合作企业	各签约经销商、服务商
	财务结算	统一收款，然后支付供应商	统一收款，然后支付给合作企业	统一收款，年底返利
	客户数量	多	多	多
	客户界面	各超市门店	统一服务电话 统一服务网络	各经销商、服务商
	覆盖范围	全球范围，只要有门店在就可以	全球范围，只要当地有合作企业就可以	全球范围，只要当地有签约经销商和服务商就可以
	供应链形式	推式	推式和拉式结合	推式和拉式结合
	业务起点	选择全球供应商，商品上架	选择全球合作企业，提供服务。客户提出服务需求，上门取件	选择全球合作企业，提供服务。客户提出购买需求，进行定制
	业务终点	客户购物，支付货款	送货上门，客户签收	客户接受服务，服务结束

第三节　汽车产业供应链管理的内容

一、汽车产业供应链管理的作用

汽车产业供给者和需求者之间不可避免地存在信息不对称问题。由于信息搜集成本的存在，客户无法了解所有汽车企业和汽车产品的信息，因此无法挑选出最适合自己的汽车企业和产品；而汽车企业也无法掌握来自客户所有的需求信息，因此也无法寻找出最有利可图的业务。汽车供应链管理就是要解决信息不对称问题，帮助客户挑选汽车产品。

另外，对于汽车企业来说，不同的经销商、服务商为同一个客户提供服务的成本是不同的，因为要考虑到距离远近、专业化程度、价格期望等因素，而汽车企业在这其中就起到了一个桥梁作用。在汽车企业帮助客户找到最合适的汽车产品和服务单位时，事实上已经考虑了服务成本因素，而这个业务对被选择的服务单位来说可能也是最有利可图的。通过利用汽车企业自身的资源优势开展积极的协调工作，可以促使客户和服务单位各自价值的有效实现，而这也就是汽车供应链管理的价值。汽车供应供需匹配工作的示意图如图7-8所示。

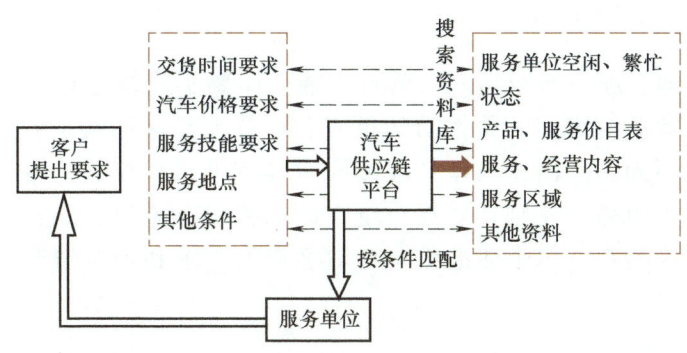

图 7-8　汽车供应供需匹配工作的示意图

另外，运用工业大数据将给供应链管理带来效率的提升。

1. 库存优化

汽车产业利用 SAS[⊖] 独有的功能强大的库存优化模型可以实现在保持很高的客户满意度基础上，把供应成本降到最低并提高供应链的反应速度。

2. 创造经营效益

从汽车产业的供应链渠道，以及生产现场的仪器或传感器网络可以收集大量数据。利用工业大数据对这些数据库进行更紧密的整合与分析，可以帮助改善库存管理、销售与分销流程的效率，以及对设备的连续监控。

3. B2B 电商供应链整合

强大的电商将引领上游下游生产计划至下游销售对接，这种对接趋势是上游制造业外包供应链管理。物流外包上升到供应链外包是一个巨大的飞跃，体现了电商的强大竞争力和整合能力，海量数据支持和跨平台、跨公司的对接成为可能。汽车产业的 B2B 供应链整合具有强大的市场空间，能够改善汽车产业布局、产业链优化、优化产能分配、降低库存、降低供应链成本、提高供应链效率。

4. 物流平台规模发展

汽车产业多样产品的销售供应链的整合有很大的技术难题，如供货周期、库存周期、配送时效、物流操作要求等，这样的物流中心难度很大，工业大数据平台建设将驱动整体销售供应链整合。

5. 产品协同设计

在产品设计和开发过程中，相关人员相互协同，汽车企业的制造能力也能够同步设计和开发过程，这也正是工业大数据的用武之地。

⊖ SAS（Statistical Analysis System）是一个模块化、集成化的大型应用软件系统。它由数十个专用模块构成，功能包括数据访问、数据储存及管理、应用开发、图形处理、数据分析、报告编制、运筹学方法、计量经济学与预测等。SAS 系统基本上可以分为四大部分：SAS 数据库部分、SAS 分析核心、SAS 开发呈现工具、SAS 对分布处理模式的支持及其数据仓库设计。

二、汽车产业供应链流程管理

汽车产业供应链管理应当包括六大管理职能，而要实施管理首先必须明确业务的流程。汽车供应链的业务流程同其他性质的供应链业务流程相比起来，具有两个特点：一是业务流程的对象不固定。由于汽车供应链同时具有推式和拉式的特征，因此有些业务流程针对的是客户，而另一些则针对供应链中的某类服务单位。二是业务流程的实施是动态的，它的载体不固定，每个业务都是针对客户的需求和当时情况，动态选择最合适的单位来提供服务。

1. 客户关系管理

客户是社区服务供应链最重要的资源，这是因为：首先，客户是汽车供应链的客户，能否为客户提供符合要求的服务，是汽车供应链评价的关键指标之一；其次，客户是供应链收入的来源，只有充分获得并且合理分配来自于客户的收入，才能保证汽车供应链的各参与方有足够的动力参与供应链的运作；最后，来自客户的需求还会随着科技进步和经济发展而变化和提高，这是汽车供应链创新的动力和方向。

汽车产业中一对一的客户关系管理，主要体现在经销商、服务商为客户提供居家生活服务方面。例如，向客户推行套餐化的汽车维护保养服务，也就是为客户提供有规律的定期服务。此类服务的价格一般不会很高，主要是为了体现服务者对客户的关心。

同时，有了专业的客户关系管理体系，还可以对客户进行分级管理，提供多种服务优惠，将利益反馈给客户，并让客户充分感受到自身的价值。

(1) 呼叫中心的业务流程　汽车企业呼叫中心是一个能够处理呼入/呼出电话、电子邮件、传真、Web，以及电话反馈的综合性交流枢纽，是一个将服务中心和管理中心功能集成的综合体。呼叫中心作为汽车供应链的客户服务终端，在客户数据库、客户服务数据库的支撑下，在接线员接听电话之前自动迅速调用客户服务记录作为参考，充分掌握客户信息，基于客户信息为客户提供个性化的服务，并对上门服务的质量进行监控，从而提高客户的满意度。

(2) 客户服务与支持管理的业务流程　现代企业对市场的争夺已经演变成了对客户的争夺。对企业来说，客户服务和支持逐渐演变成了争夺客户的一种重要工具和手段。服务具有一次性、无形性、交付和消费同时进行等特点，必须对服务活动提供足够的支持；而服务准备得充分与否，也将直接影响服务的质量。因此，对于服务的管理就显得非常有必要。对汽车产业而言，有效的客户服务与支持管理将提升对客户的服务质量，使客户对服务满意，并成为汽车供应链忠诚的客户。

汽车产业的主要产出品是产品和服务的综合体，因此导致了汽车产业的 CRM 与普通 CRM 有所不同。针对汽车产业的特点制定的汽车产业和支持管理的职能与业务流程见表 7-2。如表 7-2 所示，客户服务阶段的业务活动有很多项内容，因此采用列表的方式将业务流程划分为 4 个阶段：服务前期、服务需求受理阶段、服务阶段和服务完成阶段。每个阶段都可分为若干项工作。

第七章　汽车供应链的信息化管理

表7-2　汽车产业和支持管理的职能与业务流程

阶　　段	职能与业务流程
服务前期	客户关怀 客户信息检查 服务人员配备管理 备品备件管理
服务需求受理阶段	服务请求管理 服务订单管理 数据收集与存储
服务阶段	服务人员调度管理 服务活动记录 发票/票据管理
服务完成阶段	客户反馈管理 客户投诉与纠纷处理 再服务管理 数据收集和处理 市场预测 市场分析 计划与执行 市场活动管理 服务单位监控与分析

（3）**汽车产业市场管理的业务流程**　汽车供应链需要及时从外界接受信息，调整服务项目，以便留住客户，并发展新的客户。因此，汽车产业市场管理就是收集汽车产业市场信息并处理，发挥市场预测、市场分析、计划与执行、市场活动管理和服务单位监控与分析等职能。

汽车产业市场管理的职能与业务流程，如表7-3所示。

表7-3　汽车产业市场管理的职能与业务流程

数据收集和处理	通过记录在所有汽车产业市场管理过程中与客户发生的各种活动，跟踪各类活动的状态，采用各种方法和工具，对数据进一步加工和挖掘，分析客户的需求，并分析各类数据间的关系和关联
市场预测	使用各种模型，对汽车产业市场的变化进行预测，预测结果可以为汽车产业新项目进行规划，对市场投放与开拓工作提供依据
市场分析	依据客户需求，对客户进行分类，寻找最有价值的客户，为他们提供有针对性的、迅速的、高质量的服务
计划与执行	对汽车供应链的宣传与推广活动进行安排和计划，需要事先给出市场分析报告和客户分析的量化结果，对市场营销活动做出计划，确定最能盈利的市场需求和范围，制订计划并执行
市场活动管理	为汽车产业的管理者提供制定预算、计划、执行步骤和人员分派的工具，并在执行过程中实施、监控、反馈和快速响应
服务单位监控与分析	针对新汽车产品，收集有潜力、可以加盟供应链的服务单位信息，并进行筛选

2. 需求与供给管理

需求与供给管理是一个平衡客户需求和供应能力的过程。通过在正确的地方使用正确的程序，这种管理能有预见性地使需求和供给相匹配并能更有效地执行计划。必须注意，这个过程不仅指预测，还包括协调供给和需求、增强弹性、减少波动（牛鞭效应）。

需要强调的是，汽车供应链管理必须有一个稳定、强大的系统来支撑所有的服务信息和服务客户资源，即一个优良的需求/供给系统。这套系统能有效整合汽车产业平台的资源，充分体现平台对服务单位的管理流程，并突出每个客户的唯一性，将客户的信息和服务历史进行详细记录，同时在每次服务中，灵活、迅速地调配有效的服务资源，在最短时间内满足客户的要求。

一个优良的需求与供给管理系统使用点对点的服务，了解关键客户的数据以减少不确定性，并对整个供应链提供有效支持，从而有效地协调市场需求和生产计划，如图7-9所示。

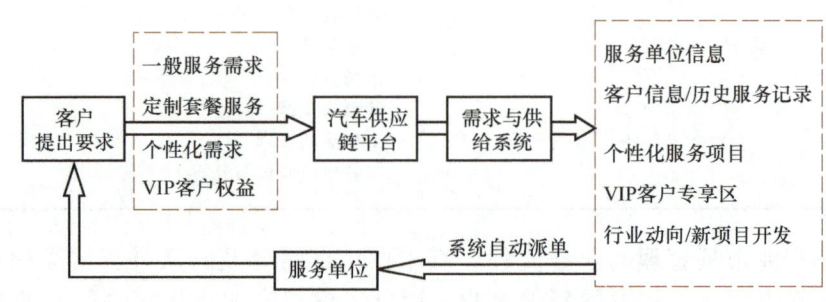

图7-9 汽车产业需求与供给管理的流程图

如图7-9所示，汽车产业需求与供给管理包括三项职能：服务网点配置管理，业务指派管理，供给协同管理。

（1）服务网点配置管理 对汽车供应链核心企业来说，根据客户需求的分布，有选择性地配置网点，一方面有利于降低服务网点的服务成本（通过减少服务距离）；另一方面服务成本降低后，服务价格的下降也能为客户创造更多价值。因此，服务网点配置管理是需求与供给管理的重要内容之一。

服务网点配置管理包括两方面的内容：

1）服务网点配置。根据某个新服务产品的需要，按照客户需求的分布来配置服务网点。服务网点配置的业务流程分为：①计算当前客户需求的分布。②对于需求量高的地区，单独配置服务网点。③将需求量低的地区组合在一起，配置服务网点。

2）服务网点管理。将不符合要求的服务单位剔除出汽车供应链，或者当有服务单位自行离开供应之后，需要补充服务单位，或者当客户的需求分布发生变化后，需要重新配置服务网点。这些都属于服务网点管理的内容。

服务网点管理的业务流程分为：①根据客户服务的反馈，对服务单位进行管理。②如果有服务单位不符合供应链的要求，屡次出错，则将它剔除出供应链。③补充新的服务单位进入供应链。④如果客户需求发生变化，当需求增加，按照需求分布选择服务单位进入供应链；当需求减少，按照服务单位的质量，将最差的单位剔除出供应链。

（2）业务指派管理 客户的需求有共性也有特性，共性是客户可能会在某些项目上有服务需要，从产品结构上说，这是核心产品；特性是客户会依照自身特点对服务提出期望，即期望产品。如何针对客户的需求，选择最合适的服务单位提供最恰当的上门服务，是汽车供应链需要研究的又一个重要问题。

为了解决这个问题，必须对服务进行标准化。汽车的产品和服务可划分为"价格、质量和响应速度"三个指标，然后基于这三个指标对各单位的服务进行细分。对于任何一个客户，在核心产品确定之后，他的服务需求都是基于这些期望，因此，汽车产业中心可以针对客户的期望提供服务。

此外，当服务单位已经达到最大服务上限后，供应链应当停止对它指派任务。因此，业务指派管理的业务流程如下：

1）核心企业对服务项目实施标准化。
2）核心企业对服务单位建立服务清单，并输入服务单位数据库。
3）核心企业座席代表接通客户电话，将客户需求输入受理系统。
4）受理系统计算出最适合客户的服务单位，座席代表与客户协调，如果客户同意，则结束此次受理。
5）如果客户提出异议，则修改或添加客户的需求，受理系统重新出结果，座席代表再次与客户协调，直到受理业务结束。

（3）供给协同管理 当客户的需求较复杂、单一的服务单位无法解决时，就需要进行供给协同管理：由专门的协调员来安排服务活动，并在其中负责协调和控制。这就是汽车供应的供给协同管理，它根据服务的特色来安排服务的时间和次数。协调员通常由有经验的人员担任。

供应协同可分为四个层次：预测协同、库存协同、生产能力协同和事件协同。

汽车供应链的协同属于事件协同，它是针对计划外的例外事件，通过协调员的工作，对客户的复杂需求做出及时、准确的响应。但是事件协同需要协调员的专门工作，因此成本也较高。

供给协同管理的业务流程如下：

1）座席代表接通客户电话，接受客户的需求，并输入受理系统。
2）受理系统无法解决客户的需求，座席代表再与客户协调，如果客户可以接受人工服务（但是价格较高），则将客户转接到协调员。
3）协调员同客户进行协调，确定服务的细节内容：时间、项目、次数等。
4）协调员同服务单位协调，安排为客户服务，并告知客户。
5）协调员对服务进程进行监控。
6）服务结束。

3. 订单履行管理

热线收到来自客户的服务需求，在受理阶段转变为订单。在受理阶段结束后，服务热线将对订单履行状况进行控制。这种控制将体现在以下两个方面：①服务计划控制；

②服务履行控制。

服务计划控制的目的在于依据服务订单，检查服务单位是否及时指派服务人员，以及服务人员的服务日程安排是否与订单吻合、服务履行控制则是按照服务计划，检查服务人员是否按时到达客户家中，并确认服务人员的离开时间。

由于服务人员空间位置上的分散性，因此必须使用一种特殊的通信手段来对服务人员进行监控。当前，国外一些大型汽车企业的服务热线采用短信来对服务人员进行远程监控。具体的流程如下：

1）服务单位接到服务订单，指定服务人员。
2）服务人员接到订单后，发规定格式的短信给服务热线确认。
3）服务热线将确认信息存入业务数据库。
4）服务人员到达客户家后，发短信给服务热线。
5）服务人员完成服务后，再次发短信给服务热线。
6）如果服务人员未能按时到达客户家，业务支持系统将安排座席代表同该服务人员联系，并将联系情况及时反馈给客户。

4. 服务商关系管理

在现代企业中，支付给供应商的成本占到了40%~60%，对于高新技术企业则占到了80%。同样在汽车产品供应链中，支付给服务单位的价格占了汽车产品供应链成本的大部分。因此，对服务单位的选择，在降低供应链运营成本、提高效率与效果方面起到了重要作用。服务商关系管理包括两项业务流程：①服务单位选择；②服务单位管理。

服务单位选择是一个多目标决策问题，需要基于一定的指标体系，对服务单位进行评价。在供应商选择方面，目前基本使用 Dickson 于 1966 年在对代理商和管理人员进行了研究之后，得出的供应商选择 23 条准则来进行。

在汽车产品供应链中，由于服务热线不占有服务单位的股份，对服务单位主要基于合同进行管理。在这种情况下，服务单位基本上是独立自治的。服务单位可能受自身利益驱动而做出有损供应链的事情。对于服务热线来说，一方面对服务单位以利益为导向进行管理；另一方面，做好服务商业务记录，特别是服务纠纷和客户投诉的记录，依照记录对服务单位优胜劣汰。

（1）**服务单位选择**　服务单位选择之前，首先要建立服务单位评价指标体系，参见表7-4。

表7-4　服务单位评价指标体系

质量	服务水平
	服务人员质量
	服务投诉率
成本	距离
	服务价格

(续)

能力	财务实力
	协同能力（能否协助服务热线对服务人员进行管理）
	服务柔性（可接受协调的可能性）
	服务项目数量
交付	响应速度
	服务准时率

服务单位选择的业务流程如下：

1）服务热线分析汽车产品市场环境。
2）选择服务项目。
3）建立服务单位评价指标体系。
4）按照客户需求分布，计算服务单位的地理分布。
5）按照地理分布与评价指标，选择服务单位。

（2）服务单位管理 为了保证服务单位的质量，有必要对服务单位实施优胜劣汰。服务单位管理同样使用服务单位评价指标体系来评价服务单位的好坏。评价的数据来自于业务数据库，通过对数据的统计来计算各项指标的评分，并计算出最终评分，淘汰最差的1~2家服务单位。

服务业务数据库更新的业务流程如下：

1）受理客户服务需求后，在服务业务数据库中建立一条新业务记录。
2）指定服务单位后，更新服务业务数据库记录。
3）服务人员接受任务后，向服务热线发短信，系统自动更新数据库。
4）服务人员到达客户处后，发短信给系统，系统更新数据库。
5）服务人员服务完成后，发短信给系统，系统更新数据库。
6）如果客户打电话来投诉，则更新数据库。
7）如果需要为客户再次提供服务，也要更新数据库。

5. 产品开发管理

对于社区服务供应链而言，所有的汽车产品都会经历开发、发展、稳定、调整的阶段。如果将服务产品的开发进行归纳，可以将它区分为两项管理：①新产品开发管理；②产品调整。

（1）新产品开发管理 新产品开发是一项高难度的工作，它需要对客户的需求进行正确的理解，需要对新产品的概念进行明确的界定，需要对可能的市场情况和规模进行合理估计，需要对服务的质量、特色和价值等要素进行论证，需要对产品的营销推广进行规划。

从市场营销的观点出发，新服务产品的开发过程如下：

1）构思形成。构思大量新服务产品。
2）构思筛选。通过选择来减少可选的新服务产品。

3）概念的形成和测试。将有吸引力的构思形成一个产品概念。

4）市场营销战略的制定。形成将服务产品引入社区服务市场的初步营销战略计划。

5）商业分析。预计新服务产品的销售额、销售成本和利润或收益率。

6）产品开发。形成正式的服务产品。

7）市场试销。将新服务产品部分地投入市场，通过运行来调整供应链。

8）正式上市。新服务产品正式投入市场运行。

（2）**产品调整** 产品调整包括两方面的含义：

1）对产品的调整，包括对服务的内涵、条款、价值等要素进行调整，以适应客户需求。

2）对产品线的调整，将无法吸引客户的服务产品剔除出服务清单，重点培育有市场前景的服务产品。

服务产品调整的业务流程如下：

1）每隔一定时期，对业务进行统计。

2）分析客户需求的变化。

3）找出最受欢迎的、最有潜力的产品和衰退的、衰败的产品。

4）对黄金产品进行调整，重点培育。

5）对衰败产品进行调整，如有必要则将它剔除出产品目录。

6. 投诉管理

客户满意是汽车供应链运行的目标之一。对汽车服务而言，由于服务相对于实体产品具有一定特殊性。例如，交付和消费同时进行、无法保存、无法重复使用等，因此服务的质量更加难以控制。如果在服务过程中发生不愉快的情况，导致客户投诉，甚至可能需要重新为客户提供服务。对于这方面的工作，可归纳为投诉管理。

客户投诉的要点在于掌握客户不满产生的原因，以及责任的归属。如果责任属于客户，则可视情况处理，如果责任属于服务单位，则要更新服务业务数据库，并进行整改。

客户投诉管理的业务流程如下：

1）座席代表接通客户电话，接受客户投诉。

2）座席代表分析投诉产生的原因。

3）如果问题出自服务单位，则系统更新业务数据库。

4）座席代表记录客户投诉，并进行处理。

三、工业大数据背景下汽车产业供应链管理内容

供应链作为企业的核心网链，将彻底变革企业市场边界、业务组合、商业模式和运作模式等。随着供应链变得越来越复杂，必须采用更好的工具来迅速高效地发挥数据的最大价值。汽车企业可在以下领域使用大数据，以更好地进行供应链管理。

1. 精确的需求预测

需求预测是整个汽车产业供应链的源头，销售预测的准确和灵敏与否直接关系到库存策略、生产安排以及对终端客户的订单交付率。企业需要通过有效的定性和定量的预测

分析手段和模型，并结合历史需求数据和安全库存水平综合制订精确的需求预测计划。

如汽车产业，运用专业的软件系统进行精准预测后，可以及时收集何时售出、何时故障及何时保修等一系列信息，由此从设计研发、生产制造、需求预测、售后市场及物流管理等环节进行优化，实现效率的提升，并给客户带来更佳的用户体验。

2. 敏捷、透明的采购平台

为新产品、优化成本而寻找新的合格供应商满足生产需求，同时，通过供应商绩效评估和合同管理，使采购过程规范化、标准化、可视化、成本最优化。

3. 供应商协同效率提升

良好的供应商关系是消灭供应商与制造商间不信任成本的关键。双方库存与需求信息交换、VMI（Vendor Managed Inventory，供应商管理库存）运作机制的建立，将降低由于缺货造成的生产损失。汽车生产企业的采购订单与生产订单能通过各种渠道实现快速、准确的反应，在当前集团化、全球化、多组织运作的环境下尤为重要。订单处理的速度在某种程度上能反映出供应链的运作效率。

4. 供应链计划，与物料、订单同步的生产计划与排程

有效的供应链计划系统集成汽车生产企业所有的计划和决策业务，包括需求预测、库存计划、资源配置、设备管理、渠道优化、生产作业计划、物料需求与采购计划等。企业根据多工厂的产能情况编制生产计划与排程，保证生产过程的有序与匀速，其中包括物料供应的分解和生产订单的拆分。在这个环节中企业需要综合平衡订单、产能、调度、库存和成本间的关系，需要大量的数学模型、优化和模拟技术为复杂的生产和供应问题找到优化解决方案。

5. 库存优化

产品的库存提升和缺货、脱销都会给企业带来巨大损失，因此企业通常都非常重视库存管理。成熟的补货和库存协调机制消除过量的库存，降低库存持有成本。通过从汽车市场的需求变动、安全库存水平、采购提前期、最大库存设置、采购订购批量、采购变动等方面综合考虑，建立优化的库存结构和库存水平设置。

6. 建立高效的物流运输与配送中心管理

通过工业大数据分析结果进行合理的运输管理、道路运力资源管理，构建汽车产业全业务流程的可视化、合理的配送中心间的货物调拨以及正确选择和管理外包承运商和自有车队，可以提高企业对业务风险的管控力，改善企业运作和客户服务品质。

7. 网络设计与优化

汽车生产企业运用大数据，从供应链角度分析的成本、产能和变化更直观、更丰富也更合理，能够对供应链网络的投资和扩建提供决策支持。企业需要应用足够多的情景分析和动态的成本优化模型，帮助企业完成配送整合和生产线设定决策。

8. 风险预警

利用工业大数据进行预测性分析，可以为供应链提供风险预警。例如，问题预测可以在问题出现之前就准备好解决方案，避免措手不及造成经营灾难。还可以应用到质量风险控制，如汽车生产企业生产线全部实现流水化作业，生产线上的传感器可获得大量实时数据，利用这些可以有效地控制产品质量。通过采集生产线上的大量数据，来判断设备运营状况健康状况，对设备发生故障的时间和概率进行预测。这样企业可由此提前安排设备维护，保证生产安全。

总之，工业大数据将用于汽车产业供应链从需求产生、产品设计到采购、制造、订单、物流以及协同的各个环节，通过工业大数据的使用对其供应链进行精确的掌控，更清晰地把握库存量、订单完成率、物料及产品配送情况等，通过预先进行数据分析来调节供求，利用新的策划来优化供应链战略和网络，推动供应链成为汽车生产企业发展的核心竞争力。

第八章　汽车物流的电子商务

第一节　汽车物流的概念与分类

一、汽车物流的概念

1. 物流的概念

物流科学是一门新兴的学科，它最初起源于第二次世界大战期间的美国。美军后勤组织运用了一套科学方法成功地将各种战略物资及时准确地送至全球各地，这套方法在军事上被称为 Logistics（后勤）。战后，这套后勤补给的方法经发展广泛运用在企业的采购、生产与销售的业务流程中。物流科学作为一门综合学科，借鉴运用了运筹学、技术工程学、系统工程、计算机和网络、项目管理等学科的方法和技术成就，获得了蓬勃的生命力。从历史发展来看，人类历史上曾经有过两个大量提供利润的领域——第一个是资源领域，第二个是人力领域。在前两个利润源潜力越来越小、利润开拓越来越困难的情况下，物流领域的潜力被人们所重视，被称为企业的"第三利润源泉"。

国标 GB/T 18354—2001 对物流的定义是：物流是物品从供应地向接收地的实体流动过程，根据实际需要，将运输、储存、装卸、搬运、包装、流通加工、配送及信息处理等基本功能实现有机结合，物流研究的对象是贯穿流通领域和生产领域的一切物料流及相关的信息流。

物流管理是指为支持商务战略而对材料、在制品和库存成品的流通加以控制的系统设计和行政管理。物流管理的魅力在于它的核心理念，它把整个社会看作一个物流运行系统，用信息系统来整合对顾客、经销商、运输商、生产商、物流公司和供应商之间的管理，让物的流动具有最佳的目的性和经济性，消除整个价值上的浪费，让每个参与者都能受益，从而提高整个社会的资源利用水平，提高整个社会的竞争力，抵消市场经济条件下盲目竞争和调节滞后的制度性缺陷。因此，在这种系统管理思想的指导下，每个物流节点都相互联系，从而结成一个物流网，每个节点上的物资都按照区域、属性和服务对象在不同的方向得到集成，按照顾客的要求，准时运送到相应的物流节点，在集成和配送过程中实现其最大的经济性。

2. 汽车物流的概念

汽车产品由汽车生产企业最终到达消费者手中，不仅要进行汽车所有权的转移，而且要经过订货、运输、仓储、存货等一系列物流管理活动，才能实现汽车产品实体的空间转移。汽车物流是集现代运输、仓储、保管、搬运、包装、产品流通及物流信息于一体的综合性管理，是沟通原料供应商、生产厂商、批发商、零件商、物流公司及最终用户满意的桥梁和纽带，更是实现商品从生产到消费各个流通环节的有机结合。广义的汽车物流还包括废旧汽车的回收环节。对汽车企业来说，汽车物流包括生产计划制订、采购订单下放及跟踪、物料清单维护、供应商的管理、运输管理、进出口、货物的接收、仓储管理、发料及在制品的管理和生产线的物料管理、整车的发运等。物流管理的职能是将汽车产品由其生产地转移到消费地，从而克服时间和空间差距，创造时间效用和地点效用。汽车物流是物流领域的重要组成部分，具有与其他物流种类所不同的特点，是一种具有技术复杂性、服务专业性、高度的资本、技术和知识密集性的特点。

随着世界经济的快速发展和现代科学技术的进步，各大汽车制造企业在技术上的优势已经越来越不明显。而对于企业而言，物流已成为企业的"第三利润源泉"，物流战略已成为企业的重要战略之一。汽车物流提供整合的服务和理念，它将以往独立的采购、生产、运输、信息反馈等环节综合起来，从全局化的角度出发来看待，可以为汽车企业节约成本，从而降低汽车的终端市场价格。如果汽车物流运作效率低下，汽车产品的比较优势则不复存在，所以说，高效的汽车现代物流代表着一种新的竞争优势。

物流管理对汽车行业具有非同寻常的重要性。汽车整车及其零部件的物流配送业是各个环节衔接得十分紧密的高技术行业，是国际物流业公认的最复杂、最具专业性的领域。以生产环节为例，汽车零件在工厂中的加工时间仅占5%，其他的95%的时间均在搬运和储存之中，而要把工厂中几百种原材料协作配套件和上万种零件高效地、经济地组织起来进行流动，是一项十分复杂而艰巨的任务，尤其是车间内部物流同生产有着千丝万缕的联系。

二、汽车物流的分类

物流行业原本是制造业的一个环节，但日益复杂的资源整合要求使现代物流业逐步走向专业化并独立发展。按照服务对象的不同，物流企业可以分为通用型物流企业和专业服务型物流企业。前者可以提供跨行业的物流服务，涉及物流产品的种类较多；后者则是基于某行业产品的特性，提供专业的物流服务，如汽车物流、IT物流、钢铁物流、石化物流等。专业服务型物流企业的服务对象主要为汽车制造企业的，归属于汽车物流行业。根据国家质检总局与国家标准委员会联合发布的《物流企业分类与评估指标》（GB/T 18354），按照业务类型的不同，物流企业又分为三类：运输型、仓储型和综合服务型。

汽车物流以汽车或相关产品为服务对象，具有服务标准精密复杂、单件价格高、运输距离较长、对运输准时要求高、运输计划需要复杂的规划管理、全程需要实时监控的特性。这些特性对汽车物流企业在信息化管理、统筹规划、安全防护技术、人员素质等方面提出了较高的要求。

我国汽车产业的高速发展带动了汽车物流行业的快速增长，并形成较为完整的体系。

从不同的角度考虑，汽车物流有不同的分类方式。

1. 按照服务对象分类

（1）**整车物流** 整车物流是在基于时间竞争的敏捷汽车供应链环境中，以整车作为物流服务标的物，按照客户订单对交货期、交货地点、品质保证等的要求进行快速响应和准时配送。整车物流从简单的商品车运输变化为以运输为主体，仓储、配送、末端增值服务为辅的新型物流。

（2）**零部件物流** 汽车零部件物流作为汽车物流中最为复杂的一环，是为了适应汽车制造企业的需求，将零部件及相关信息从供应商运到汽车生产基地，是集现代运输、储存、分拣排序、包装、产品流通及相关的信息流、资金流于一体的综合性管理。

（3）**售后备件物流** 将汽车售后零部件从零部件供应商处或汽车主机厂处组织并供应到汽车售后零部件消费者手中的全过程。由于汽车售后服务具有面向全国市场、网点数量多、终端需求量小、备件品种多等特点，使得其物流运作的要求和难度远远高于成品物流，而且成本核算相对困难。目前，随着国内汽车存量市场规模的逐步扩大，售后备件物流开始受到越来越多相关企业的关注。

2. 按照物流的运作主体分类

（1）**自营物流** 自营物流是封闭性很强的企业内部物流，也是第一方物流。在这种模式下，企业拥有完全的物流设施和人员配备，一般隶属于企业的销售部门。我国汽车制造企业主流物流模式是产供销一体化的自营物流。

（2）**合作物流** 合作物流是指汽车企业剥离物流业务，成立独立运营的物流子公司的一种物流运作与管理方式。例如，安吉物流公司与一汽，它跟一汽是以资本为纽带的，比较接近自营物流模式。它是以汽车生产企业为先导，从一汽的物流需要出发，通过控股，与荷兰TPG集团下属的TNT（天地）物流公司成立了安吉物流公司。安吉物流公司作为独立于一汽的事业部，成为一汽其他产品事业部的第三方物流公司，同时也作为第三方物流公司向外发展业务。

（3）**第三方物流** 第三方物流是指生产经营企业为集中精力搞好主业，把原来属于自己运营的物流活动，以合同方式委托给专业物流服务企业，同时通过信息系统与物流企业保持密切联系，以达到对物流全程管理控制的一种物流运作与管理方式。企业采用第三方物流，可以使企业把资源集中在核心竞争力上，以便获取最大的投资回报；同时也可以降低物流费用。

（4）**第四方物流** 第四方物流是专门为第一方、第二方和第三方提供物流规划、咨询、物流信息系统、供应链管理等活动。第四方并不实际承担具体的物流运作活动。

第二节　汽车行业的第三方物流

一、汽车行业第三方物流的优势

在汽车行业中，有的汽车生产企业设置相应的部门，负责物流运作与管理。供产销一

体化的自营物流，即汽车产品原材料、零部件、辅助材料等的购进物流、汽车产品的制造物流与分销物流等物流活动全部由汽车制造企业完成。制造企业既是汽车生产活动的组织者、实施操作者，又是企业物流活动的组织者与实施者。自营物流的特点是整个物流系统隶属于企业自身，信息沟通方便，指挥调动灵活，便于实现面向生产线的零配件即时配送（JIT 配送）。

但由于自营物流属于整车生产企业本身，它并不能处在一个公平、公正的位置上，往往只从整车生产企业的利益出发，过多地强调保障整车生产企业的生产的连续性，因而，必然会要求零配件生产企业提供远大于实际需要量的库存。此外，自营物流不可能建立专业化的物流网络与设施，不可能为零配件生产企业提供全方位的服务，运营成本也较专业物流企业为高。

鉴于自营物流的缺点，物流业务外包已经成为一种发展趋势，从而带动了第三方物流的发展。通过把业务外包给第三方物流，汽车企业可以卸下包袱，免除人力、财力等多方面的耗费，将自身有限的资源投入核心业务，发挥供应链上的优势，最大限度地拓展自身的核心竞争力。

而作为专业物流企业的第三方物流企业因有其自身的专业化物流运作经验、技术及人才，可以降低物流成本、提高物流水平；通过现代化的物流信息优势，可以满足客户不断变换的需求；可以同时组织若干个客户的共同物流，形成规模效应，从而可以更有效地实施配送，进一步提高物流服务水平。

二、我国汽车行业第三方物流现状

随着汽车技术的快速发展，汽车集成化程度越来越高，对汽车物流的需求逐步增加，汽车物流已进入快速成长期。在市场规模、发展环境、物流市场格局、汽车物流的运作模式等方面出现了一系列的新特征。

1. 从物流发展环境来看，物流产业地位得到国家的认可，物流产业的发展已得到相关政策的照顾

2009 年国务院发布了《国务院关于印发物流业调整和振兴规划的通知》，标志着我国物流业发展迎来新纪元。2012 年 2 月，财政部、国家税务总局联合发布《关于物流企业大宗商品仓储设施用地城镇土地使用税政策的通知》，其中对物流企业自有的（包括自用和出租）大宗商品仓储设施用地，按所属土地等级适用税额标准的 50% 计征城镇土地使用税，极大地促进了车企供应商在仓库建设方面的积极性，有利于汽车生产企业入厂物流的发展。

2. 从市场规模来看，近几年我国的汽车物流市场成长迅速

根据国家统计局和汽车物流年鉴的数据显示，我国汽车物流市场 2012—2017 年规模分别为 4749 亿元、5445 亿元、6037 亿元、6628 亿元、7501 亿元和 8332 亿元，呈逐年增长趋势。汽车业物流费用率在逐步下降，2011 年为 9.6%，2016 年已降为 8.5%。

3. 从国内市场格局来看，少数大型物流企业占据我国汽车物流业主导地位

我国汽车物流业以安吉物流、一汽物流、长安民生物流和长久物流等巨头为主力，占

据了市场的绝大部分份额，其余多数物流公司处于规模小、设施不完善的发展状态。

根据中国物流与采购联合会披露的2017年中国物流企业50强名单显示，安吉物流、一汽物流、长安民生物流和长久物流分别以186亿元、74亿元、68亿元和43亿元收入占据汽车物流企业收入规模排名前四位，承运量超过市场总量的50%，呈现寡头垄断格局，与上游汽车制造业的行业格局一致。国内汽车物流企业中除了长久集团，其他巨头均为车企自建或投资的子公司，市场壁垒仍然很强。

4. 从汽车物流企业的运作模式来看，在规模和增值服务上还有很大的提升空间

据统计，目前物流服务商90%的收益来自于基础性服务，即运输和仓储，而流通加工、物流信息服务和物流金融服务等增值服务的收益只占总收入的10%甚至更低。车辆和备件的通关业务、零部件更换包装、零部件分装、支付代理等能够为它们带来利润的增值业务，由于受自身品牌、社会资源整合能力和资金周转能力的限制还远没有开展起来。

三、我国汽车行业第三方物流存在的问题

从我国汽车物流业务总量来看，我国汽车物流发展迅速，已有一定规模，但是从整个汽车物流行业来看，我国汽车物流还处于起始阶段，还存在不少问题，主要问题有：

1. 经营模式单一，物流外包比例相对较少

与发达国家相比，国内仍然是以产销一体化的企业自主经营为主，这种方式使企业在物流管理方面投入过大，无法集中精力于其核心技术上，而且无法和其他品牌进行合作，致使运输车返程空驶率上升，成本增加，也不利于制定规范标准的进程。2003—2017年，我国整车物流外包比例从46%逐步升至63%，呈增加趋势，但与发达国家80%的整车物流外包率相比仍存在一定的差距。

2. 汽车物流运输方式较为单一，资源利用率不高

整车物流主要采用公路运输，水路运输和铁路运输的比例较小，分别占8%和7%，公路、铁路、水路的多式联运较少。由于公路运输成本较高、单次运量较少，加之政府对公路运输管理的力度加大，公路运输面临更大的压力，为此应该发展多式联运的运输方式，加大铁路运输和水路运输比例，优化配置各类资源，进一步降低物流成本。

3. 汽车物流信息技术不够完善

与发达国家相比较，我国的汽车物流信息技术水平相对较低，在生产采购计划、物流跟踪、销售预测、仓库管理等方面的系统管理不够完善，加之没有与第三方物流公司系统之间形成完全有效对接，致使其物流管理准确率相对更低。

4. 物流标准化进程缓慢

目前，虽然安吉物流等企业也积极参与制定相应的标准规范，但是汽车物流标准化发展相对滞后。在汽车物流运输工具、企业管理、服务规范等方面，均未形成统一的标准。一旦汽车物流供应链环节出现问题，汽车物流企业往往会显得无所适从。

5. 受地区保护影响，市场竞争性不强

针对我国各汽车品牌集团之间的激烈竞争，很多地区为促进本地区的经济增长实行区

域保护政策，造成市场的竞争性不强。由于地方保护主义影响，很多汽车企业都没有采用公开招投标的方式来采购物流服务，很多业务受其影响，使得企业间无法通过自身实力来公平竞争。

四、我国汽车行业第三方物流发展趋势

1. 行业集中度继续提高

汽车物流行业发展至今已经初步形成较为清晰的竞争格局。行业内企业数量众多，但大多数规模较小。以安吉物流、一汽物流、长安民生物流和长久物流为代表的少数几家大型汽车物流企业，占据了较大市场份额。汽车物流行业具有显著的规模效应，以上领先企业具备网络覆盖能力、运力保障能力、服务质量水平、信息化管理等方面的优势，这些优势有利于其获得更多的业务。

未来大型物流企业将进一步提高市场份额，同时业绩增长也使得大型物流企业有更多能力投资于基地建设、信息化管理、市场开拓等方面，形成良性循环。而中小型物流企业效率较低，服务质量难以保证，将越来越难以获得订单，从而转向主要依附于大型物流企业，为大型物流企业提供合作运力。因此总体行业集中度将逐渐提高，形成数家大规模专业化汽车物流企业划分市场的格局。

2. 行业信息化管理水平继续提升

目前我国大部分汽车物流企业经营还较为粗放，信息化程度较低，运力规划能力普遍较差，导致运输车辆使用效率不高。同时由于我国汽车行业集中度较高，汽车物流企业议价能力总体较弱，为提高竞争力，物流企业必须着眼于降低成本，加大在信息化技术应用及管理水平方面的投入。随着国际竞争对手的加入，我国汽车物流行业的竞争会更加剧烈，也促使我国汽车物流行业提升整体技术和专业水平。汽车物流行业将向精益化、标准化、信息化的运营模式发展。

3. 服务将进一步专业化，并向高附加值方向发展

我国汽车产销量经过近年的高速增长，目前增速已相对平稳，商品车物流市场容量增长也逐渐减缓。随着我国汽车保有量不断增加，城市化进程加快，售后备品物流、进出口汽车物流等高附加值的细分领域为汽车物流企业提供了新的利润增长点。

4. 大范围物流资源整合、多式联运将成为趋势

近年来，汽车生产厂商受日益上升的劳动力、土地租金等各方面成本压力，纷纷向中西部地区扩张建厂，汽车生产厂商布局趋于分散，这种趋势导致汽车生产环节物流供应链加长，同时销售环节中物流配送复杂程度增加。

另一方面，各大一线城市汽车保有量逐渐接近交通系统承载能力上限，同时随着我国西部发展战略继续深入以及人民生活水平不断提高，我国中西部地区汽车消费市场快速增长，各大汽车企业逐渐将销售重心转向中西部二、三线城市。

生产基地与消费市场的分散将使目前多数企业采用的"多点对多点"式运输返程空车行驶情况更加严重，造成极大的效率损失，未来大范围物流资源整合成为必然趋势。目前部分有实力的大型企业已经开始建设枢纽性基地，逐渐向"干线运输，支线分拨"

的模式转型,即通过建设区域物流基地,在基地之间配合汽车生产厂商的需求,通过干线运输集中转移,区域内再分别配送,显著提高物流效率。理论上讲,在长距离的区域间集中大批量运输的过程中,铁路、水路运输的规模及成本优势明显。未来运输模式将更多引入水路、铁路资源,促进多式联运发展。

五、汽车行业第三方物流案例

【案例 8-1】

德国 BLG 国际物流公司

德国 BLG 国际物流公司主要为汽车厂商开展物流服务,占地面积 10 万 m^2,仓库面积 230 万 m^2,有员工 87 人。该公司的汽车零配件物流作业分为 5 个区域:到货区、分拣区、加工区、包装区、装货区。与传统的运输公司相比,BLG 提供的不仅仅是装卸与运输,还提供了根据不同进口国的需求进行包装、质量检查、贴标签、更换零部件、喷防锈油、金属焊接黏合以及为美能达复印机提供售后维修等服务。随着全球经济一体化的发展,出现了全球资源一体化、全球生产一体化、全球销售一体化的趋势,而专业化的生产和专业化的销售,客观上就需要专业化、个性化的物流企业为之服务。BLG 国际物流公司之所以能够从传统的仓储企业,迅速发展成集汽车物流、集装箱物流、家用电器物流、现代化冷冻仓储物流和信息化物流咨询服务于一体的大型跨国物流集团,原因就在于此。

目前,公司的汽车物流中心已成为奔驰汽车公司在德国最大的零配件集散地。根据奔驰汽车公司的要求和客户的需要,物流中心将随时把奔驰从整车到各种型号的零部件发往世界各地。自 1999 年控股不来梅集装箱公司后,业务量迅速增长,2000 年集装箱吞吐量已达 270 万标箱,比上年递增 20%。特别值得一提的是,为奔驰公司提供金属焊接黏合的设备和喷防锈漆的设备均由 BLG 物流公司自行投资。BLG 物流公司与奔驰公司是采用较为灵活的方式组成战略联盟的,如上述的加工设备,若因制造商终止物流业务,奔驰汽车公司、宝马汽车公司承诺将物流公司投资设备的余值回购,使得战略联盟的客户关系极为稳定。

【案例 8-2】

安吉的第三方物流梦想

安吉天地最初是由上海汽车工业销售总公司(SAISC)和荷兰邮政集团(TPG)下属的荷兰天地物流控股有限公司(TNT Logistics Holdings B.V)于 2002 年 6 月投资 4951 万美元组建的,是国内首家汽车物流合资企业,也是我国首批 5A 级物流企业及国内最大的汽车物流服务提供商。

早在进军零部件物流之前,作为上汽销售总公司的子公司,安吉天地的前身——安吉汽车物流就已经凭借上汽销售总公司和上汽集团的市场地位,独家经营着上汽集团的合资公司上海大众和上海通用等国内汽车巨头的整车物流业务。在大众和通用汽车厂内下线的整车,都通过安吉汽车物流运送到全国各地。在上汽独步中国市场的黄金时代,安吉分享着上汽巨大的成功果实。2001 年,安吉物流运送整车达 33 万台,营业额也随之大幅上涨,接近 7.6 亿元,占全国市场的 50%,稳居整车物流行业老大地位。

2002年，随着整车物流业务的成熟，安吉物流开始考虑接手上汽通用和上海大众的零部件物流，打造整车生产供应链中新的一环。发达国家的零配件物流成本不会超过15%，但在国内就要翻一番还不止。上海大众一年的零部件物流费用高达十几亿元，如果通过优化物流体系，完全可以将物流成本降至当时的2/3甚至1/2的水平。

很明显，零部件物流技术含量非常之高，使得上海大众不敢轻易放手外包给一个纯内资的物流公司，哪怕有着"血缘"关系。因此，安吉物流不得不考虑用寻找合作伙伴的方式迅速提高自己的管理能力和技术水平。经过仔细筛选，大众和通用的全球合作伙伴荷兰天地物流成了理想的合资对象。荷兰天地物流是全球最大的汽车物流供应商，仅仅在北美市场就为本田的1400家维修站提供网络路径规划服务；在其大本营欧洲，业绩也相当不俗。

2002年下半年，上海大众终于和新成立的合资公司安吉天地签署了为期5年、总价值超过1亿欧元的总包合同，包括零部件入厂物流、售后零部件物流和整车物流等。

目前，这家早年凭借与上汽的"血缘关系"而崛起的企业，正在对上汽之外的客户加大关注，并投入大量资源来扶植曾是"对手"的海外业务。例如，筹建安吉天地在海外的物流基地，为奇瑞汽车、哈飞等厂商的出口车提供零部件物流服务。安吉天地正在努力摆脱依附于上汽集团而生存的现状，努力将自己改造成一个真正的"第三方"物流公司。

安吉天地针对客户的物流需求提供合理的个性化物流服务。以柳州五菱为例，针对客户的物流需求，安吉天地设计了如下物流服务方案：整合物流业务，规划、设计、成立柳州五菱物流中心，全面负责管理柳州五菱的汽车物流业务。物流中心下设立供应物流部、信息中心，负责供应物流的管理与实施。供应物流部下设计划调度室、运输管理部和供应仓储部。其中，计划调度室的主要职责为汇总各类信息，制订原材料物流运输与仓储计划；运输管理部的主要职责为有效利用第三方物流平台的网络优势，以及专业的信息管理服务系统，合理安排车辆的运输线路，降低物流运输成本；供应仓储部的主要职责是使用先进的物流信息系统，提升仓库的管理水平，有效控制库存材料、零件的种类、数量，统一安排生产线的配送计划。信息部门的主要职责是协调、对接柳州五菱的现有与新的物流管理系统，并负责其日常运行、维护以及人员培训等工作。由此减少柳州五菱的配套供应管理工作量。生产计划部门则通过企业资源计划系统直接与第三方物流的管理信息系统进行对接，实现网上下单、查询以及信息反馈，形成快速反应的实时配送物流配送系统。通过物流业务委托，柳州五菱可降低物流设施、人员、资金的投入，从而将资源集中在核心业务上。

第三节 汽车物流的电子商务

一、汽车物流的电子商务系统平台

现代物流理论认为，物流服务的核心目标是在物流全过程中以最小的综合成本来满足顾客的需求，它具有及时化、信息化、自动化、智能化、服务化和网络化等特征。与传

统的储运业务相比，其最主要的优势体现在依靠物流信息的科学运筹管理，通过系列化的先进物流技术支撑，实现及时化、信息化与智能化的物流服务操作与管理，集储存保管、集散转运、流通加工、商品配送、信息传递、代购代销、连带服务等多功能于一体。因此，包括汽车企业在内的企业物流信息流程及信息系统必须与现代物流服务工作的要求相匹配。

信息网络技术是构成现代汽车物流体系的重要组成部分，也是提高汽车物流服务效率的重要技术保障。汽车制造业应积极利用 EDI、互联网等技术，通过网络平台和信息技术将企业经营网点连接起来，既可以优化企业内部资源配置，又可以通过网络与用户、制造商、供应商及相关单位连接，实现资源共享、信息共用，对汽车物流各环节进行实时跟踪、有效控制与全程管理。以此来降低整个供应链上的库存浪费，以信息来取代库存。同时也要加快汽车物流与电子商务的融合，一方面，汽车物流要为电子商务服务，另一方面，汽车物流业要积极运用电子商务，实现电子化的汽车物流。

理想的物流信息平台系统将会集会员管理、数据采集、信息查询、统计分析、信息测评、系统维护等六大功能于一体。在会员管理方面，可进行会员注册、权限管理、收费管理等；在数据采集方面，会员可以向信息平台填报数据信息，各会员企业已使用信息化管理的，提供数据接口完成实时动态信息的采集，没有使用信息化管理的企业按规定的格式及时填报，同时加快信息化建设，实现与信息平台的联网并网；在信息查询方面，可按照会员企业要求设置查询项目及格式，平台定期自动进行各类数据的统计分析，提供统计分析报告，为会员企业生产经营提供决策参考；在信息测评方面，通过对运输负荷率、运力利用率、仓储利用率、分拨中心公共利用率、同一线路的公共利用率等参数的测评，确定汽车物流运行的实际状况，提出改进措施；在系统维护上，发布行业动态、行业法规政策、国外同行业先进经营管理模式、国内最新研究成果等信息，还可进行系统数据备份及系统功能升级等。

通过物流信息平台，汽车生产销售企业可实现动态实时和可视化功能：实时掌握商品车和零部件销售动态图，实时掌握各中转库仓储品种、数量、质量和存储时间；查询特定线路运力资源动态情况，选择合适的运输企业和运载工具；与第三方物流企业监控系统链接，对运载工具运营状况实时监控；选择联盟企业的冗余存储能力，自动与仓储商仓储管理系统接口，实现对库存商品车的动态管理。

同时，第三方物流企业也可通过平台实现以下的功能：查询汽车物流的流向及流量，设计运输线路，调配运输资源；实现与汽车生产销售企业物流数据共享；实时掌握汽车物流的流向和流量；实现联盟第三方物流企业之间数据共享；实现共同物流，提高运输车辆装载运输效率；向生产销售企业提供冗余资源情况和运力、仓储信息。

二、汽车物流的电子商务功能

为了适应汽车企业对物流信息管理的要求，实现对于物流业务的及时化、信息化、智能化、网络化操作，汽车企业的物流信息系统必须对以下几个功能进行有效的整合与集成，建立相互之间的信息交换与传递，建立相应的功能连接，从而实现对于物流业务的统筹运作与科学管理。

1. 需求管理功能（也可称为客户管理）

需求管理的职能是收集客户需求信息、记录客户购买信息、进行销售分析和预测、管理销售价格、处理应收货款及退款等，通过对客户资料的全方位、多层次的管理，使汽车企业与经销商以及客户之间实现流通机能的整合、信息分享、收益及风险共享，从而在供应链管理模式发展下实现跨企业界限的整合。

2. 采购管理功能

采购管理功能主要是面对供货商的作业，包括向汽车零配件厂商发出订购信息和进货验收、供货商管理、采购决策、存货控制、采购价格管理、应付账款管理等信息管理系统。同时将之与客户管理系统建立功能连接。

3. 仓库管理功能

该系统包括储存管理、进出货管理、机械设备管理、分拣处理、流通加工、出货配送管理、货物追踪管理、运输调度计划、分配计划等内容信息的处理，同时与客户管理系统建立连接。该系统可以对所有的包括不同地域、不同属性、不同规格、不同成本的仓库资源实现集中管理。采用条码、射频等先进的物流技术设备，对出入仓库货物实现联机登录、存量检索、容积计算、仓位分配、损毁登记、状态报告等进行自动处理，并向系统提交图形化的仓储状态。

4. 财务管理和结算功能

财务管理系统主要是对销售管理系统和采购系统所传送来的应付、应收账款进行会计操作，同时对配送中心的整个业务与资金进行平衡、测算和分析，编制各业务经营财务报表，并与银行金融系统联网进行转账。同时，结合成熟的财务管理理论，针对物流企业财务管理的特点，根据财务活动的历史资料进行财务决策，然后运用科学的技术手段、有关信息、特定手段和方法进行财务预算、财务控制，并进行财务分析。结算功能主要是充分利用现有的业务信息管理系统和计算机处理能力，以达到自动为客户提供各类业务费用信息、大幅度降低结算业务工作量、提高结算业务的准确性和及时性为目的，从而为汽车企业的自动结算提供一套完整的解决方案。

5. 配送管理功能

以最大限度地降低物流成本、提高运作效率为目的，按照实时配送原则，在多购买商并存的环境中，通过在购买商和各自的供应商之间建立实时的双向链接，构筑一条顺畅、高效的物流通道，为购买、供应双方提供高度集中的、功能完善的和不同模式的配送信息服务。

6. 物流分析功能

通过应用地理信息系统（Geographic Information Systems，GIS）技术与运筹决策模型，完善物流分析技术。通过建立各类物流运筹分析模型来实现对物流业务的互动分析，提供物流一体化运作的合理解决方案，以实现与网络伙伴的协同资源规划（Cloud Resource Planning，CRP）。

7. 决策支持功能

除了获取内部各系统业务信息外，关键在于取得外部信息，并结合内部信息编制各种分析报告和建议报告，提供分析图表与仿真结果报表，供配送中心的高层管理人员作为决策的依据。通过建立决策支持系统，及时地掌握商流、物流、资金流和信息流所产生的信息并加以科学地利用，在数据仓库技术、运筹学模型的基础上，通过数据挖掘工具对历史数据进行多角度、立体的分析，实现对企业中的人力、物力、财力、客户、市场、信息等各种资源的综合管理，为企业管理、客户管理、市场管理、资金管理等提供科学决策的依据，从而提高管理层决策的准确性和合理性。物流中心的信息系统必须对各类管理系统进行有机整合与集成，在相互之间建立相应功能的连接，从而实现对于各类信息的交换与传递。

三、汽车物流电子商务的信息管理系统

汽车物流电子商务的信息系统由两大部分组成，分别为两大支撑分系统和四大功能分系统。其中，两大支撑分系统分别是指以互联网/内联网/外联网系统为内容的计算机网络分系统和以零部件管理数据库、整车管理数据库、物流计划管理数据库和运输管理数据库为内容的数据库分系统，前者为信息的传输和网络的计算提供通道和平台，后者则负责对各功能系统运行所需求的数据及其运行所产生的数据进行管理和储存或者对分布于不同地点的、异构的数据库进行有效互联，它们共同为一体化物流信息系统的各功能分系统的运行提供支撑环境。

四大功能分系统则由计划管理分系统、零部件管理分系统、整车管理分系统、运输管理分系统组成，它们在支撑分系统的支持下，通过有机的信息交换与共享，实现一体化物流管理的整体功能，满足一体化物流管理的信息需求，如图8-1所示。

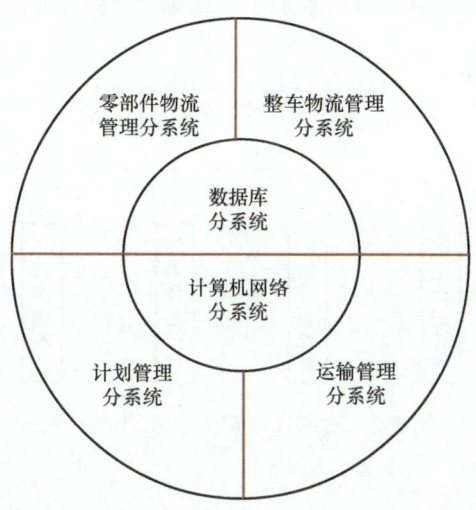

图8-1　汽车物流一体化信息管理系统的总体结构

各物流信息分系统的设计及其功能分析如下：

1. 计算机网络分系统

计算机网络是整个系统运行的基础。它为系统中信息的共享、交互和处理提供了必要的信息通道和控制机制，是整个系统的重要支撑技术之一。计算机网络分系统的开发要

在充分考虑企业现有计算机基础的情况下，依据设计和开发目标，以及各功能分系统和数据库分系统对网络功能与性能的需求，采用先进的网络技术以及可靠的网络硬、软件产品来建设信息交换网络，使它成为既便于企业内部各部门之间交换信息，又能与国内外的厂商和客户交换信息的实用、安全、先进、开放的计算机网络系统。

按照系统的实用性、开放性、安全性和可扩充性原则，典型的物流信息管理系统采用 Browser/Server（简称 B/S）计算模式进行设计。三层 B/S 计算模式的 3 个层次，分别为表现层、功能层和数据库访问层。其中，表现层通过网络浏览器实现对信息浏览和各种物流指令的下达，从而完成用户接口的功能；功能层则主要是在提供了 CGUASP/PHP/Java 技术和工具的 WEB 应用服务器上实现客户应用功能的完成；数据库访问层是通过关系数据库对各种物流数据信息进行分布式管理，完成对各种数据的查询、更新、删除。

2. 数据库分系统

数据库分系统是整个系统运行的后台支持基础平台，具有定义数据结构和方便地对数据进行操纵、保证数据正确性和一致性、提供并发控制、保证多个用户操作时数据库中数据的正确性等功能，是物流信息系统的另一个重要支撑技术。当为一个系统建立数据库时，对以下三大问题必须给以首要关注：其一是快速响应能力；其二是高效稳定的数据存储能力；其三是数据的安全保护。

3. 计划管理分系统

计划管理分系统的主要功能是承担汽车生产物流业务管理层面上的计划管理。物流计划管理分系统结构图如图 8-2 所示。从图 8-2 可知，汽车物流计划管理系统主要包括以下六个子系统：入库计划管理、配送计划管理、运输计划管理、能力计划管理、查询管理和系统管理。

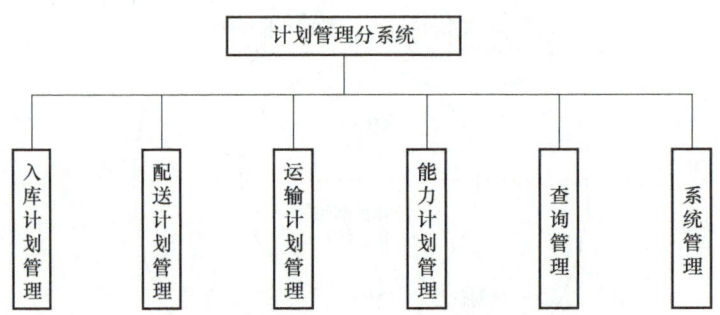

图 8-2　物流计划管理分系统结构图

各子系统功能如下：

（1）**入库计划管理**　入库计划管理是指在一定的时间范围和时间序列下，对零部件配送中心、看板和汽车整车分拨中心及整车区域存储中心将要接收的入库零部件、原材料、汽车整车等物料的品种及数量的计划安排，具体可分为零部件入库计划、整车入库计划和其他材料入库计划三项内容。对于零部件的入库计划，其制订是由企业销售订单生产的采购计划而形成的，除详细指明入库零部件的名称、规格型号、数量、重量及入库时间外，还必须指明其现在包装形式以及条形码或其他形式的编码等内容。对于分拨中心而言，整车的入库计划主要是依据汽车制造车间的整车下线计划和整车销售订单状况而定。对于各区域存储中心而言，整车的入库计划则根据整车销售订单而定。

关于入库计划制订的资源约束，除了上述因素之外，其同时还受到企业目标、政策法规、标准规范和物流协议等因素的控制，以及现有可用物流资源的约束。

（2）**配送计划管理** 配送计划管理是指为了进行制造支持和销售支持而做的配送任务安排，它实际上也是出库计划的另一种表现形式，包括零部件的制造配送计划、零部件销售配送计划、整车的销售配送计划等。制造配送计划的制订依据是整车厂的生产计划或 ERP 系统生成的物流需求清单。一般来讲有年度配送计划、季度配送计划、月配送计划和周配送计划等。对于每天或每小时由总装生产线传来的零部件需求或看板信息则直接生成配送中心的配送作业计划或配送任务清单。零部件销售配送计划制订的依据是零部件销售计划和各汽车维修网点的零部件需求订货；整车配送计划主要是指按照销售部门的销售订单情况而做的整车分拨计划，包含整车分拨的时间、地点、数量和型号等。整车配送计划的另一个方面是各区域存储中心之间的整车调拨、中转以及因质量问题而进行的整车召回、返修、废车回收等逆向物流计划。配送计划管理子系统输出配送计划的同时向能力计划子系统提出能力需求，向运输计划管理子系统提出运输需求。

（3）**运输计划管理** 运输计划管理是为了实现配送任务而对其需要的运输需求所做的计划管理安排。其主要包括四个方面：①零部件的采购运输计划，是指从零部件供应商到配送中心的运输计划；②从各配送中心到生产线工位的配送运输计划以及少量的配送中心之间的调转运输计划；③零部件销售配送运输计划，是指从零部件配送中心到各汽车维修中心、零部件经销网点的运输计划；④整车从分拨中心到各区域存储中心以及区域存储中心间的调转运输，少量整车召回、返修和废旧汽车回收运输等。运输计划必须指明待运货物的名称、数量、重量、外形尺寸、包装形式、时间限制以及对运输工具的特殊要求等。运输计划一方面向能力计划管理子系统提出运输能力需求，一方面对运输管理分系统下达运输任务。

（4）**能力计划管理** 能力计划管理是指为了完成一定的仓储、配送和运输等物流目标而对所需的人力资源、设备设施资源、原燃材料资源以及资金资源、经营环境等诸多方面的能力需求所做的计划。通过能力计划管理可以弄清物流系统潜在的不足之处、运作障碍以及运作瓶颈等，帮助确认哪些业务应该或者必须实行物流外包以及物流资源投资的方向和力度等。

（5）**查询管理** 查询管理子系统的功能是向系统用户和合法客户提供有关计划的查询服务。

（6）**系统管理** 系统管理子系统的功能主要有两个方面：一是对有关计划管理分系统的系统配置管理，如基础数据、编码等的录入和管理维护；二是对用户角色和权限的建立、修改和维护管理等。

4. 零部件物流管理分系统

零部件物流管理分系统的主要功能是以零部件配送中心、原材料仓库和看板等存储设施为中心进行的零部件入库、搬运、再包装、仓储和配送等管理，并以此将采购、生产和配送有机地联系起来。零部件物流管理分系统共有六个子系统，分别为委托单管理子系统、仓储管理子系统、配送管理子系统、核算管理子系统、查询管理子系统和系统管理子系统，如图8-3所示。

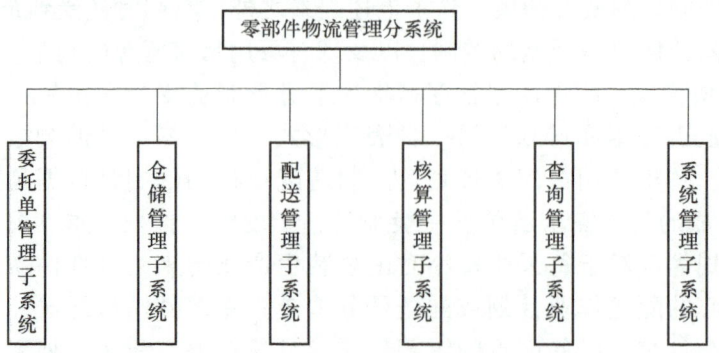

图8-3 零部件物流管理分系统

（1）**委托单管理** 委托单管理也可以被称为物流订单管理，因此委托单管理子系统也可称为订单管理子系统。整个配送中心的业务运作都是由委托单来牵引和驱动的。零部件物流管理分系统的委托单主要有三类：采购入库委托、生产配送委托和零部件销售配送委托。采购入库委托是用来记录和管理整车生产部门对零部件的采购入库委托，包括录入、查询和修改等；生产配送委托用来记录和管理整车生产部门向配送中心发送的面向生产线工位的零部件配送委托，配送中心根据该配送委托成配送任务单，并以此进行零部件的生产工位配送操作；零部件销售配送委托是零部件销售部门根据零部件分销商、经销商或厂商以及特约维修中心等客户的零部件订货单生成并交由配送中心执行零部件销售配送管理和服务。

（2）**仓储管理** 仓储管理子系统的主要功能是对零部件的入库、在库、出库和质量状态跟踪，以及退货、工位器具等进行管理。其具体内容包括零部件的入库管理、在库管理、出库管理、工位器具管理和质量状态跟踪管理五项内容。

其中，入库管理功能可分为三部分：一是根据入库委托单，做入库作业计划，生成入库作业单，按入库作业单进行实物的入库操作，即卸货、搬运、拆包装和按库存包装要求再包装、打条码、归位等；二是在实物入库后，系统记录各零部件的实际准确存放的库区、库位等位置信息；三是对于退货的管理，退货也作为入库处理，只是入库类型为退货入库。

在库管理是对零部件储存在配送中心的各种活动和状态进行的管理，其功能有库存盘点、库存调整、库存移位、储备分析、残损品管理、报废管理等。库存盘点是指对所有库存进行的全面清查，确保实物与账目的一致性；库存调整就是在库存盘点后为了达到账物平衡而进行的账目调整，做盘盈盘亏处理；库存移位就是在根据实际需要面对零部件的实际库存位置调整变化后进行系统修改记录；储备分析的功能是对零部件的库龄分析和安全库存分析；残损品管理是对在库的零部件残损品进行管理，包括录入、查询和修改等功能；报废管理是对报废的零部件进行处理，采取的处理方式是做出库处理，只是处理时注明为报废出库。出库管理的功能是根据配送委托单生成出库作业计划。

出库作业计划可分为两类：一是生产配送出库作业计划；二是销售配送出库作业计

划。根据以上两类计划,生成拣货单进行出库作业,在实物出库后,进行系统记录并释放所占库位。

工位器具管理是指对在配送中心内部和生产配送过程中所用的包装及定位用的器具等进行管理。质量状态跟踪管理是对零部件的质量状态进行跟踪记录,包括录入、查询和修改等。

（3）**配送管理** 配送管理子系统的功能主要包括生产配送管理和销售配送管理两部分。生产配送管理是根据生产配送委托单生成备料计划,或按生产线传过来的看板信息进行拣货、分装和配送,若配送过程中需要运输管理分系统的支持,则向运输管理分系统提出运输需求;销售配送管理根据销售部门的销售配送委托单生成备料计划,然后依此进行拣货,按运输要求进行包装,向运输管理分系统提出运输需求,并按卸货顺序和零部件的尺寸重量等具体特点进行配载。

（4）**核算管理** 核算管理是一体化物流管理的一个十分重要环节。核算管理子系统的主要功能是对零部件物流管理过程中产生的各种费用进行管理和维护,负责向专业的财务系统提供基础财务数据,并与财务和客户进行对账和结算。核算管理主要分为费用管理、应收/应付管理和实收/实付管理三部分。费用管理主要包括仓储费、运输费和装卸与包装加工费;应收/应付对账单主要用于和客户进行对账并与实收/实付一起提供查询和及时核销。核算管理通过预定的成本目标控制物流活动成本的产生,并以报表的形式用于物流成本分析。

（5）**查询管理** 查询管理子系统的功能是为相关需求方提供系统查询和相关统计报表。系统查询内容主要包括两部分:首先是库位查询,其次是库存查询。通过库位查询可以知道目前的库位使用情况,以便进行合理的出入库安排;库存查询则可以获得有关在库零部件的种类、数量、状态等信息。统计报表主要有质损统计分析、绩效统计分析和费用统计报表分析等。其中,质损统计分析是对出现质量问题的零部件进行种类、数量、价值等方面的统计和分析;绩效统计分析是对仓库利用率、零部件周转率、配送及时率、差错率等进行的统计分析;费用统计报表分析是指对企业各项物流成本进行的统计分析。

（6）**系统管理** 系统管理子系统的功能总体包括两个方面:其一是对零部件物流管理过程所需的基础数据资料的管理,如由地区分类、客户分类、货物分类、仓库分类、承运商分类等组成的分类体系和由客户档案、仓库档案、客户价格条款和仓储价格条款等组成的编码档案,以及由收发类别、计费方式、包装类型、计量单位、部件结构、零部件状态等组成的其他一些基础数据的录入设置、修改和管理维护;其二是从系统的角度对操作系统的用户、权限以及数据维护等方面的管理。

5. 整车物流管理分系统

整车物流管理分系统的主要功能是对下线后整车的收车、分拨、仓储等环节进行管理。它以整车分拨中心作为管理的基础和核心,管理内容包括汽车下线后进入分拨中心的检验、入库、在库管理、分拨管理和各区域汽车存储中心的管理,以及整车的退货、招回、返修、回收等逆向物流管理等,同时提供整车库存查询与分析功能,接受计划管理系统的计划控制信息,并向计划管理分系统提供其所需的物流业务数据,向运输管理分系统提出运输需求，获取运输管理分系统的装运与到货等信息。整车物流管理分系统由整车收车管理子系统、整车仓储管理子系统、整车分拨管理子系统、核算管理子系统、查询管理子系统和系统管理子系统构成，如图8-4所示。

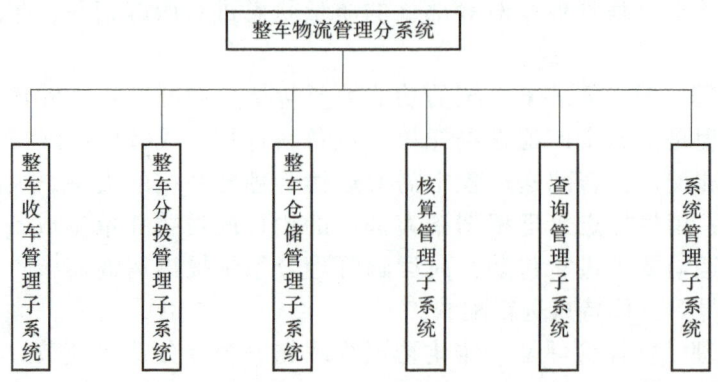

图8-4　整车物流管理分系统

（1）**收车管理**　整车收车管理子系统的主要功能是对下线后的整车在进入分拨程序前的整车验收、随车资料、车钥匙、批次、条码和掉队车辆七项内容的管理。其中整车验收包括整车从流水线上下来后，经检验合格后贴合格证、按合格证号对整车进行登记、记录其他相关编号等内容；整车随车资料管理是指对随车清单、合格证、质量保证书、用户手册等随车资料的管理，同时提供录入、修改和查询等功能；车钥匙管理功能可描述为在车钥匙编号后，为每辆车配车钥匙，车钥匙号与合格证号一一对应，同时也提供录入、查询和修改等功能；批次管理主要是记录每辆车归属于某一个批次的批次号并提供录入、查询和修改等功能；掉队管理是指对检验不合格，需要返回生产线进行处理的整车，进行重新验收、配钥匙和分拨；条码管理是指对汽车进行编码、打码和读码几个环节的处理和管理的过程。

（2）**仓储管理**　整车仓储管理子系统的功能主要由整车入库管理、出库管理和在库管理三项内容构成。其中，入库管理内容包括仓库管理员按批次分解对整车入库单、作业计划单和入库作业单的制作；出库管理包括出库作业计划和出库作业单的制作、装卸工人按此单进行出库作业，以及在汽车整车出库完毕后，系统释放以前占用库位、产生出库清单等过程；在库管理是指对储存在整车存储中心和各区域存储中心的商品整车的各种活动和状态进行的管理，它包括库存盘点、库存调整、库存移位、储备分析、整车残损品管理、整车报废管理、整车退化管理、技术状态维护以及油料管理等子功能。

（3）**分拨管理**　整车分拨管理子系统的功能是以分拨中心为核心对整车物流进行管理。它通过制订分拨计划和执行整车分拨来间接管理和控制整车存储中心和区域存储中心的出入库和在库管理工作，对所有整车的来龙去脉进行统一调度和控制，同时依据分拨清单向运输管理分系统提出运输需求计划。其中，分拨计划的制订是由分拨中心根据来自计划管理分系统整车入库计划和生产线的下线计划，以及销售部门的销售订单和库存情况来制订的，其主要内容包括整车下线后进入存储中心的入库计划、客户自提的提货计划、直接发运到客户或区域存储中心的直接发运计划、由整车存储中心到区域存储

中心的调拨计划、由整车存储中心到客户的发运计划等，以上每种计划都应注明整车的型号、数量、收货人、收货地点等。除此之外，还应分明细注明每辆车的序号、颜色等；整车分拨功能是指根据分拨计划，结合其他入库计划及区域存储中心现有库存情况制作分拨清单，并依此产生实际的分拨作业任务。

（4）**其他管理**　核算管理子系统的功能与零部件物流管理分系统中的核算管理子系统功能一样；查询管理子系统、系统管理子系统的功能与零部件物流管理分系统中的查询管理子系统、系统管理子系统的功能类似。此处均不再详述。

6. 运输管理分系统

运输是汽车物流中的重要环节，在各个环节中运输时间及成本占有相当的比重。现代运输管理是对运输网络的管理，在这个网络中传递着不同区域的运输任务、资源控制、状态跟踪、信息反馈等信息。手工控制运输网络信息效率低、准确性差、反应迟缓，无法满足客户需求。为提高汽车物流整体管理水平，运输管理信息系统是必不可少的工具。

运输管理信息系统是基于网络环境开发的支持多网点、多机构、多功能作业的立体网络运输管理软件。通过衡量、分析、运用现代物流管理方法进行货物分拨和运输调度管理。其具体功能需求如下：

（1）**接单**　通过运输管理信息系统与客户 ERP 接口实现自动接单，或通过业务人员电话、传真接单，然后录入系统。

（2）**调度**　调度作业是运输作业的中心。调度需要准确及时地掌握内外可以利用的资源状态、任务状况，负责对各项任务分配资源并控制作业进程。由于调度工作的烦琐、复杂、多变，人工完成作业经常会出现差错，或资源利用不合理、作业效率低。运输管理信息系统实现计算机辅助作业、优化资源利用效率、自动组合同类作业，确保作业的准确性。

（3）**跟踪与反馈**　对货物状态的跟踪与及时反馈是体现运输服务水平、获得竞争优势的基本功能。运输管理信息系统通过与 GPS 的无缝连接，做到对货物的实时跟踪，从而能够按照不同要求为客户提供实时的状态信息反馈。

（4）**费用管理**　运输管理信息系统可根据每一笔业务的实际活动成本来确定其收益，以便于管理人员分析利润来源，确定进一步的业务发展方向。同时，系统能够对相同的作业进行对比分析，从而控制各种可利用资源的成本。

（5）**实现作业优化**　运输管理信息系统能够实现作业优化，如充分利用返程车资源、运输线路优化等，有效地利用资源，降低成本。

四、汽车物流电子商务案例

【案例 8-3】

沃尔沃物流电子商务把"特短"变"特长"

瑞典的沃尔沃汽车集团（Volvo Group）曾有这样的苦恼：由于生产与物流环节不畅，而出现了多年库存积压的现象。沃尔沃公司看到，汽车全球物流运作过程中大量的原材料、半成品、零部件和产成品均承受沉重的费用负担，大幅度降低成本是当务之急；同时客户对汽车物流提出越来越高的标准，迫切要求供应商随时提供有关订货情况和所需

货物的实时信息。解决这些问题的关键，在于提供实物分销或者供应运作的信息以及传递这种信息的能力。

汽车的订货与供货是一个庞大的物流过程，提供一个从头到尾与客户保持紧密联系的解决方案，是提高物流效率的必要手段。经过认真的市场调查和专家咨询以后，沃尔沃汽车集团下属的沃尔沃物流公司拨出巨额投资，推出了专门为出口物流提供合作物流操作的全新物流电子信息系统，把汽车制造、零售商、汽车部件生产商、承包商、托运人、承运人和运输公司全部联结在一起。这套系统于2001年初正式引进，同年10月在沃尔沃集团全面推广。

沃尔沃物流公司的配送应用信息系统A4D是一种全新的、覆盖面非常广泛的出口物流信息系统网站，从汽车生产流水线车间到交货地点，出口链上的所有部门和外商合伙人都能访问该网站的电子商贸平台，确保供应链的透明度。

该电子信息系统的性能主要包括：

1）确保向消费者提供精确的交货信息。
2）缩短汽车从订货到交货的时间。
3）为客户提供灵活、优先和便捷的交易操作。
4）能够同时进行沃尔沃品牌以及其他汽车品牌的交易。
5）降低管理成本、产品库存量和经营成本。
6）明确显示产品的详细情况，包括开始生产、完成生产和从订货到交货的时间，物流配送操作和周边成本，以及交货时汽车的质量。
7）及时参与新产品的物流规划。例如，当沃尔沃汽车生产厂商设计出一种全新型号的沃尔沃汽车车身产品时，沃尔沃物流公司立即着手为这一新型沃尔沃汽车提前安排物流操作计划和运输规格。这方面的工作全部由沃尔沃物流公司完成。现在汽车消费者的主要注意点已经不在交货时间上了，而是落在交货质量和汽车的销售成本上，对于汽车产品进行全程监视的A4D电子信息系统，可以有效地解决这个问题。

通过电子数字交换或者通过A4D系统互联网，可以对每辆汽车进行跟踪和监督，取得有关数据。这一套系统可以实际应用到客户订货合同中规定的每一项细节，把生产厂商提供的产品、客户的订货和市场销售系统有机地结合起来，使汽车零售商能够通过A4D系统互联网络，清楚地了解新型汽车产品的信息。

与此同时，沃尔沃汽车集团的配送系统随时向承运人和其他有关运输公司提供信息。每当汽车零售商把客户的订单输入信息系统后，A4D网络系统立即开始计算出"交货许诺"，根据这个"许诺"，有关汽车从生产、装配、包装、运输一直到交货的每一步都可以安排好。沃尔沃汽车集团在A4D信息系统中设立的"前期程序"，把订单上每一辆汽车从生产点到交货点的路线都编制成信息，再把信息发给零售商或者销售商。如果有必要，该信息系统会自动调整交货时间。总而言之，沃尔沃汽车物流公司通过网络与多家承运人保持密切的联系，具有多种运输方式可供选择，有足够的能力优化组织交货。

由于现在沃尔沃汽车集团基本上都由网络信息系统指导，以销定产，生产的汽车数量、型号、内部装饰、配件都可以得到控制，过去曾有过的库存积压的现象已经不复存在。

在过去的几年中，沃尔沃物流公司在联合承包和提供物流等方面积极发展与其他汽车生产厂商的合作，如美国的福特汽车公司、日本的陆虎（兰德罗孚）汽车公司、法国雷诺汽车公司和美国的麦克货车有限公司。但是沃尔沃物流公司本身并不拥有对外运输的承运工具，所有的对外运输车辆全部是租用的。因此，沃尔沃物流公司必须通过签订协议和合同，与远洋承运人的货运代理和其他运输公司的物流部门和运输部门保持密切的业务联系，随时通过他们提供的运输服务，把出厂的沃尔沃汽车送到每一个汽车销售点。物流电子商务管理系统无疑为沃尔沃有效监控与合作伙伴的业务联系提供了良好的基础。

【案例 8-4】

长安汽车集团运用第三方物流提升企业经营能力

长安汽车集团把过去由公司承担的零部件和整车的库存管理及配送物流业务从企业的主体中分离出来，全部外包给第三方物流公司——长安民生物流公司，充分发挥其在仓储、配送等方面的专业运作优势，建立起高效、快捷的通道，从而大大提高了长安汽车集团的物流效率，并使物流业成为长安汽车集团新的利润源泉。物流外包有利于长安汽车集团充分发挥其生产制造方面的核心优势，将资源集中配置在核心业务上，促进汽车新产品的开发与产品质量的提高。当然，物流外包也会使制造商对物流活动的控制力相对减弱。

图 8-5 所示是第三方物流企业以物流信息系统为支撑的整体解决方案。通过对内部作业流程进行有机整合，加强物品需求、采购、运输、仓储和配送等环节的计划及执行的透明度，提高物流企业经营的可控性、高效性，降低总体资源消耗成本，提高客户服务水平。

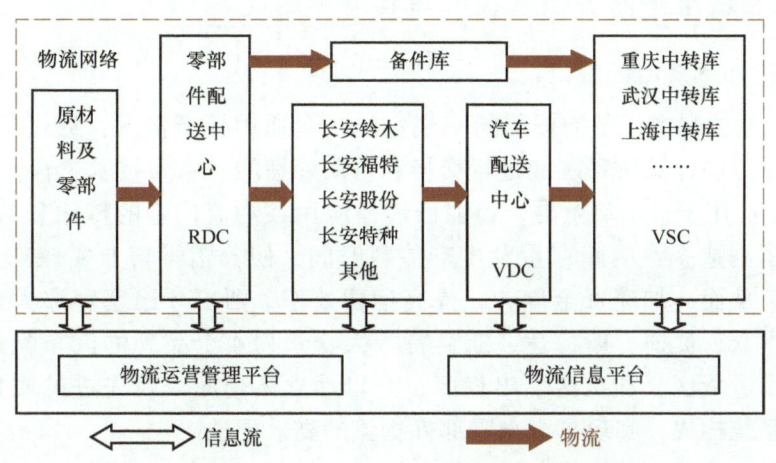

图 8-5　长安汽车集团物流系统总体架构

第三方物流除了整合物流业务外，还主要针对长安汽车股份公司和长安福特的区域配送中心（Regional Distribution Center，RDC）和整车物流配送中心（Vehicle Distribution Center，VDC）开发管理信息系统。长安民生物流公司对长安汽车集团的采购物流（Inbound Logistics）和销售物流（Outbound Logistics）进行系统管理，建立了适应 ERP 系统准时制作业模式的零部件库存管理信息系统和零部件配送中心管理信息系统，形成无

缝连接的供应链管理。该系统主要包括下列几个子系统：零部件配送中心管理信息系统、整车发运运输管理信息系统，这些系统通过与 ERP 系统的接口，提取 ERP 系统数据，完成零部件的收货管理、出库管理，并且通过物料卡的使用，使公司与配套公司企业实现了落地结算管理方式，进一步减少了库存资金占用，提高了物流运行效率。长安汽车集团物流系统总体架构如图 8-5 所示。

第四节　汽车物流电子商务的技术及其应用

没有现代物流的技术与设备，就不可能有现代物流的形式与内容，尤其目前人们所津津乐道的"第三方物流""全程物流"更是基于计算机及网络信息技术的成熟才形成并发展起来的。物流技术与设备是现代物流活动的工具与手段。"工欲善其事，必先利其器"。要探讨现代物流的内涵，必先好好认识研究现代物流技术与设备的内容；进行物流形式的创新，必先有物流技术与设备的创新；提高物流活动的效率，必先改进物流技术与设备的性能。

物流技术是一个比较大的范畴，而目前一般的理解是指以信息交流与处理为核心的技术，主要包括 EDI 技术、条码与自动识别技术、射频识别技术、GPS 技术、GIS 技术、移动通信技术，还有比较先进的自动分拣（ASS）技术、自动存取系统（AS/RS）技术和自动立体仓库技术以及以互联网为核心的电子商务技术等。这些技术的应用，已经大大改变了物流的运作方式和运作效率，在汽车物流方面同样如此。

一、汽车物流电子商务技术在汽车物流中的应用

1. EDI 在汽车物流中的应用

EDI 即电子数据交换，是指按照同一规定的一套通用标准格式，通过信息网络传输，将信息在供需双方的计算机系统间进行交换和自动处理的一系列技术过程。20 世纪 90 年代初，EDI 开始应用于进出口贸易，目前已广泛应用在物流信息的传输和共享领域。EDI 的应用，减少了制造企业的库存量及生产待料时间，使分销零售业实现产、存、运、销一体化的管理，从而，加速资金周转，提高运营效率。西班牙巴塞罗那大众汽车物流中心，承担着为大众、奥迪、斯柯达、斯亚特等大众系列 4 个品牌的汽车配送零部件的任务，整个中心由进货区、加工区、出货区、全自动立体仓库以及先进的质量检测和电子数据交换监控系统构成，实现了汽车零部件物流的高效配送。

2. GPS 在汽车物流中的应用

GPS 系统具有定位精度高、报时准确、全天候服务、不受地理条件限制、显示直观、易于与其他信息设备连接等优点，最适于现代汽车导航使用。近年来，随着用户设备即 GPS 接收机费用的大幅度下降，GPS 技术迅速在国外汽车生产、经营、管理中得到推广应用，并有普及的趋势。目前，我国已有数千家企业成功开发和正在销售 GPS 车载系统。由于物流系统的优化目的是减少库存直到零库存，运输体系借助 GPS 的应用，充分体现了未来宏观物流系统的发展趋势。

GPS 在物流领域主要用于货物运输系统中车辆的定位、跟踪和调度，通过 GPS 和计算机网络，企业可实时收集货物的动态信息。具体来说，GPS 在汽车物流运输中主要运用在以下几个方面：

1）车辆跟踪，可对重要车辆和货物进行跟踪运输。

2）出行路线的规划和导航，由驾驶员确定起点和终点，由计算机软件按照要求自动设计最佳行驶路线，包括最快的路线、最简单的路线、通过高速公路路段次数最少的路线等。

3）运能管理，充分利用运输工具的运能，尽量减少空车时间和空车距离，提高重车率，实现网络化的调度体系，使调度员能更准确、更科学地进行调度。

4）可靠性分析，汇报运输工具的运行状况，了解运输工具是否需要较大的修理，预先制订好修理计划，计算运输工具平均无差错时间，动态衡量该车的性能价格比。

3. 条码与自动识别技术在汽车物流中的应用

条码技术是在计算机应用中产生和发展起来的一种自动识别技术，条码技术提供了一种对物流过程中的物品进行标识和描述的方法。企业使用条码技术并借助 POS 系统、EDI 等技术，可随时了解有关产品在供应链上的位置，并即时做出反应。条码技术目前广泛应用于销售信息系统、库存系统、分货拣选系统、GPS 导航与跟踪系统中。尤其是随着物流配送的发展，条码技术的应用大大提高了作业效率。

由于汽车制造企业的产品和零配件品种繁多，无论是在生产过程中的物料流动，还是成品库库存的管理，人工识别物料的品种和计量物料的数量都是一件非常困难的事情，一些企业还建立了立体仓库，人工识别 1000 个以上的库位更是难上加难，使用条码识别功能可以大大提高工作效率和准确率，避免人为因素的影响，条码识别系统能够把物料的代码、批次号、库存地点有机地结合起来。

美国福特汽车公司每年向欧洲输入 150 万辆汽车，每辆都带有一个表明其型号、规格和总装厂的条码，取代了过去车辆在发货和转销过程中多达 11 次的人工记录出厂编号的烦琐工作。福特公司在比利时的 Saorlouis 工厂还把条码刻在车体底部的金属件上，通过装配线上的扫描装置可以对车辆自总装开始到发货出厂的全过程进行跟踪。作为福特汽车公司竞争对手的通用汽车公司，已经用条码来区分动力机各主要部件，如阀门、汽化器等。这些部件可组成 1550 万种不同型号的动力机，但通用公司只需要其中的 438 种，通过向计算机输入条码，可以避免出现那些无用的机型结构。很多国家都在自动生产线上采用了条码技术，用来提高生产过程的效率和准确性。

4. 射频识别技术在汽车物流中的应用

射频识别（Radio Frequency Identification，RFID）技术是无线电技术在自动识别领域的应用，它是一种非接触式的自动识别技术，可在各种恶劣环境下工作，被认为将最终取代现今应用非常广泛的条形码，成为物品标识的最有效方式。其优点是：

1）数据读取方便快捷，读取无须光源，甚至可透过外包装进行。

2）识别速度快，标签一进入磁场，解读器就可即时读取其中的信息，并能同时处理多个标签，实现批量识别。

3）有效识别距离大，有源电子标签的有效识别距离可达 30m 以上。

4）数据容量大，RFID 标签可根据用户的需要扩充到数 Mb。

5）应用范围广，使用寿命长，可应用于粉尘、油污等高污染环境和放射性环境，而且其封闭式包装使其寿命大大超过印刷的条码。

6）更好的安全性，可以嵌入或附着在不同形状、类型的产品上，且可为标签数据的读写设置密码保护。

7）标签与解读器能进行动态实时通信，只要 RFID 标签所附着的物体出现在解读器的有效识别范围内，就可以对其位置进行动态的追踪和监控。

虽然 RFID 技术的用途非常广泛，但是供应链与物流管理被认为是 RFID 技术最大的舞台。信息的准确性和及时性是供应链与物流管理的关键，要想提高供应链管理的效益，必须使链上的成员及时获得各业务环节的运行信息。而 RFID 技术可以实现从商品设计、原材料采购、半成品与产成品的生产、运输、仓储、配送，一直到销售，甚至退货处理和售后服务等所有的供应链上的环节进行实时监控，随时准确地获得例如生产商、生产时间、地点、颜色、尺寸、数量、到达地、接收者等产品相关信息，较好地满足供应链对信息获取和处理的需求，极大地提高自动化程度，大幅降低差错率，显著提高供应链的透明度和管理效率。

RFID 技术的应用对于汽车物流领域能大大加快企业信息化进程，不仅能为第三方物流企业和整车生产企业带来效益，它还使整个汽车供应链克服了传统供应链对市场需求变化响应迟钝、生产周期长、库存积压等问题。近几年，全球电子标签总销量以年均 25% 的速度快速增长，而物流和供应链的市场将占到整个 RFID 收发器市场的 50% 以上。RFID 不仅仅是一种技术，还是一种高效的管理方式，一种对管理精细化的思考。

第三方汽车物流要运用 RFID 技术来提高物流效率，必须将 RFID 技术与信息技术、计算机网络与其他技术集成，构建现代化物流信息管理系统，才能实现对物流全过程的信息管理，提高物流管理的自动化和信息化水平。RFID 技术在汽车物流中的应用，主要涉及零部件的采购、生产装配、整车销售以及售后备件储运与维修等。

5. 自动化立体仓库在汽车物流中的应用

自动化立体仓库是采用高层货架储存货物，用起重、装卸、运输机械设备进行货物出库和入库作业的仓储设备系统。1980 年，我国第一座自行研制的自动化立体仓库开始投入使用。据不完全统计，到 2017 年我国已建成的立体仓库有 1300 座左右，其中全自动的立体仓库有 500 多座，分布在汽车、化工、电子、烟草等行业。

自动化立体仓库系统是由库存移动管理系统、出入库系统、管理与监控系统三个系统构成，由巷道式堆垛机、高层立体货架、地面搬运机械设备等硬件设备，以及监控系统和计算机管理系统等组成。通常情况下，一般的仓库作为货物储存的区域，存储功能是其唯一的功能。随着科技的不断发展，先进的技术手段在自动化仓库中及时得以应用，实现了信息自动采集、物品自动分拣、自动输送、自动存取，库存控制实现了智能化，自动导引车得到广泛应用，大大提高了仓储作业效率，一座大型自动化立体仓库每小时可完成 500~800 次出入库作业，使得立体仓库成为物流企业运营中的重要组成部分。

立体化仓库技术的发展，其优点在于：

1）能够及时并准确地完成出入库流程，大大地降低了工人的劳动强度，有效地节省了物流管理中人力资源的成本。

2）在货物的存储中，自动化的立体仓库还能够实现仓储货物储存的安全性，减少货物的损坏，做到及时监控和查询，并实时更新仓储物品的相关信息。

6. 车联网在汽车物流中的应用

被誉为世界信息产业第三次浪潮的物联网（Internet of Things）技术，是指基于互联网，使用各种信息传感设备把所有物品与互联网连接起来，形成一个巨大的网络以实现物品的智能化识别和管理，其目的是通过互联网可以监控所有联网的物品。作为物联网与智能汽车技术相互融合形成的新型技术，车联网是指运用安装在车辆上的传感器感知收集车辆、道路及周边环境信息，并通过无线通信实现车与车、车与路、车与人、车与互联网信息交换与共享的信息交互网络。换句话说，车联网可以看作是物联网把"物"的概念具体到了车、路、人。

智能物流的最终目的是更加快速、安全、准确地运送物品到达目的地。所谓智能，实际上是指一个动态的控制反应过程，它会根据实时采集的信息及时做出判断和控制。物品运输是智能物流中的关键环节，既要保证物流车辆安全准时的抵达，又要保证途中运输物品的安全完整。在物流运输中引入先进的车联网技术可以实现智能物流的目的。车联网的基础主要包括车内传感器网络（车内网）、车际传感器网络（车际网）和车载无线通信网络。车内网是指安装在车身以及运输物品上的传感器所形成的无线网络。车际网是指车与车、车与路所形成的无线传感网络。车载无线通信网络是车辆安装的3G/4G通信设备，负责把车辆关键信息发送到公司服务器。

通过车联网，汽车物流企业可以实现对在途车辆的监控、货物跟踪及油耗管理等方面的综合全面管理。在运输过程中，物流车辆内安装各种传感器以及GPS定位终端等感知设备，采集运输途中的物流车辆状态信息和道路状态信息，并通过车际网与周边其他车辆交换信息，综合现阶段路况信息主动地预测潜在交通事故的发生，及时提醒驾驶员对可能出现的碰撞事故或者前方已经发生的交通事故做出正确反应，以实现行车安全。车辆还可以通过车际网与路边通信单元得到前方道路拥堵信息，驾驶员根据信息选择变更行驶路线的方式以避开前方拥堵道路，实现高效低耗的运输。物品在运输过程中安装传感器形成车内网，传感器收集物品自身状态信息并通过车内网发送给安装在驾驶室的状态分析设备。采集的物品状态信息还会通过无线互联网发送到物流控制中心，客户可以通过互联网查看货物在物流运输过程中的即时信息。

车联网及信息技术互联是智能交通发展的一大趋势，在汽车的车载服务系统应用中，欧美发达国家都在应用这些系统进行交通管理，例如美国主要应用在安全管理方面，欧洲主要应用在导航方面，日本则主要应用在动态交通信息方面。尽管目前我国在动静态交通管理、公共安全管理、公共服务以及物流等领域车联网技术已经有所应用，但是时间并不长，技术也并不成熟，有待进一步提升与完善。

7. 云物流在汽车物流中的应用

云物流是指基于大数据和云计算应用模式的智能物流系统平台服务，它是面向包括采

用直接配送模式、自营配送模式、第三方配送模式、第四方配送模式、共同配送模式等所有各种物流配送模式的各类物流企业、物流枢纽中心,以及各类综合型企业中的物流部门的一揽子物流完整解决方案。

云物流依靠大规模的云计算和大数据处理能力、经过优化的标准作业流程、灵活的各类物流业务覆盖、精确的物流各环节控制、智能的物流决策支持,以及深入的物流信息共享来完成物流行业的各环节所需要的信息化要求。

通过对物流行业和物流流程各方面的大数据需求分析,以及对现阶段国内汽车物流行业的信息化现状的把握,可以把云物流服务平台划分为三种类型,即云物流公共信息平台、云物流管理平台和云物流园区管理平台。这三个平台有适合各自的物流作用层面,云物流公共信息平台针对的是客户服务层,它拥有强大的物流信息全面检索、精准收集、及时获取、智能分析、网络存储、自动建档、远程传送等能力。云物流管理平台针对的是物流用户的操作作业层面,它可以大幅度地提高物流企业的工作效率、降低物流工作过程中的无效时间耗费、拓展出更大范围的物流业务领域。云物流园区管理平台针对的是物流决策管理层面,它可以帮助物流枢纽中心、物流园区等管理辖区内的入驻物流企业、部门和机构,帮助它们进行云物流的相关规划和布局。云物流服务平台能将海量的物流运单信息按地域、时间、类别、紧急程度等进行分类,然后指定物流配送公司发送给快递公司,最后送达收件人手中。

二、汽车物流电子商务技术在汽车物流中的应用案例

【案例 8-5】

条码技术在东风汽车物流管理解决方案中的应用

东风汽车股份有限公司一直重视信息化建设。他们为更好地发挥其自身优势,实现整车物流管理的信息化,实施了中软冠群的整车物流管理解决方案。其对解决方案提出的目标要求是:以条码为信息载体,实现整车仓储的自动化管理,提高管理效率,充分共享和跟踪车辆信息,以满足市场的快速变化对信息准确、及时的要求。

1. 方案总体结构

中软公司根据汽车行业物流管理的特点及东风汽车股份有限公司的目标要求,在 ES/1 Logistics 产品的强大物流管理系统基础之上,使用 ES/1 自身的开发平台,开发出整车物流管理解决方案。同时,该方案以整车仓储自动化管理、运输管理为中心,涵盖汽车的生产管理、库存管理、销售管理和财务管理,并可向 ES/1 Logistics 和 ES/1 Manufacturing 任意扩展,形成汽车行业供应链整体解决方案。通过全方位的条码扫描替代人工录入来管理所有仓库库存,实现根据规则自动建议入库位置、自动建议出库位置,达到最大化利用仓储空间和避免库区内倒车的管理效果,并通过库间倒车跟踪和长途运输跟踪来控制车辆运输时间,避免车辆损失,从而大大提高了汽车行业整车物流的管理水平,减少了庞大的管理费用。

该方案以生产管理为起点,采用适合汽车行业的重复生产模式来管理生产作业的进度计划,并通过此计划自动生成车型与底盘号的对应关系,而无须人工维护。此方案管理销售订单、运单、销售发票、应收账款,并可管理和控制在经销商仓库中的库存,保证

企业资金顺畅，避免财务风险。

2. 方案的功能和特点

1) 所有车辆采用条码管理，车辆入库和出库管理全部通过条码扫描实现。

2) 入库扫描后依据规则设定系统自动产生和打印入库建议单，司机完全依据入库建议单指定的库位入库，无须人工干预。

3) 入库建议自动根据设定库位优先级来寻找库位，保证车辆放置紧凑有序。

4) 出库根据先进先出的原则，系统自动根据车辆入库时间先后顺序给出所要出库车型的出库建议，司机根据出库建议按顺序领取车钥匙并提车。

5) 出库时扫描出库单条码和整车的条码，自动对应收货单位和所提车辆信息。

6) 运单管理可以跟踪每辆车的在途情况，以及检查车辆实际到达目的地和返回公司的日期是否符合系统计算出的日期要求。

7) 采用适合汽车行业的重复生产模式来管理生产作业进度计划，并通过此计划自动生成车型与底盘号的对应关系，无须人工维护。

8) 管理所有放在经销商仓库的整车库存，管理所有经销商和直接客户的销售信息，使企业对市场信息了如指掌，便于经营管理者做出正确及时的生产决策。

3. 方案带来的效益

1) 储运部门实现了仓库管理的电子化和自动化。车辆入库的放置库位和取车库位由系统自动提供，准确快速，大大提高了仓库管理的工作效率。同时仓库及其他各个部门可随时知道库存的准确情况。不仅如此，仓库通过销售数据和生产管理部门输入的作业计划，可协调销售与生产，提前进行倒车和新车准备工作的安排。这样不仅没有了对数据的重复整理，还做到了事前计划、事中控制和事后反馈。

2) 销售部门可以知道准确的仓库库存、近期的生产数量和库存中已在销售订单中售出但还未出货的数量。通过对库存的分析，便于销售部门进行销售工作的协调，对时间长、存货量大的车辆加强销售力度，对畅销的产品加大生产规模。

3) 生产部门实现生产订单的电子化管理。可以提前安排好生产计划，也可以随时更改生产计划，以及时反映销售与市场的变化情况。

第五节　国内汽车物流电子商务现状和对策

一、现状

随着汽车业竞争加剧，降价已是大势所趋。从汽车制造商的角度看，降低生产成本的要求就显得越来越迫切，而国内的整车厂商发展至今，在原材料、人力成本上已难有大的压缩空间，物流却是一个公认可以优化成本的环节。有数据显示，欧美汽车制造企业的物流成本占销售额的比例是8%左右，日本汽车厂商甚至可以达到5%，而我国汽车生产企业的物流成本普遍在15%以上。可见，我国汽车生产商从物流环节降低成本还有很大空间。据悉，上海大众一年的物流费用高达十几亿元，如果通过优化物流体系，它完

全可以将物流成本降至现在的 2/3 甚至 1/2 的水平。目前,汽车物流业已成为国内外汽车产业发展的热点,我国汽车物流成本占汽车工业总产值的 9.3% 左右。2017 年全国汽车物流产值达到 8500 多亿元,其中零部件物流规模约占 37.2%,整车物流规模约占 62.8%。

发达国家物流的发展水平体现在 IT 技术的集成性方面。发达国家的物流服务商已经能够将供应商、生产商、分销商、零售商、消费者、运输商以及仓储商等其他物流业务参与者通过一套集成的 IT 系统联系起来,以实现整个供应链效益的最大化。同时又可以根据客户的具体要求,开发符合客户运作要求的个性化、菜单式的物流软件服务包。据有关权威机构对美国物流业的统计与分析,以运输为主的物流企业年平均资产回报率为 8.3%(IRR),仓储为 7.1%,综合服务为 14.8%。

而在我国,大部分物流企业的 IRR 远低于美国水平。这说明了我国物流管理模式的落后,效率低下。尽管在 20 世纪 80 年代国内就出现了专业的汽车仓储和运输企业,可是发展至今,国内大部分汽车物流企业依旧侧重于整车物流,因为其较为落后的管理方式很难承担有几万种零配件的汽车一体化物流。而在国外,只要制造商把生产计划告诉物流商,物流商就会全权负责,不管中转还是运输,它的定位是全方位提供汽车物流方面的服务。这个服务将会从生产前零配件的分拨,到最后整车的配送,囊括汽车行业涉及的各个领域。长期以来,由于缺乏专业的零配件物流服务商,国内的汽车零部件供应企业只好建立自己的物流体系,使用自有或租用社会运输工具和仓库。这种小而全的物流体系建设,难免出现重复建设、浪费投资、资源利用率不足等现象。在信息数据处理方面,由于信息系统不够完善,库存管理成本较高。

针对全球汽车市场出现的三大挑战(汽车市场竞争加剧、消费者需求的多样化、市场环境的不可预测性增加),汽车制造企业迫切希望通过强化汽车物流管理来提升自身的竞争能力,它们期望将零配件物流业务,包括从入厂到售后、从运输到仓储整合在一起,优化物流流程、降低物流成本。

近几年,我国汽车企业按照其生产和市场的发展规律,形成了一个包括原材料供应、汽车零部件的加工、配套、整车装配、汽车销售和售后服务的供应链体系。随着制造业全球化,汽车企业对全球化的生产、采购、销售都非常重视,利用先进的互联网技术建立起虚拟公司的扩展供应链,以信息的形态及时反映物流活动和资金使用的状况,实现了物流、商流、信息流、资金流的集成和控制,提高了企业的效益。

近年来,在我国汽车行业中,电子商务物流得到了很大的发展。我国大型的汽车制造企业都相继成立了自己的物流管理部门,在企业中也形成了自己一套相对成熟的信息管理平台。整车物流、零部件物流、汽车备件物流、商用车物流等发展迅速。企业 ERP、CRM、SCM 系统、网络营销系统等对汽车企业的电子商务物流管理都有切实的提升和推动作用。同时,随着经营规范的第三方物流企业纷纷崛起,逐渐打破了汽车制造企业自营物流业务的落后模式,很多专业的汽车物流公司建立起来,为大中型汽车制造企业提供了范围更广、更专业的物流服务。

但是,与国外相比,我国汽车企业中电子商务物流还处于起步阶段,还存在一些问题,主要体现在以下几个方面:

1. 运作相对封闭，信息化的应用程度不高

影响我国汽车物流企业效率提升的重要因素是信息化应用程度不高，特别是汽车制造企业，处于自营产销供一体化的相对封闭的状态。汽车企业内部的信息化应用不完善，虽然企业在信息化建设方面投入较大，但是由于信息化平台不统一，导致了业务体系不兼容，资源配置不合理，限制了电子商务物流信息化的发展。企业之间的信息交换和数据共享由于缺乏统一的信息共享平台而影响了企业之间物流的发展。

2. 物流服务水平有限

长期以来，我国汽车物流是基于汽车运输、仓储和搬运业务发展而来的，主要考虑的是运输、仓储和搬运的价格最低，而忽略了物流的综合服务功能和持续发展能力。这使电子商务要求提供的高效低成本的现代物流服务功能不能得到很好的发挥，在信息的收集、加工、处理、运用、管理和决策分析中动力不足。

3. 企业物流管理制度不规范，管理效率较低

近年来，我国很多大中型汽车企业都成立了物流管理部门，作为汽车物流这个新兴的行业，起步晚，发展快，行业标准和管理规范还不完善。特别是一些大型国有企业，成立新的部门要面临着各种改革，包括人员的调配、资源的整合和规章制度的制定等，都需要很长的过渡时间。另外，还有很多新成立的第三方物流公司，由于没有统一的规范和标准，使很多汽车物流企业难以形成有效的社会服务网。

4. 物流人才相对匮乏

物流专业人才是实现物流现代化的重要保障，目前物流人才的短缺已成为大家的共识。汽车企业需要掌握现代物流管理理论和实践并具有良好英语能力的复合型人才。

汽车消费需求的强劲增长，带动了汽车产量的快速增长，而汽车市场的迅速扩容也拉动了汽车物流行业的迅速发展，为我国汽车物流行业的迅速崛起提供了前所未有的发展机遇。汽车产业高速的发展以及中国物流业及物流信息管理水平的落后，为汽车物流创造了很大的发展空间，而我国汽车物流行业的发展现状与企业期望之间的反差迫切需要提高汽车物流的信息化管理水平。

二、对策

1. 推进行业信息化

起步较晚的法国汽车产业近几年凭借提升行业信息化取得了极大成功。在法国，所有的人都能从行业信息网得到运货车准确到达的时间、位置甚至指令，这让运货和收货双方都赢得了宝贵的准备时间，通常在几小时内便把货物运送交割完毕。良好的信息系统大大提高了服务水平，赢得了客户普遍的尊敬与信赖。凭借物流信息化的迅速发展，法国汽车物流业在非常短的时间内提高了专业化程度，行业信息化在这一时期发挥了承前启后甚至中坚作用。我国汽车物流现状与法国很相似，都受一个潜力巨大的汽车市场（欧洲的和中国的）拉动，都具备发展汽车物流需要的强大交通基础（尤其是公路），发展汽车物流资源共享的过程中都受到行业标准滞后的困扰，信息化应用和普及程度都不

高，运用信息管理系统的能力相差无几，不妨用行业信息化来理顺汽车物流的发展思路。

发展汽车行业信息化对于实现电子商务的基本过程是：行业信息化→提高汽车物流标准化程度→促进物流发展进程，缩短与信息流、商流和资金流的操控差距→全面实现电子商务，因此尽快发展行业信息化将具有非同寻常的意义。谁占领电子商务这个汽车物流的制高点，就说明谁的管理模式最先进，实现交易时间最短、效率最高、成本最低、竞争力最强、效益最好。从我国汽车物流行业整体来看，加入WTO使中国与世界经济融为一体，与物流有关的政策趋向是开放程度加大，逐步和国际惯例接轨。发展汽车物流行业信息化，将会使我国汽车业在内部整合的同时，不断地以整体的力量与国际物流企业合作与竞争，有利于在实战中磨炼自己，增强竞争实力。

2. 培育第三方汽车物流企业

由于全球汽车产业同行业之间的竞争日趋激烈，美国佛罗里达州博卡拉顿（Boca Raton, Florida）的纽瑞斯物流公司（Neoris Logistics）在几年前推出"主动跟踪定位"（ActiveTrac）电子信息物流操作平台。"主动跟踪定位"是以电子商务信息平台为基础，进行全方位的物流操作平台。目前已经在全球多家汽车大产业集团的物流和供应链领域获得广泛使用。此举不仅大幅度提高了经济效益，明显降低了生产经营和管理成本，改善了客户服务，而且在供应链服务的全过程中进一步提高了产品的透明度和物资的周转率，避免了大规模库存和物资积压，把汽车产业在供应链过程中产生的成本降到最低限度。

对于我国目前汽车物流信息化发展中存在的问题，可以采取以下针对性措施加以解决：培育第三方物流企业发展的市场体制，提高汽车物流企业的信息化水平，积极培育市场，改变现有的传统经济体制，逐步使汽车物流产业从中国目前"大而全"和"小而全"的企业经营模式中分离出来，从而生长出大量专业化、信息化水平高的第三方物流企业。在培育市场体制、发展第三方物流企业的过程中，需逐步提高汽车物流领域中信息化技术与管理水平。要有效使用如客户反应（ECR）、车辆监控系统（包括GPS、GIS、DR等）、企业资源管理（ERP）等信息化技术手段。这些信息系统集中采用了信息采集、处理、交换、存储的各种通信技术，如条码、EDI、无线通信、数据库技术等，为供应链中各环节提供了集成的信息服务。

纵观国外以美国、德国和日本为代表的汽车产业发达国家，都是以第三方物流运作为主。以零部件供应为例，美国汽车制造企业的零部件供应主要采用物流外包模式，德国采用的是基于信息技术的第三方物流模式，而日本汽车则采用了以丰田汽车的循环取货和3C模型为主的精益物流模式。我国汽车企业的物流运作模式要在学习发达国家的成熟经验的基础上，根据一些本土特点做些调整。整车厂物流主要以参股形式加强对主要合作的第三方物流企业的控制。这是因为国内第三方物流企业的物流资源和物流能力往往停留在简单的点对点运输方面，还不能提供更到位的、更贴近整车厂生产节奏与需要的服务。

3. 促进汽车物流与电子商务的融合

如何开展信息化工作，使汽车物流活动与电子商务结合起来，是目前汽车物流信息化发展必须研究的问题。就现有的实际发展来看，有两种方式可以将二者结合：第一种是

由电子商务企业从事一定的汽车物流信息工作。如商务的信息查询与交易在网上完成，缩短交易的时间与空间，继而代其选择物流企业和物流方式，代其结算货款，如运费、保管费、保险费，代其进行单据的交付等，而物流业务则专由物流公司来做，即只进行保管、搬运、装卸、包装、加工、运输工作。第二种是由汽车物流企业从事电子商务，即信息查询、交易、货物送达都由物流企业完成。供应商将货物存入物流企业配送中心，由物流企业代为与买方在网上达成购销合同，待买方款到后由配送中心发货，并将货款支付给卖方。这样，将交易与物流有机结合在一起，简化了商务环节，并充当了买卖的中介。这两种方式如能实现，无疑将有效推动汽车物流和电子商务的结合与发展。

4. 制定相关的规范，提高物流管理水平

汽车企业需要提高物流管理水平，降低经营成本，提升市场竞争力。在企业中，要建立完善的规章制度，要提高物流服务质量，专业化、规范化、精细化的物流服务能提高客户的满意度，树立良好的企业形象，提高企业的信誉。企业还需要经常对员工进行培训，加强合作交流，提高员工自身的管理水平。

第九章 汽车企业的客户关系管理

第一节 客户关系管理概述

在当前日新月异的商业时代,越来越多的企业意识到:客户开始成为市场的主角,主宰着企业的命运,客户正在重塑商业模式并转变着企业的发展方向。因此,以客户为中心,赢得客户对企业的忠诚,便成为对企业生存发展而言最为重要的事情。而利用先进的信息技术手段对客户关系及客户相关业务的进行管理,进一步提高业务效率,实现市场、销售、服务的智能化,提高客户满意度,则已经成为汽车企业取得竞争优势的必需手段。

在 2004 年被评为全球五大最佳管理工具之一的客户关系管理(Customer Relationship Management,CRM),是为企业创造利润的最有价值的工具。它从 20 世纪 90 年代起在欧美兴起,并逐步被大多数国家的管理者所接受和认同。企业通过 CRM,将有可能提高 5% 的客户保留率,进而使利润提升 25%~85%。巨大的利润前景成为全球企业实施客户关系管理的最有效动力。如今在云计算、大数据和物联网等新技术的推动下,全球 CRM 市场正高速增长,逐渐形成一个价值数百亿美元的软件和服务大市场。

对汽车行业来说,CRM 更是有效降低成本,大幅度提升企业盈利水平和竞争能力的有效工具。美国汽车行业统计出来的数据可以很直观地说明这个问题:每个车主每隔 6 年就会买一部新车;每卖出 100 辆汽车,有 65 辆是经销商的老客户买走的;开发一个新客户的成本是留住一个老客户的 5~10 倍。这些数据充分体现了汽车行业实施 CRM 所能带来的巨大利润潜力。

一、客户关系管理的内涵

1. 定义

简单地说,客户关系管理是一种通过深入管理企业与客户之间的关系,选择、留住最有价值客户并将客户盈利率最大化的商业策略。

CRM 的内涵是指企业利用 IT 技术和互联网技术,通过向企业的销售、市场和服务等部门和人员提供全面、个性化的客户资料,有效管理与客户的长期良好关系,为其量身定制相应服务或产品，满足客户个性化的需求，并强化跟踪服务，实现对客户的整合营销，是以客户为核心的企业营销的技术实现和管理实现。CRM 的策略就是要为客户提供更完整且一致的售前、售中、售后服务的经验，使客户更乐意与企业形成互动，并达成交易。

管理大师格鲁厄姆（Graham）说："客户关系管理是企业处理其经营业务的一个态度、倾向、价值观。"世界知名的咨询公司 Gartner 对 CRM 的定义是："为企业提供全方位的客户视角，赋予企业更完善的客户交流能力，最大化客户的收益率。"美国著名的研究机构 Hurwitz Group 认为："CRM 的焦点是自动化，并改善与销售、市场营销、客户服务和支持等领域的客户关系有关的商业流程。CRM 既是一套原则制度，也是一套软件和技术。它的目标是缩减销售周期和销售成本、增加收入、寻找扩展业务所需的新的市场和渠道，以及提高客户的价值、满意度、盈利性和忠实度。CRM 应用软件将最佳的实践具体化并使用了先进的技术来协助各企业实现这些目标。CRM 在整个客户生命期中都以客户为中心，这意味着 CRM 应用软件将客户当作企业运作的核心。CRM 应用软件简化协调了各类业务功能（如销售、市场营销、服务和支持）的过程并将其注意力集中于满足客户的需要上。CRM 应用还将多种与客户交流的渠道，如面对面、电话接洽以及 Web 访问协调为一体，这样，企业就可以按客户的喜好使用适当的渠道与之进行交流。"CRM 战略与商业目标转换图如图 9-1 所示。

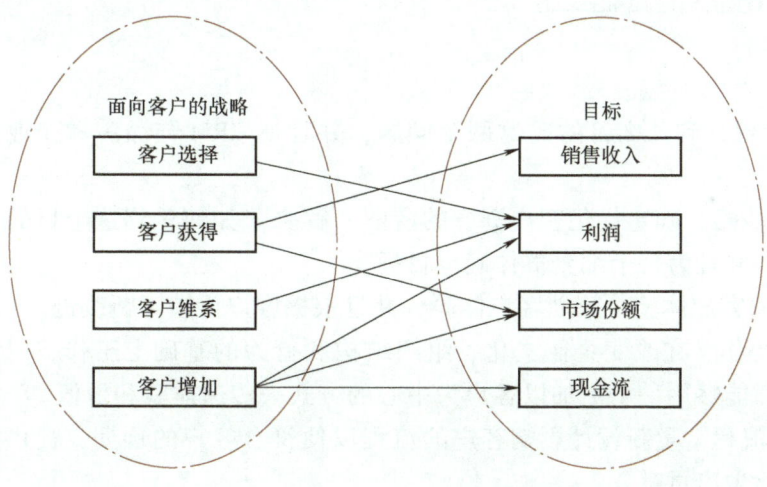

图 9-1　CRM 战略与商业目标转换图

CRM 结合了信息系统、营销管理和客户服务，以达成企业内部生产及管理上的完美统一，呈现给客户一个协调与一致的企业形象。CRM 从企业的宏观角度出发，又提供给企业一个完整的客户信息服务，更便于企业宏观调控以适合市场的需求。因此 CRM、ERP（企业资源规划）以及 SCM（供应链管理）并称为现代企业提高竞争力的三大法宝。

2. CRM 的八大基石

世界知名的咨询公司 Gartner 提出了 CRM 的八大基石，如图 9-2 所示。

（1）CRM 视角　根据组织的情况定义 CRM，确定领导者，解决"我们为什么要实施

```
┌─────────────────────────────────────────────────────────────┐
│          1. CRM视角：领导能力、市场定位、价值陈述           │
│    (CRM Vision: Leadership, Market Position, Value Proposition) │
├─────────────────────────────────────────────────────────────┤
│          2. CRM战略：目标、细分、有效的交互作用             │
│      (CRM Strategy: Objectives, Segments, Effective Interaction) │
├───────────────────────────────┬─────────────────────────────┤
│ 3. 有价值客户体验             │ 4. 组织协作 (Organization Collaboration) │
│ (Valued Customer Experience)  │ • 文化和结构 (Culture and Structure) │
│ • 理解要求 (Understand Requirements) │ • 客户理解 (Customer Understanding) │
│ • 监控期望 (Monitor Expectations) │ • 人员：技能、资历 (People: Skills, Competencies) │
│ • 满意—竞争 (Satisfaction vs. Competition) │ • 激励和补偿 (Incentives and Compensation) │
│ • 协作和反馈 (Collaboration and Feedback) │ • 员工沟通 (Employee Communications) │
│ • 客户沟通 (Customer Communication) │ • 合作伙伴和供应商 (Partners and Suppliers) │
├───────────────────────────────┴─────────────────────────────┤
│          5. CRM流程：客户生命周期、知识管理                 │
│    (CRM Processes: Customer Life Cycle, Knowledge Management) │
├─────────────────────────────────────────────────────────────┤
│          6. CRM信息：数据、分析，统一不同渠道的信息         │
│    (CRM Information: Data, Analysis, One View Across Channels) │
├─────────────────────────────────────────────────────────────┤
│          7. CRM技术：应用、体系结构、基础设施               │
│    (CRM Technology: Applications, Architecture, Infrastructure) │
├─────────────────────────────────────────────────────────────┤
│        8. CRM度量标准：价值、保持力、满意、忠诚、服务成本   │
│ (CRM Metrics: Value, Retention, Satisfaction, Loyalty, Cost to Serve) │
└─────────────────────────────────────────────────────────────┘
```

（资料来源：Gartner Research）

图 9-2　CRM 的八大基石

CRM""我们想要达到什么目的"这两个问题，并且把 CRM 与品牌和企业核心价值观结合起来。

（2）**CRM 战略**　确定优化客户资产的蓝图，解决"如何达到这个目的"的问题，把客户进行细分，并且为每个细分群体确定目标。

（3）**有价值客户体验**　策划客户体验，并且根据客户反馈不断改进。

（4）**组织协作**　在改变企业文化、组织结构和行为的基础上工作，以确保员工、合作伙伴和供应商能够用一个更加以客户为中心的方式去传递体验和价值。

（5）**CRM 流程**　重新设计影响客户的流程以便符合客户的预期，提供有竞争力的差异，为客户体验做出贡献。

（6）**CRM 信息**　把客户信息作为资产和内部"血液供应"，解决数据质量的问题。保证收集资料的正确性，保证正确的信息能够在适当的时间到达适当的与客户接触的人。

（7）**CRM 技术**　技术是非常重要的，但它只是为 CRM 系统的实现提供了技术可能性，CRM 真正的驱动力应来源于业务本身。要充分理解 CRM 的范围、对组织的 IT 体系结构和综合需求的影响。评估最适合企业的 CRM 应用方式和功能需求，并且逐步累积建立 CRM 的能力。

（8）**CRM 度量标准**　创建综合的、但是可操作的度量标准，并且将之传达给整个组织。创建可度量的目标，监控为达到目标而进行的活动，并且不断优化这一策略及其执行情况。

3. CRM 的本质是营销管理

很多媒体上介绍的 CRM 大多是 CRM 软件系统，突出其技术特性，使人们产生一种误解，认为只要把 CRM 系统像财务软件一样购买回来使用，就实现了客户关系管理。事实上，CRM 的本质是营销管理，是一种以客户为导向的企业营销管理的系统工程。

客户关系管理思想之所以出现，是因为欧美的企业领导者在市场竞争中发现，传统的以 4P（Product，Price，Place，Promotion）为核心、由市场部门主导的营销策略越来越难以实现企业的营销目标。他们需要一种能够在注重 4P 关键要素的同时，反映营销体系中各种交叉功能的组合，能够赢得客户的新的管理方法，而这正是客户关系管理的主旨。

随着信息技术的发展和全球竞争的加剧，尤其是产品与品牌在不断同质化的情况下，客户关系管理已经成为当前企业关键性的竞争工具和获取利润增长的工具。对 CRM 应用的重视来源于企业对客户长期管理的观念，这种观念认为客户是企业最重要的资产，并且企业的信息支持系统必须在给客户以信息自主权的要求下发展，成功的客户自主权将产生竞争优势并提高客户忠诚度，最终提高公司的利润率。运用客户关系管理，在一个市场规模相对不增长的背景下，可以有效地压制竞争对手，甚至打垮竞争对手。

无论是营销理论界，还是 IT 界，对客户关系管理的认识都在深化，客户关系管理的概念已经从企业和客户的关系，扩展到囊括企业和员工的关系、企业和合作伙伴的关系等。

4. CRM 的核心管理思想

CRM 的核心管理思想主要包括以下几个方面：

（1）**客户是企业生存发展的中心** 在人类社会从"产品"导向时代转变为"客户"导向时代的今天，客户的选择决定着一个企业的命运，因此，客户已经继有形资产（土地、设备、厂房、原材料、资金等）、无形资产（品牌、商标、专利、知识产权等）、人力资源、信息、知识之后成为当今企业最重要的资源之一。这是因为随着生产力的提高，企业越来越难以保持原有的在产品性能和质量上的差异，传统竞争优势逐渐趋弱，企业之间的竞争从基于产品的竞争转向基于客户资源的竞争，客户资源将替代技术与产品，成为企业最重要的资产。

美国著名的研究机构 Hurwitz Group 在一份白皮书中指出，"CRM 比 ERP 更进了几步，它可以帮助企业最大限度地利用其以客户为中心的资源（包括人员和资产）并将这些资源集中应用于客户和潜在客户身上。正如实施 ERP 可改善企业的效率一样，CRM 的目标是通过缩减销售周期和销售成本，通过寻求扩展业务所需的新市场和新渠道，并且通过改进客户价值、满意度、盈利能力以及客户的忠诚度来改善企业的有效性。通过将 ERP 与 CRM 组合为一体并建立一个闭合的系统，企业可以更有效地处理客户关系，处理的效率也更高，同时，该系统还能为企业在方兴未艾的关键领域，如电子商务方面，抓住新的商业机遇开辟新的道路。" CRM 系统中对客户信息的整合集中管理体现出将客户作为企业资源之一的管理思想。在很多行业中，完整的客户档案或数据库就是一个企业颇具价值的资产。

（2）**全面管理企业与客户之间的各种关系** 在商业交易中，企业与客户之间会发生

各种关系，既包括销售过程所发生的业务关系，也包括在企业营销及售后服务过程中发生的各种关系。对企业与客户之间可能发生的各种关系进行全面管理，能够显著提升企业营销能力、降低营销成本、控制营销过程中可能导致客户抱怨的各种行为、加强与客户之间的联系。

（3）进一步延伸企业供应链管理　ERP 系统是为了满足企业的供应链管理需求而被提出的，而 CRM 系统则可以看作 ERP 系统中销售管理的延伸。CRM 与 ERP 系统集成运行，能够真正解决企业供应链中的下游链管理，将客户、经销商、企业销售部整合到一起，实现企业对客户个性化需求的快速响应。

5. CRM 系统的主要提供商

提供 CRM 系统的厂商很多，产品也各有特色。典型代表有 Salesforce、Oracle、SAP、微软 Dynamics CRM、销售易、神州云动 CloudCC、百会、Xtools、SugarCRM、六度人和、用友等。当前 CRM 市场竞争态势有一个非常明显的特点，即 Salesforce 一枝独秀，不论在全球市场还是在我国国内市场，都远远领先其他竞争对手。

二、实施客户关系管理是提高汽车企业竞争力的有效手段

随着现代客户需求的进一步提高，实施"以客户为中心"的营销战略，已成为企业成败的分水岭。中国的汽车行业在 20 世纪末、21 世纪初的黄金时期，产品供不应求，订单排到几个月之后。然而，2004 年起，中国的汽车市场逐渐走出了暴利时代，进入买方市场的薄利时代。国内外车企纷纷逐鹿中国市场，竞争越来越激烈，新车型一个接一个，价格则一降再降。许多厂商的汽车销售数量虽然有所增加，但利润却下降了。由于新车销售利润越来越微薄，汽车行业的核心市场逐渐从产品转移到售后服务。购车需求是有限度的，而要争夺到更多市场份额与利润，就看谁先把握住客户。一个企业能否迅速制定和实施有效的 CRM 发展战略，将关系到企业的成败。

1. CRM 是汽车企业在"客户导向"时代不可或缺的系统和方法

如同众多行业一样，汽车业的发展也经历了三个阶段：产品导向、市场导向和客户导向。过去汽车企业以产品为导向，企业把主要精力放在扩大生产和满足社会需求上。但随着社会经济的发展，产品已供大于求，企业开始了市场导向时代。市场导向体现在市场细分和目标市场的客户群上，让企业换了一个视角去审视自己的生产。但现在，客户成了上帝，客户对企业产品的需求决定了企业未来的命运，企业要生存，必须生产客户需要的产品，这就是以"客户为导向"。市场导向与客户导向的主要区别在于：企业是否面对真实的客户？企业是否分辨出真正的客户？企业是否定位出有价值的客户？企业是否了解了变化的客户需求？目前国内还有相当一部分汽车厂商尚未真正进入以基于客户细分的客户价值和客户需求导向的阶段，还是在假定的目标客户群上做市场分析，在所有的客户群中进行客户关怀，在所有的潜在客户群上投放营销费用。

CRM 是一种"以客户为中心"的非常重要的系统和方法，能帮助企业留住已有的客户、发展新的客户、密切与客户的联系并了解他们的新需求，决定今后新产品的开发方向。

第九章　汽车企业的客户关系管理

2. CRM 有助于提高汽车的销售量

CRM 系统能对客户信息进行跟踪管理，促进客户与企业之间的交流互动，便于企业做出更及时的反应以最大限度地满足客户需求。

对于汽车这种价值较高的耐用消费品，消费者在决定购买之前通常都会进行详尽的信息搜集，这些潜在用户是实现厂家提升销售量的最直接也是最有诚意的对象，必须好好把握。有了 CRM 系统，企业可以与潜在用户利用各种媒介进行接触的同时，及时处理每天收到的大量纷繁杂乱的信息，从中识别、筛选出那些有诚意的潜在购买者，并对他们的个人资料进行详细的收集，了解他们的姓名、年龄、家庭状况、工作性质、收入水平、通信地址、个人喜好、购买习惯、生日等，有条理地记录下每次的详细联系情况，以供下次联系时参考。这样才能使每个潜在用户都有一种受到重视的感觉，并使厂家能更有针对性地对不同的潜在用户提供适当的购买建议，提高潜在用户的实际购买率。

CRM 还可以通过对各个客户的信息进行搜集、追踪和分析，为他们量身定做产品，把客户想要的产品和服务送到客户手中，这就是汽车营销中随着市场不断细化而最终出现大规模"定制"生产的汽车市场营销的精髓。

另外，企业还可通过 IT 和通信的渠道，把握客户手中产品的行驶里程、保养维修项目、车辆性能状况、使用情况、更换周期及产品零部件的更换情况。客户也可以通过 IT 和通信手段来反映对产品的投诉、要求及技术支持。即根据不同客户建立不同联系，并根据其特点和需求提供不同的服务和产品，从而真正做到"以客户为中心"，以最终赢得客户的"忠诚"。

3. CRM 能够提高售后服务满意度

有数据表明：68% 的客户流失是由于不良的客户服务造成的。每个公司都有客户在流失，但很多公司常常不知道失去的是哪些客户，什么时候失去的，也不知道为什么失去的。他们不为正在流失的客户感到担忧，反而依然按照传统做法极力招揽新客户。冷静地研究分析客户流失，对于企业挽救危机、健康成长具有十分重要的意义。

汽车行业是一个特别强调售后服务的行业，良好的售后服务可以确立汽车品牌在用户群中的良好口碑，一个不能提供良好售后服务的汽车厂家无法在业内立足。但是，向客户提供售后服务是一项非常庞大的系统工作，需要包括客服、索赔、技术、财务等企业内部各部门的协作来完成，因此提升客户售后服务的满意度绝非易事。在企业内部，纵向的职能型组织结构各部门之间存在着条块分割，各部门各自为政，造成信息共享的困难，其结果就是导致处理客户问题周期过长、效率低下。改变这种情况的治本方法就是从转变观念入手，以处理客户需求为标准来重新规划业务流程，并建设统一的管理信息系统来帮助各部门使用统一完整的客户及业务数据。但汽车行业的 CRM 运作有其特殊性，因为绝大部分在一线与（准）车主打交道的销售及售后服务工作还是由遍布全国的渠道商（4S 店、经销商及服务站）网络来完成的。因此，要利用 CRM 提升客户满意度，并非汽车生产厂家独自可以完成的，需要整个营销网络中各个商家的共同参与。

4. CRM 有助于加强汽车营销渠道管理

渠道对于汽车业来说，具有举足轻重的作用，因为汽车的销售及服务都不能离开渠

183

道。只有把渠道处理好了，实现生产厂家与渠道商之间的共赢，厂家的利益才能够真正得到保证。CRM 系统的建立和运用，将帮助汽车生产企业实时查看并监督渠道商的各类信息，渠道商也可以自主向厂家查阅所需的信息，最终把渠道也纳入生产企业的整体业务活动计划中来，真正实现对业务流程的端到端的全程管理，提升汽车生产企业的核心竞争力。

三、实施客户关系管理失败率较高的原因

客户关系管理是从经营理念、组织架构、客户战略、企业流程、信息化规划、绩效等各个方面对企业进行的变革，它直接影响到一个企业的经营运作。如何控制 CRM 项目的风险，提高 CRM 项目的成功率，是目前国内 IT 界和准备使用 CRM 系统的企业所面临的共同课题。

客户关系管理理念引入我国之后，不少国内企业逐步开始尝试实施客户关系管理。虽然不乏成效显著的案例，但仍然有相当的企业实施 CRM 后，却未能见到预期的效果或者根本无法推广使用。CRM 不仅在我国失败率较高，在国外也同样如此。英国咨询公司 Butler Group 调查发现，2002 年全球 CRM 项目失败率为 70%；经济学人集团旗下的经济分析智囊机构 Economist Intelligence Unit 调查结果显示，2007 年 CRM 项目的失败率是 56%；美国市场调研机构 Forrester Research 的调查结果显示，2009 年 CRM 项目的失败率是 47%。虽然成功率在逐渐上升，但失败的风险仍然较大。

看起来很好的客户关系管理不成功的原因到底在哪里呢？

1）以数据为导向而不是以客户为中心的客户关系管理理念导致了企业 CRM 实施的高失败率，严重影响了客户关系管理的发展与运用，给我国企业带来巨大的市场风险与高额的利润损失。许多高层管理者误认为，CRM 就是一项技术工作集成，甚至有些高层领导竟然将客户关系管理这一工作全权交给企业的技术部门。然而，事实并非如此，CRM 系统中技术并非问题的全部，如果没有适合企业自身特色的相应管理措施作为 CRM 系统设计、实施的配套，再好的技术也无法发挥作用，甚至可能带来意想不到的负面影响。

2）组织变革滞后，结构设置失衡。运行 CRM 离不开以客户为中心的组织体系，如果企业想和高价值的客户建立起更良好的关系，它首先就得重新审视自身与客户相关商务流程，从订单到售后服务的全过程。只有在企业流程及其组织结构根据客户需求已经进行了改组的情况下，客户关系管理的运行才有可能取得成功。同时，企业在变革之前应当评估现存各组织部门、产品以及管理结构的合理性，由于 CRM 主要影响的是面向客户的流程，许多管理人员因此并未认识到内部结构变革的必要性。

3）很多 CRM 软件企业缺乏实际的管理与营销经验，对客户业务流程不够熟悉，没有能力引导企业实施全面的客户关系管理。CRM 系统是通过客户资料库，让企业对客户的价值进行评估，区分高价值客户和一般客户，并对各类客户采取相应的营销策略，培养客户对企业的偏好，留住客户并以此提升企业业绩，它的目的是通过形成忠诚的客户，从而实现企业的发展。然而一些企业在购买 CRM 软件后，只用于简单的收集客户资料、管理客户资料、建立相应的数据库，而没有对客户的需求信息进行深度的分析和分类，

第九章 汽车企业的客户关系管理

缺乏对客户关系和消费者利益价值深层次开发与管理的体系与手段，没有能够通过客户关系管理真正地将客户变成企业的资源与财富。

4）客户参与较少，信息互动乏力。客户关系管理的真正任务就是通过与客户之间进行的积极对话了解客户，并根据对客户的了解，为其提供有针对性的产品和服务，从而在整体上提高客户对企业的满意度。客户关系管理必须建立一种企业与客户都积极参与的互动交流体系，而不仅仅是收集客户姓名、地址、生日、收入情况等个人信息。CRM要求企业重视客户的反馈，并及时做出反应，唯有如此，才能加强客户对企业的信心。但是，做到这一点并不容易，任何一种交流都必须是双向的，如果没有客户的参与，CRM都不知道该对什么做出反应。因而，在CRM运行过程中，企业必须想方设法促进客户的参与，没有客户的参与和支持，企业与客户之间的交流也就很难存在，CRM的成功也就无从谈起了。

四、提高客户关系管理成功率的策略

上文分析了客户关系管理失败的主要原因。那么，汽车企业在实施客户关系管理这样一个相当复杂的系统工程时，又需要注意哪些问题呢？

1. 取得企业高层管理者的重视与支持

高层管理者对CRM项目实施的重视、支持、理解与承诺是项目成功的关键因素之一。因为客户关系管理是企业经营理念转变的策略性计划，其导入必将会对企业传统的工作方式、部门架构、人员岗位、工作流程带来一定的变革和冲击，缺乏管理者的支持与承诺会给项目实施带来很大的负面影响，甚至可能使项目在启动时就已经举步维艰了。同时为配合客户关系管理推广的各种业务规范、业务流程，必须有好的管理制度加以配合，保证各项制度的顺利实施，这些都需要企业高层管理者予以大力支持。

要得到管理者的支持与承诺，需要管理者必须对项目有相当的参与程度，CRM系统实施所影响到的部门的高层领导应成为项目的发起人或发起的参与者。项目组成员则由企业内部成员和外部的实施伙伴共同组成。

2. 事先确立合理的客户关系管理项目实施目标

CRM是一种商业理念，强调企业必须对客户进行"长期关注"，而不是传统的"短期客户行为"，也就是说要以建立、发展及维护客户的长期合作关系为基本出发点。因此，CRM系统的实施必须有明确的远景规划和近期目标。企业在导入客户关系管理之前，要在考虑企业内部的现状和实际管理水平以及外部市场对企业的要求与挑战的基础上，事先拟定整体的客户关系管理蓝图规划，制定客户关系管理的预计短期、中期的商业效益。有了明确的规划和目标，然后再考虑这一目标是否符合企业的长远发展计划，是否已得到企业内部各层人员的认同。不可盲目追求大而全的系统，或听信CRM厂商的承诺。

3. 首先做好客户关系管理，其次才是CRM软件系统

由于宣传方面的误导，不少企业领导层甚至信息主管都认为进行客户关系管理就是上一套CRM软件，但这种观点是错误的。芬兰学者格罗鲁斯就曾经说过，IT常常从狭义角

185

度来讨论这个问题。客户关系管理的范围相当广泛，包含着客户管理、员工管理、合作伙伴管理，甚至还有品牌管理等内容。

其实，企业从事 CRM 实践是一个持续的过程，企业的 CRM 实践过程由一系列不同时期、不同阶段的活动构成，每个活动，不论大小，都是企业对客户问题的持续改进过程中的一部分。人、业务流程以及技术是 CRM 作为现代商业策略的三大支柱，缺一不可。客户关系管理以客户满意为中心，以 IT 技术为支撑工具。提升客户满意度不是仅仅一套 CRM 软件就能达成的，它只是实现目标的工具而已。

采用 CRM 系统是为了建立一套以客户为中心的销售服务体系，因此 CRM 系统的实施应当是以业务过程来驱动的。尽管客户关系管理方案以 IT 技术为主导，但它本身并不属于技术范畴，而是与企业管理、业务操作息息相关的经营管理理念。因此任何一套 CRM 系统在实施时，都要根据企业实际情况做一定程度上的修改与调整。通常业务部门应作为推广客户关系管理的牵头部门，而信息化部门则作为为辅助、技术把关的部门。不协调好二者之间的关系，就难以顺利实施 CRM 项目。

要把客户关系管理做好，需要依靠企业良好的制度体系。如果没有一个保证 CRM 顺利实施的制度，再好的软件也无法发挥应有的价值。客户关系管理的很多思想还是需要用传统的管理方法来实现，如制度、规范、流程、考核方法等。要教育培训员工，仅有 IT 技术是不够的。例如，体现客户关系管理思想的规范和制度的制定，考核方法的确立，企业人员对客户关系管理的认知、理解、参与，组织结构的调整等，都是依靠 IT 手段无法实现的，还需要借助于传统的"口传心授"的方式才能够实现。

事实上，很多企业迫切需要的首先是客户关系管理理念，其次才是 CRM 软件系统。也就是说，必须有客户关系管理作为基础，由客户关系管理理念引路，CRM 软件才会有出路。客户关系管理不仅仅是技术，如果企业的员工没有以客户为中心，再上好的软件也没有价值。

4. CRM 应用的基础是企业内部 ERP 系统

使用 IT 技术的 ERP 系统主要关注的是企业内部成本控制与工作效率，而应用 CRM 系统的目的主要是提升企业营销能力，改善销售绩效。CRM 系统可以看作 ERP 系统销售管理功能的延伸，CRM 系统与 ERP 系统的集成运行才能够真正解决企业供应链中的下游链管理问题，因此一般要求企业应在 ERP 实施成功之后再应用 CRM 系统。但由于 ERP 在我国企业的应用普及率不是很高，这会导致很多企业会先上 CRM 再考虑 ERP，可能的风险将是企业从网上接收众多订单而难以高效处理，甚至会造成业务的混乱。当然，仅仅实现销售自动化而不建立网上商店的 CRM 是可以独立运行的，否则应在 ERP 系统的基础上扩展应用 CRM 系统。

5. 客户关系管理的重心应该放在维系有价值客户上

并不是所有的客户都愿意和企业保持关系，而且也不是所有的客户都值得企业花费精力去维系。所以企业需要通过数据来分析，哪一类客户可以和企业保持一定关系，哪一类客户只是跟企业发生一次交易的关系，哪一类客户对企业来说是有价值的。按照国外的统计，汽车的生命周期是 6 年，一个车主每隔 6 年会换一部新车，但目前在我国，汽车

第九章　汽车企业的客户关系管理

的生命周期会稍微长一些。通用刚进我国的时候，主打产品别克走的是高端路线。但是几年后，通用公司调整了单一的市场产品结构，从 35 万的别克做到 10 万的赛欧，吸引中等收入阶层购买赛欧成为通用的客户，6 年之后当这些人事业有成之时，大部分还会是通用的客户，而他们已经拥有了购买高档车的实力。这种调整产品结构的灵感正是来自它的客户关系管理，来自它的数学统计，因为有数据表明：通用汽车公司每卖掉 100 辆汽车，其中 65 辆就是由老客户买走的。

客户关系管理的目的是提升客户满意度，客户满意再进一步，就形成了客户忠诚。满意的客户不一定是忠诚的，但是忠诚的客户一定是满意的。实际上企业追求的目标就是使满意的客户变成企业忠诚的客户。对服务比较满意的客户，重购率是 30%；而非常满意的客户，重购率可以达到 80%。满意度越高，企业与客户的关系越可靠，客户选择竞争对手的可能性就越小。企业就是通过赢得忠诚客户来为企业获得更大的盈利。

因此需要不断地强调：企业营销工作的注意力应该一直放在维系有价值客户上，也就是让客户从满意到忠诚，而不是把精力集中在吸引新客户上。

第二节　汽车企业 CRM 软件系统

从物理结构上说，客户关系管理软件是一套智能化的信息处理系统；从功能上说它是将企业的经营、管理导向"以客户为中心"的一套管理和决策方法。

一、客户关系管理系统的基本功能

CRM 系统的基本功能包括客户管理、营销管理、销售管理、员工管理、合作伙伴关系管理，还包括客户服务、知识管理、商业智能、电子商务、协同工作等。

1. 客户管理

这一功能模块主要是对客户基本信息的收集和处理，包括与此客户相关的基本活动和活动历史、联系人的选择、订单的输入和跟踪、建议书和销售合同的生成等。还包括潜在客户管理，如业务线索的记录、升级和分配，销售机会的升级和分配，潜在客户的跟踪等。

客户信息是企业的财富，通过对客户信息的分析和挖掘，可以深入了解客户的需求、发现客户交易的规律、发现价值客户的构成规律等。这些信息将对正确决策、提升业务有着重要的作用。

2. 营销管理

这一功能模块帮助企业对日常所开展的各种营销活动进行全面管理，能辅助企业快速有效地开展各式各样的市场活动，包括市场政策的制定和执行、市场宣传活动的组织和策划、竞争对手的调查和分析、公共关系的建立和维护、营销智能和营销分析等。

营销管理主要功能包括：产品和价格配置器；在进行营销活动（如广告、邮件、研讨会、网站、展览会等）时，能获得预先定制的信息支持；把营销活动与业务、客户、联系人建立关联；显示任务完成进度；提供类似公告板的功能，可张贴、查找、更新营

销资料，从而实现营销文件、分析报告等的共享；跟踪特定事件；安排新事件，如研讨会、会议等，并加入合同、客户和销售代表等信息；信函书写、批量邮件，并与合同、客户、联系人、业务等建立关联；邮件合并；生成标签和信封。

3. 销售管理

这一功能模块主要是对销售环节进行管理，帮助销售人员及时掌握销售信息。通过对这一模块的应用，能够缩短销售周期，降低销售成本。

销售管理主要功能包括：组织和浏览销售信息，如客户、业务描述、联系人、时间、销售阶段、业务额、可能结束时间等；产生各销售业务的阶段报告，并给出业务所处阶段、还需的时间、成功的可能性、历史销售状况评价等信息；对销售业务给出战术、策略上的支持；对地域（省市、邮编、地区、行业、相关客户、联系人等）进行维护；把销售员归入某一地域并授权；地域的重新设置；根据利润、领域、优先级、时间、状态等标准，用户可定制关于将要进行的活动、业务、客户、联系人、约会等方面的报告；提供类似 BBS 的功能，用户可把销售秘诀贴在系统上，还可以进行某一方面销售技能的查询；销售费用管理；销售佣金管理。

4. 员工管理

"人是生产力中最活跃的因素"，企业的效益与员工个人的工作效率息息相关。员工管理功能可以完全依照企业的实际组织情况，在系统中建立"虚拟企业"，设定企业的部门结构；录入、编辑企业各部门人员信息；根据企业中人员的职位设定相应的系统权限；根据人员的职务设定权限。通过对部门、员工、系统角色和权限的管理，将所有人员的业务工作置于完善有序的"虚拟企业"平台之中。在此基础之上，企业的决策者和部门主管可以通过对相关任务或工作进程的跟踪、统计和分析，及时了解企业的业务动态，评价业务进展的状况和员工的工作绩效，从而大大地提高了员工的工作效率。

5. 合作伙伴关系管理

合作伙伴关系管理主要功能包括：对公司数据库信息设置存取权限，合作伙伴通过标准的 Web 浏览器或计算机/手机客户端以密码登录的方式对客户信息、公司数据库、与渠道活动相关的文档进行存取和更新；合作伙伴可以方便地存取与销售渠道有关的销售机会信息；合作伙伴通过浏览器或计算机/手机客户端使用销售管理工具和销售机会管理工具，如销售方法、销售流程等，并使用预定义的和自定义的报告；产品和价格配置器。

6. 客户服务

客户服务主要功能包括：客户在线的支持服务响应；客户呼入呼出电话处理；用户抱怨登记和处理；呼叫中心运行管理；管理分析工具；通过传真、电话、电子邮件、打印机等自动进行资料发送等。

客户服务中心对汽车企业而言非常重要，利用客户服务中心与客户沟通，不仅可以完善企业与客户的关系，同时还可获得非常有价值的商业信息，能够帮助企业维护用户的忠诚度、产生新的商业机会、提高企业营业额和维护公司的形象。

7. 知识管理

知识管理的主要功能包括：在站点上显示个性化信息；把一些文件作为附件贴到联系

人、客户、事件概况等上；文档管理；对竞争对手的 Web 站点、公众号进行监测，如果发现变化的话，会向用户报告；根据用户定义的关键词对 Web 站点、公众号的变化进行监视。

8. 商业智能

商业智能的主要功能包括：预定义查询和报告；用户定制查询和报告；可看到查询和报告的 SQL 代码；以报告或图表形式查看潜在客户和业务可能带来的收入；通过预定义的图表工具进行潜在客户和业务的传递途径分析；将数据转移到第三方的预测和计划工具上；柱状图和饼图工具；系统运行状态显示器；能力预警等。

管理者决策水平的高低，决定了企业的竞争力。然而，要想做出科学、正确的决策，就离不开对历史和现实信息的分析。商业智能能够为企业管理者的分析决策提供支持。客户关系管理系统将企业的各种业务统一存储在业务信息数据库之中，为企业针对业务进展情况做定量分析打下了坚实的基础。

9. 电子商务

电子商务的主要功能包括：个性化界面、服务，网站内容管理，店面，订单和业务处理，销售空间拓展，客户自助服务，网站运行情况的分析和报告。

10. 协同工作

企业的销售、服务和市场等各部门的业务不是孤立的，而是在互动的过程中相互促进、共同提升。客户关系管理系统能够将销售、市场和服务业务进行整合，提供统一的操作平台，实现了业务信息的共享。客户关系管理系统的这一功能消除了市场、销售和服务各部门之间的信息孤岛，将三个部门紧密结合，形成一个有机的整体，从而提升了企业整体的运营效率。

二、汽车业 CRM 应用的四个层次

汽车业的 CRM 可以分为四个层次，每个层次又因为不同的角色分为多种特色的实践，即使是同一层次同一角色也会因为具体的企业环境和管理因素而体现出不同的 CRM 需求。

1. 基于呼叫中心的客户服务

出于热线、销售咨询和品牌关怀等方面的动机，大部分汽车厂商都建立了呼叫中心系统作为客户服务中心的热线，部分有实力的经销商也建立了呼叫中心系统。

这一层次更多地还是被动式的服务和主动关怀的尝试，其价值体现在节约成本、提高客户低层次的满意度上。

2. 客户信息管理与流程管理

客户信息管理的重点对于整车厂商、经销商和零部件商是不同的；对于汽车行业的客户信息档案的采集分析，在三个不同角色的体现也是不同的。整车厂商更多的是已购车的客户信息；经销商更多的是潜在客户和意向客户的信息管理；零部件厂商关注更多的是维修客户的信息。流程管理包括销售流程、服务流程和关怀流程。

在这一层次，很多整车制造商通过 ERP 系统和经销商管理系统（DMS）来进行部分客户信息管理和交易流程的管理，但也有部分厂商部署了专业的 CRM 系统来管理客户信息，同时部分厂商的经销商体系也建立了 CRM 系统，比较整体地管理起客户信息。零部件厂商也开始关注客户信息和流程，通过 CRM 战略实现客户导向。

3. 客户细分与客户价值、客户满意度与忠诚度

这一层次只有在第二层次完善和积累的基础上才有可能进行。因为对客户的细分和对细分之后的客户价值的定位，没有详细的客户信息和过程信息是不可能完成的。基于积累的真实有效的客户相关数据进行建模分析，细分客户群，并分辨客户细分群的不同价值，从而能够实现客户的差异化对待。

4. 企业价值链协同

在汽车行业的客户生命周期中，要经历汽车制造、新车经销商、汽车保养、二手车置换、汽车贷款、汽车保险、装潢装饰、燃料消耗、汽车维修、备品备件、汽车租赁等多项服务。而这些服务，又是由整个汽车价值链中的不同角色来分别承担的。要有效地管理客户的整个生命周期，就意味着整个汽车行业的价值链中的相关企业要建立企业协同体系，有效地共享资源和管理资源。在这一层次，需要整个汽车行业的自律和推动，目前暂时还没有此类实践的应用。

三、汽车企业 CRM 系统总体设计

1. 实施 CRM 的管理策略

从 CRM 的概念和内涵中可以看出，汽车企业实施 CRM 应从两方面入手：一是基于 CRM 理念的企业管理，二是 CRM 的技术和管理软件。汽车企业首先把 CRM 作为企业的管理策略来进行研究和咨询，会起到事半功倍的效果。而作为技术和管理软件的 CRM 系统，是个与企业的"个性"关系十分密切的产品，它必须通过与企业密切配合进行研究、开发，才会有好的应用成果。这是因为不同企业采集和存储的数据不同，因而对它的分析、建模处理和算法也不同，特别是决策支持部分更是与本企业内部的管理运作密切相关。因此企业应从自己的实际出发，除了选择使用一些通用的功能模块以外，还要补充一些特别的功能模块，以符合企业特殊的业务要求。

2. CRM 系统的体系结构设计

根据汽车企业的一般业务功能和流程，整个汽车企业 CRM 系统在结构上可以分为三个层次：界面层、功能层和支持层。其体系结构如图 9-3 所示。其中，界面层是 CRM 系统同客户进行交互、获取或输出信息的接口，它通过提供直观的、简便易用的界面，用户或客户可方便地提出要求，得到所需的信息。功能层由执行 CRM 基本功能的各个子系统构成，各子系统又包含若干业务，这些业务可构成业务层，业务层之间既有顺序的也有并列的。这些子系统包括销售管理子系统、市场管理子系统、支持与服务管理子系统。支持层是指 CRM 系统所用到的数据仓库平台、异物计算机与操作系统、网络与通信协议等，是保证整个 CRM 系统正常运作的基础。

第九章 汽车企业的客户关系管理

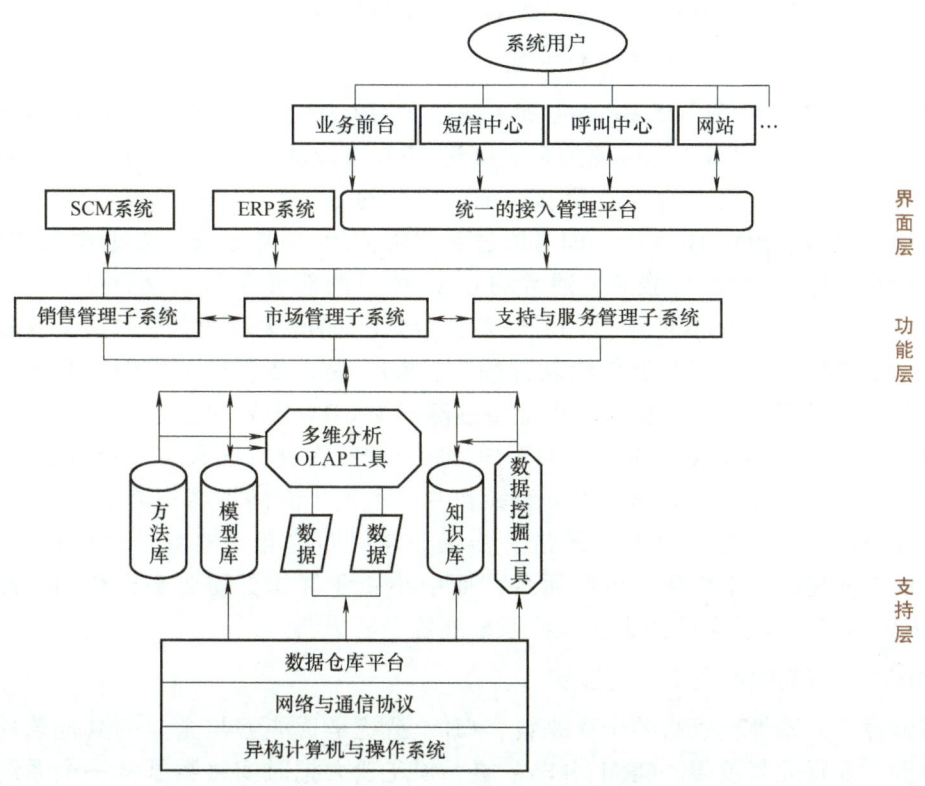

图 9-3 汽车企业 CRM 系统的体系结构

四、CRM 系统发展趋势

1. 移动 CRM 系统时代已经来临

智能手机和平板电脑等移动设备的发展，推动着移动 CRM 的火爆发展。因此，通过移动设备访问 CRM 系统将成为销售和服务团队的工作方式新常态，CRM 功能将更为丰富。并且，通过移动设备使用 CRM 系统将会极大地促进企业对外联系、与客户进行互动。因为，移动 CRM 系统具有传统 CRM 系统无法比拟的优越性，可使业务员摆脱时间和场所的局限，让公司各个层次人员随时随地与公司业务平台沟通，由此带来的企业管理效率的提高和企业效益的增长将是不可估量的。

2. 社交型 CRM 系统成社交新方式

最新研究显示：46% 的消费者使用社交媒体进行购买决定，并且手机媒体时间在 2015 年第一次超过计算机网络使用时间。

社交型 CRM 系统是在线 CRM 系统寻求与 SNS（专指社交网络服务，包括了社交软件和社交网站）等新的互联网交付模式融合的产物，将会更加贴近用户对应用和功能的需求，沟通更加便捷。先进的 CRM 系统借助互联网工具和平台，让企业与各种客户、渠道的关系发生了颠覆性变化。社交型 CRM 系统能够帮助企业最大限度地挖掘客户源的价值，还可实现沟通的及时性、便捷化，有力提高客户忠诚度和持久度。未来，移动 CRM

系统将成为企业社交主流方式,并进而影响企业主流服务。

3. 平台化产品和专业化服务将是主流

2015年起,基于云的SaaS CRM得到了快速发展的机会。SaaS(Software-as-a-Service)是指软件即服务。SaaS CRM提供商为企业搭建CRM系统所需要的所有网络基础设施及软件、硬件运作平台,并负责所有前期的实施、后期的维护等一系列服务,企业无须购买软硬件、建设机房、招聘IT人员,即可通过互联网使用CRM系统。企业根据实际需要,向SaaS CRM提供商租赁软件服务。通常的CRM项目的部署周期至少需要一两年甚至更久的时间,而SaaS模式的软件项目部署最多也不会超过90天,而且用户无须在软件许可证和硬件方面进行投资。相对于传统软件而言,SaaS模式在软件的升级、服务、数据安全传输等各个方面都有很大的优势,因此将逐渐成为CRM发展的趋势。

CRM系统的核心价值是提供优化的客户体验,只有在这方面具有一定竞争力的厂商,生产的平台化产品才够高度成熟,服务经验和专业水平才能满足客户需求。展望CRM系统行业高端市场,行业化解决方案的进一步细分是必然趋势。随着平台化技术的发展,高端市场的企业更需要个性化的定制服务。而中小企业群体更需要平台化的CRM系统,未来的CRM系统功能适应性会更强大,系统配置会更成熟。

4. CRM将与其他产品更好地整合

对实施客户关系管理战略的企业来说,CRM系统是否能够与企业的其他软件系统进行无缝贴合,显得尤其重要。CRM用户希望无须花费大把时间将数据从一个系统转移到另一个系统,这就要求CRM销售商将这些内部系统整合起来,使CRM与其他平台建立联系,从而更有效地利用数据资源和时间。不能够满足这样要求的CRM销售商将逐渐被市场淘汰。

5. CRM将与大数据更好地结合

在互联网时代,汽车企业的潜在客户能通过一系列渠道和工具与公司进行互动,在购买之前会留出更多的时间来慎重考虑。在最终购买汽车产品或者服务之前,客户会通过各种各样的方法去进行了解:阅读汽车媒体类网站上的网络评论,在视频网站观看产品展示视频,在社交媒体上询问产品推荐,在网站上与推销员进行沟通……

大数据是泛数据,其无穷的信息量要经过科学的、技能的剖析和获取,才能够得出公司想要的定论。通过挖掘市场上购买趋势的数据,将其与潜在的客户个性化活动配对,这些预测分析服务将致力于更好、更精确地找到特定销售机会,并且辨别如何更有效率地发展潜在客户。

当前市场上已经有一些大数据挖掘工具,借助其多渠道筛选报告,可以摸清这种网络购物情况。在未来有望看到这些客户锁定技术与CRM软件中的特定线索实现更紧密的配合。通过连接这种多渠道数据与特定线索,企业的销售团队将能够提供一个更加个性化的销售,而市场团队可以更好地预测在哪个方向进行投资以获取最上层的市场渠道资源,如邮件、社交媒体、搜索引擎等,利用这些渠道引导人群,使其变成潜在客户。

总体而言,未来的CRM系统发展将以专业化、平台化为主流,兼顾多元化管理模式,融合社交网络,结合大数据。"以客户为中心,创造良好的客户体验",永远是CRM系统

第九章 汽车企业的客户关系管理

厂商能够可持续发展的根本动力和竞争取胜的根本法宝。

第三节 基于CRM系统的客户沟通和服务

随着汽车业发展日趋成熟，汽车服务业逐渐被看作利润丰厚的蛋糕，因为汽车业的主要利润来源并不是整车销售，而是服务。售后服务的市场价值约占总利润的七成。据预计2020年全球汽车后市场规模将达到7230亿美元。美国是汽车后市场发展较为成熟的市场，新车销售利润只占行业利润的20%，零件占20%，后市场占60%。中国市场的数据尚远远落后于此，因此汽车服务市场存在着巨大的潜力。目前中国汽车保有量近2亿辆，汽车后市场规模或将超过万亿。

因此，抓住目前汽车服务市场尚未完全成熟的契机，在客户关系管理的理念指导下，在CRM系统的基础上做好客户沟通和服务工作，是汽车企业走出困境，长足发展的关键。

一、呼叫中心概述

1. 呼叫中心的含义及发展状况

呼叫中心（Call Center，CC）是客户关系管理系统的一个组成部分。呼叫中心又称客户服务中心（Customer Care Center，CCC），是一种综合信息服务系统。现代的呼叫中心集成通信和信息领域的多项最新技术，形成完整的综合信息服务系统，高效、高速地为用户提供多种服务。

用户接入呼叫中心后，就能收到呼叫中心的信息反馈，按照呼叫中心的提示，就能接入数据库，获得所需的信息服务；进行存储、转发、查询、交换等处理；还可以通过呼叫中心完成交易。对现代的呼叫中心来说，平均通话时长、通话质量监控、座席利用率、占用率、服务比率、电话转接率、非实时业务处理转接率等都是企业想要提升的指标所在。

在欧美发达国家，几乎各行各业都建立了服务客户的呼叫中心。在我国，呼叫中心的建设从20世纪末起进入一个高速发展的时期。截至2014年年底，中国呼叫中心企业近1700家，产业总座席数保守估计超过120万席，直接从业人数超过300万人，累计投资规模超过1150亿元。

呼叫中心技术的发展可以分为以下几个阶段：

（1）**第一代呼叫中心** 第一代呼叫中心最早出现在民航服务领域，用于接受旅客的机票预订业务。第一代呼叫中心的系统主要在早期用户级交换机（Private Branch Exchange，PBX）的基础上增加了电话排队功能，那时甚至不能称为呼叫中心，而称为热线电话，其全部服务由人工完成。

（2）**第二代呼叫中心** 第二代呼叫中心以交互式语音应答（Interactive Voice Response，IVR）系统的使用为标志。在IVR系统中，大部分常见问题可以交由系统设备通过语音播放、DTMF（双音多频，电话机上面的数字按键所发出的频率）按键交互解决，可以大大减少人工业务的受理数量和人工座席的工作强度，同时可以为客户提供7×

24小时全天候、不间断的服务。

（3）第三代呼叫中心　随着计算机技术的发展，计算机电话集成（Computer Telephony Integration，CTI）技术的诞生与应用，标志着第三代呼叫中心时代的开始。CTI技术实现了电话交换机系统与计算机系统的集成，即实现了语音与数据的同步。客户信息与资料采用数据库方式存储，座席代表可以在处理电话服务的同时从计算机系统中调取和修改客户信息数据，为客户提供个性化的服务。CTI技术的使用，推动了呼叫中心更大范围地使用。与此同时，呼叫中心中出现了专门用于电话录音的录音设备，对座席代表与客户的通话进行录音、存储和查询。

相比之前的呼叫中心系统，CTI技术的使用使呼叫中心大部分功能实现了自动化。从客户电话接入到最终问题的解决，整个过程被完整地记录了下来。

（4）第四代呼叫中心　前三代呼叫中心均是以电话为主要的服务渠道。在2000年，伴随着互联网及移动通信的发展与普及，电子邮件、互联网、手机短信等渠道接入呼叫中心，成为第四代呼叫中心。第四代呼叫中心也称为多媒体呼叫中心或联络中心（Contact Center），它相对传统呼叫中心来说接入渠道丰富，同时引入了多渠道接入与多渠道统一排队等概念。

（5）第五代呼叫中心　第五代呼叫中心的发展是在第四代多媒体呼叫中心的基础上，更多地融入了依托于互联网技术的媒体渠道与沟通渠道。例如，社交网络、社交媒体（如微博、微信等媒体渠道），依托于互联网的文本交谈、网上音频、网上视频等沟通渠道。

2. 呼叫中心的功能

呼叫中心能够在客户关系管理系统中发挥强有力的支持作用。它在前台为客户提供高级的交互式服务，从而为业界确定了新的客户服务满意标准；呼叫中心在服务方式上打破了时间、地域的限制，能够为客户提供24小时全天候不间断的服务；全面信息化的呼叫中心，不仅建立了消费者与企业之间的双向沟通通道，还有助于实现对企业资金流、信息流、物流各个环节的实时跟踪和全程管理，实时调度企业资源配置，最终将信息源转化成利润源。

现代的呼叫中心要逐步具备以下功能：

（1）咨询服务处理　在售前以及售后为消费者提供有关产品等信息的咨询服务。消费者可以通过电话连接到服务代表处获取帮助，也可通过系统提供的自动语音、网上服务系统获取信息。现代呼叫中心应能提供每周七天、每天24小时不间断的全天候服务，并允许在与客户联络时自由选择语音、IP电话/传真、电子/语音邮件、传真、文字信息、视频信息等通信方式。

（2）智能选择　在处理客户咨询、报修或投诉的过程中，随时记录客户的各种信息，并根据这些信息通过智能座席选择，对不同客户安排最合适的业务代表为其服务。

（3）投诉、维修处理　用语音引导接入的方式受理投诉与维修电话，直接生成投诉单或维修单，并转发到相应部门进行处理，再把处理意见通过呼出、语音信箱或打印信函方式反馈给消费者，并征求消费者对处理意见的满意程度，然后做相应的记录，以备企业有关部门参考。

（4）**回访服务处理**　按照一定的标准利用筛选功能选择回访目标消费者，然后派送给相关工作人员由其进行回访工作，并记录回访信息，作为企业未来产品设计与服务的参考。

（5）**决策信息支持**　呼叫中心对外向客户、对内与企业相联系，与整个企业管理、服务、调度、生产、维修结为一体。通过数据仓库分门别类储存从客户处获得的信息，为企业的再发展和决策提供依据。

（6）**内部管理**　通过知识库管理对企业的业务、信息、资料、政策等内容进行采集、审核、归档、发布，通过工作流系统实现包括咨询、投诉、业务申请、预约、外拨等在内的信息流转，从而使企业管理水平在客户业务处理、主动式服务、内部管理和整合服务渠道等多个方面得到全面优化。

3. 呼叫中心与电子商务的关系

（1）**呼叫中心是电子商务的润滑剂**　电子商务有别于一般商业活动之处在于：大多数情况下客户和企业是无法谋面的，因此网上购物者普遍感到缺乏传统方式所能提供的客户服务体验，无法像在商店购物中那样随时提问，因此更需要建立一个畅通的、与客户交流的双向通道，以便于了解客户需求、倾听客户意见、解决客户问题、宣传企业的产品和服务。如果不能快速方便地提供信息并帮助客户解决问题，企业和商业部门将面临购买者放弃网上交易或转向竞争对手的危险。因此电子商务的发展和完善离不开呼叫中心的支撑，因为任何商业活动最终都要以客户的认同和满意为结果，为客户提供优质的全方位服务是今后商家吸引并留住客户，迎接激烈的市场竞争的必要手段和强大的基础。

（2）**呼叫中心为网上交易引路**　将电子商务与呼叫中心集成在一起，能够为客户与公司业务的接触提供最大的灵活性。呼叫中心可以为客户提供一个获得最好服务的重要接触场所，客户能自由选用电话、电子邮件或互联网等不同的接入方式进入呼叫中心，以获得所需要的专门服务。日新月异的技术允许客户向业务部门发送电子邮件，并将其选送到专家业务代表，就像使用电话一样快捷方便；企业可以将网站通过互联网语音呼叫与呼叫中心连接，从而使客户和业务代表通过一条电话线路一起浏览网页并进行实时交谈。呼叫中心与电子商务这两者的结合，使公司能够最大限度地获得"覆盖"所有客户需求的能力。

4. 汽车行业呼叫中心的发展历程

不论是在发达国家还是在发展中国家，现在人们对汽车性能的要求越来越高。随着无线通信、互联网和 GPS 技术的发展，除了原有的安全、舒适、环保和服务等方面的要求，人们也开始要求汽车能够随时与呼叫中心通信，了解道路信息、获得导航、维修服务等。由此，如何通过信息技术与汽车技术相结合，向客户提供道路信息、防盗救护等专用服务，以及娱乐信息、商务信息、语音通信等各类增值服务已成为现代汽车企业的一个重要课题。

呼叫中心是一个非常成熟的产业，早在 20 世纪 40 年代就已经在欧美制造业和服务业中出现。在汽车行业中，更是有广泛的应用。例如，汽车远程信息服务的全球标杆企

业——美国通用公司的子公司 On Star 公司提供三大王牌服务：免提呼叫服务、导航位置服务和安全救援服务。客户车上装有无线通信装置，一旦有需求，可以直接向 On Star 发出服务请求。On Star 接受客户的请求后，以语音的方式向客户提供信息查询、维修、救护等服务。而且，车载的无线通信装置还通过汽车总线连接安全气囊、中央门锁、发动机、油路控制等汽车部件，以此监控汽车状态，如根据安全气囊的状态监视汽车事故的发生、进行开/关锁、断开发动机等操作。随车安装的卫星导航装置能够将车辆的位置信息传给 On Star，以提供导航服务。On Star 目前在北美有很大的市场，深受欢迎。

思科和惠普联手利用 IP 电话技术为美国汽车协会（American Automobile Association，AAA）应答服务中心安装了一套堪称完美的联络中心解决方案。该方案的运用能简化中心的操作流程，并提高对广大驾驶员的服务质量。通过两家公司的携手合作，联络中心解决方案得以成形并付诸营运，千百万汽车协会的成员也因此享受到各种定点服务。

从 20 世纪 90 年代开始，呼叫中心开始在我国兴起。由于呼叫中心投入巨大，所以最先导入这种服务的是那些实力雄厚而又特别重视客户服务的行业和企业，如银行、电信、家电行业的企业等。1998 年，我国汽车行业才开始出现呼叫中心，目前国内大部分的汽车企业都已经形成比较完备的呼叫服务系统。座席人数从十几人到几百人不等，可以提供全年 7×24 小时，实现全覆盖、不间断的客户服务，还可以实现短信、移动社交软件（如微信、QQ）、传真、电子邮件、网络、语音、甚至视频等多种媒体方式的交互。提供的服务类型包括业务咨询、业务受理、投诉、建议、客户回访、客户调查、营销推广等。除了放在生产厂家的集中式呼叫中心，2006 年起，部分汽车厂商领先在特约店导入了客户服务中心，以特约店为单位建立了规范的客服体制。一些重视服务的汽车企业更是乐意于对呼叫中心加大投入，使其标准化、规范化。2008 年年初，吉利汽车呼叫中心被信息产业部授予呼叫中心标准体系，即 CCCS 四星级认证中英文证书，从而正式成为我国汽车行业首家四星级呼叫中心。

2010 年 9 月，4PS（Strategy、People、Process、Platform、Performance）联络中心国际标准委员会向全球宣告正式成立，成为致力于联络互动与客户关系管理研究的国际标准化组织。2014 年 3 月，4PS 联络中心国际标准组织联合主流车企与汽车行业机构、媒体在京召开汽车行业全国 DCC（Dealer Call Center）运营标准体系发布会。此次全国汽车行业 DCC 运营标准体系的正式发布，标志着呼叫中心在汽车行业的应用翻开了崭新的一页。4PS 国际标准组织发布的 2013 全国客户联络中心产业发展白皮书显示，截至 2013 年，全国有呼叫中心 102 万座席，其中汽车行业约为 4 万座席。一线车企的总部呼叫中心平均每家为 200～500 座席，全国为 5000 座席左右。汽车行业共有经销商 4S 店上万家，分布在各个经销商与 4S 店的小规模 DCC 座席则有 35 000 座席。

5. 呼叫中心的发展趋势

信息和网络技术的发展以及社会需求影响了呼叫中心技术的发展，未来呼叫中心的发展方向主要有：

（1）**呼叫中心将成为一个"客户关系中心"** 过去，呼叫中心常被认为只是一种处理眼前问题的方法，这导致了以应对一个又一个客户当前问题为目的的短视策略——而不是适应客户的需求。未来，呼叫中心将作为"关系中心"而成为商业战略中的一个重要

第九章 汽车企业的客户关系管理

组成部分。

呼叫中心座席是在电话机另一端与客户沟通的一群人，他们知道客户真正想要的是什么，因此可以自信地为企业出谋划策。客户服务应该是业务发展每一个阶段中的一部分，它可以为销售和市场营销提供重复购买者和倡导者，以及产品管理和发展上必不可少的数据。

（2）客户服务座席将成为多面手和专家 随着呼叫中心成为业务中越来越重要的一部分，在那里工作的人也是如此。他们需要提升自己的技能来满足未来客户的需求和期望。另外，随着"自助"的兴起和社交网络，客户只有在遇到最复杂的问题时才会联络呼叫中心。座席需要准备解决具有挑战性的问题，应该具备分析情况查明到底是哪里出了错的能力。

因此毫无疑问，未来客户服务座席所需要的平均技能范围将扩大。除了优秀的沟通技巧，他们还需要分析和解决问题的能力，在某些情况下项目管理的能力。他们需要经过技术培训，以了解产品或服务的细节。除了所有这些，客服人员还需要能够适应变化的技术，从成为在每一个新的应用程序和社交网络中的专家到具备利用他们 CRM 客户数据的能力。

（3）呼叫路由系统会发现"完美匹配" 随着 CRM 和工作流管理系统的发展，一个复杂的匹配过程会出现在每一次客户的电话处理过程中，以确保每一个问题都是由正确的专家来解决的。当前，智能呼叫路由已经在使用中，未来它将继续发展——以最快的速度找到最合适的专业座席匹配客户的需求。也许在不远的将来，企业将开始在网上发布它们座席的在线情况和能力介绍，以便客户可以选择他们需要的、最适合的座席并直接呼叫他们，就如同医院的专家就诊一样。

（4）客户服务将成为关键的差异 用户体验正在成为越来越重要的竞争差异。随着产品竞争优势的持续下降，企业不能再仅仅依靠产品而保持竞争领先，难以捉摸的"体验"将变得更加重要。再加上社交媒体的增长，客户服务已经从一个一对一的互动变成了一个公共对话圈。随着客户服务变得更加透明，企业不可能再把糟糕的客户服务隐藏在自家的大门之内；每一个业务都有一个在线的足迹，包括成功的和失败的。结果是企业将开始竞争，提供最好的客户服务——社交媒体上的口碑推荐将是最终的奖赏。

（5）移动应用成为主流 手机正变得越来越重要，是日常生活的一部分。通过电子邮件、即时聊天、社交媒体或语音电话等方式，越来越多的客户使用手机与企业进行联系。企业需要优化他们的移动功能，特别是要允许客户在他们的手机上可以进行多任务操作。例如，在阅读 FAQ 页面的同时与客户服务代表进行电话交谈。客户服务座席对移动性功能的需求跟客户一样是迫切的，能够访问移动 CRM 是弹性工作的关键因素。

（6）客户喜欢的渠道将会改变(或者再次改变) 随着消费者需求个性化覆盖到了服务领域，定制化的服务将越来越受到欢迎，服务渠道的定制化也势在必行。是否能够适应客户切换渠道，决定了呼叫中心的成功。如果企业想吸引年轻一代的话就更是如此，因为他们太善变了，从手机到平板电脑再到移动电脑，可以在几小时内发生。能够跟随这些渠道的切换，同时保持互动的同步是客户服务成功的关键。这不仅仅是跟上设备或渠道的变化，企业需要跟上技术本身的变化——新应用程序和社交网络同时快速发展。

（7）**语音生物识别技术将应用于安全问题**　随着语音生物识别技术的发展，收集客户独特的声纹可以解决安全身份验证问题。复制人类的声音比盗窃客户数据要难得多。语音生物识别技术测定记录复杂的人类声音，从嘴的形状大小到发音的张力。

（8）**远程工作和基于地理位置的服务将会增加**　随着基于云的 SaaS 模式 CRM 的崛起，将所有的座席固定在一个地方工作不再是必要的了，而且切换到远程工作会带来更多的好处。这种方法可以减少相关的呼叫中心运营成本，同时给员工以更大的灵活性。据预测，越来越多的虚拟呼叫中心可能会导致更多的基于位置的服务。

（9）**物联网将改变 CRM 的运作方式**　被称为计算的第三次浪潮——"物联网"可以改变世界运作的方式。随着越来越多的设备能够与其他设备或独立的人相连，它实现了世界上几乎所有的连接。

这可能为呼叫中心带来巨大的影响，使企业能够提供先发制人的主动服务。例如，如果一个病人的心脏监视器过热，设备会自动发送一个服务请求给负责的团队。在生活层面，当一部分部件需要更换时，汽车可以自诊断问题并通知厂家，客户只需要跟厂家确认好上门维修的时间。

这意味着态度的转变，消费者不是购买一个产品，而是购买一个产品及内置的客户服务。这时，服务价值将达到空前的高度。

二、利用呼叫中心提升沟通和服务水平

1. 把呼叫中心建成真正的客户接触中心

随着客户关系管理的发展，今天呼叫中心已经不再仅仅限于电话、传真等普通的通信交流，而是使用视频、Live Chat、网络等各种交互方式，而且更加关注客户在接触过程中的价值与状态管理。呼叫中心不再仅限于由一个集中或分散的座席通过电话系统进行呼入呼出，而是直接管理员工与客户的接触过程并形成价值反馈，也就是逐步把呼叫中心提升到客户接触中心的水平上来。从技术上讲，客户接触中心基于呼叫中心和 CRM 系统；而从业务角度而言，客户接触中心是保证企业进一步以客户需求为导向、真正做到客户需求至上的关键。

传统呼叫中心的运营，大部分是将电话呼入、呼出的队列依据座席代表的通话时间、频率或者服务质量等级等来自动分配，并没有对客户进行细分。而客户接触中心则是要将客户价值、客户优先级、客户等级等引进队列，根据客户价值的不同、客户等级的不同等进行优先级排列或算法自动调整，以确保最大价值的客户能够分配到最优资源的服务。甚至，更细致的要根据时间、地域不同，将客户细分为不同区域、不同时区、不同语种、不同风俗等的细类，每一类客户的电话进来或者对该类客户的呼出电话会自动分配相对应的流程和规则，确保不同的客户享受到个性化、差异化服务。

在设计呼叫中心时需要注意的是：最好的服务不是自动化、机械化的，而是个性化、人性化的。很多呼叫中心使用了过多的自动语音服务，固然提高了效率，降低了成本，但却给客户带来了麻烦，耗费了时间。如果能让客户打电话进来第一声听到的人的声音而不是自动语音，会让客户充分感受到机械化的流程和人性化的服务的体验差别。而且，汽车经销商应该强调全员服务，也就是所有的销售顾问、服务顾问和客户服务顾问甚至

行政人员、财务人员和管理人员都是客户接触中心的参与者，按照不同的业务组别参与接触队列的自动分配、过程管理和呼出队列等。每一位员工都相当于呼叫中心的座席代表，分机都进入呼叫中心系统，在管理上组成一个客户接触中心。在应用过程中，可以直接通过电话录音、智能脚本、语音文本转换等技术，督导员工提高服务意识和服务质量，从而提高客户满意度。同时，也可以将客户接待、销售过程、售后回访、客户满意度调查等流程标准化、规范化，在呼叫中心 + CRM 系统中固化进去，有效地加强员工的销售和服务行为的标准化和规范化，提升客户满意度。

2. 不断改进服务，注重客户关怀

汽车厂商通常希望经销商能够以统一的流程、服务和形象面对客户，要达到这一标准，需要通过呼叫中心和 CRM 系统，设置标准流程和模板，对关键流程的控制点进行有效的绩效考核。

（1）**售前服务** 汽车是耐用消费品，单件商品成本高，消费者在决定购买之前通常都会进行详细的考察。如果假设用户购买汽车的整个过程为 6 个月的话，通常 5 个月左右的时间是用来分析、考察的，用户开始进入第一家销售店到最后购买汽车却只有 1 个月的时间。因此各大汽车厂家的呼叫中心经常都会受理大量的潜在用户的咨询，这些潜在用户是最有诚意的购买者。如果汽车经销商不能在前 5 个月就了解到用户的潜在购买意向，并与其保持一定的联系，那么最终的购买就很难得到控制。

汽车产品比普通消费品出货少得多，所以对客户的挖掘非常重要。每个与呼叫中心联系咨询的都可能是潜在客户，重点在于如何将潜在客户转化为真实客户，这就是售前服务需要达到的目的。另外，服务能否兑现也是决定汽车客户是否购买的重要因素之一，比如说汽车出现问题，能否得到快速维修服务？配件能否及时找到？这些都要求汽车企业了解客户所需。哪个企业能够对这些要求进行快速分析和满足，就可能让潜在客户成为这个品牌汽车的买家。

潜在用户会采用多种不同的联系方式来同厂家进行接触，如电话、电子邮件、网络、传真、短信等。厂家需要及时处理每天收到的大量纷繁杂乱的信息，从中识别、筛选出那些有诚意的潜在购买者，并对他们的个人资料做详细的收集（重复询问是不可接受的），有条理地记录每次的详细联系情况，以供下次联系时参考。这样才能使每个潜在用户都有一种受到重视的感觉，并使厂家能更有针对性地对不同的潜在用户提供适当的购买建议，提高潜在用户的实际购买率。

采用 CRM 系统，充分发挥呼叫中心的信息收集作用，能够使客户信息及其历史记录得到完整统一的维护，客服中心处理客户问题的流程得到规范，客服人员在 CRM 系统中对与客户沟通的全程进行管理的同时，可以随时查阅该客户的详细信息、历史记录，并在解决方案数据库的帮助下回答客户的问题，极大地提高对客户问题的处理速度和处理质量。

（2）**售后服务** 售后服务是整个营销体系中的重要组成部分，而 CRM 在售后服务中的应用往往比销售还明显。它通过先进的计算机数据通信技术达到信息的实时性、快速、准确地响应客户的需求，从而提高服务水平，增强客户的忠诚度。通观厂商开发的 CRM 软件，售后服务都是必不可少的基本功能。在 Oracle 的 CRM 产品中就有专门针对纠纷、

退货和订单跟踪、现场服务管理、记录发生过的问题及其解决方案的数据库、维修行为日程安排及调度、服务协议及合同,以及服务请求管理等功能。客户在购买了汽车后,更多的是上服务站,接触最多的是保养、维修、装潢,主机厂与服务站的联络也大大超过了与经销商的联络。而呼叫中心作为售后服务的重要载体和手段,在客户服务中起到了不可替代的作用。

(3) 全方位客户关怀　　在汽车产品的技术、价格、成本日益趋同的当代市场,服务已经成为未来行业竞争的主要手段。有调查显示:流失的客户62%是因为对服务不满,只有18%是因为技术的原因,所以服务对于培养忠诚客户来说是最重要的环节。

客户关怀发展的最初领域是服务行业。由于注重客户关怀可以明显地增强服务的效果,为企业带来更多的利益,客户关怀开始逐渐向实体产品销售领域扩展。客户关怀活动包含在客户从购买前、购买到购买后的客户体验的全部过程中,贯穿了市场营销的所有环节。客户关怀包括如下的方面:客户服务(包括向客户提供产品信息和服务建议等)、产品质量(应符合有关标准、适合客户使用、保证安全可靠)、服务质量(是指与企业接触的过程中客户的体验)、售后服务(包括售后的查询和投诉,以及维护和修理)。

根据调查,遇到问题后选择不投诉的客户有91%会流失,投诉过但问题没有得到解决的客户有81%会流失,投诉过但问题得到解决的有54%会成为长期客户,投诉后问题被迅速解决的客户有82%会成为长期客户。汽车企业使用CRM客户管理系统实施全方位客户关怀,利用呼叫中心聆听客户抱怨、吸取意见和建议、解决客户的问题,将有助于防止客户流失,提高客户满意度。

3. 以适当的外呼掌握主动

在我国,即使是那些规模较大、业务流程很成熟的呼叫中心,呼叫中心业务的单一性也还是很明显的,即绝大部分的业务都是呼入业务,呼叫中心一直在被动地为这些客户服务。这使得企业花费了大量人力、物力建立的呼叫中心总是在扮演着解答咨询、处理投诉这样一个角色,从根本上也决定了此类的呼叫中心是一个成本中心而非利润中心。

在大多数情况下,企业往往会使出浑身解数去细分目标市场,找出目标客户与其进行接触,主动出击,抓住商机。而当客户已经签约后,企业的注意力又转移到下一个新客户身上去了,通常只是被动地等待老客户的联系。但这是不够的,如果企业不能给这些客户足够的关怀,变被动服务为主动服务,客户很有可能会被竞争对手抢去。

客户关系资源是企业所拥有的最为宝贵的财富,而客户服务则是发展、维系和巩固这一关系最根本、最直接、最有效的手段。外呼服务是在主动服务、数据库营销的指导思想下,有计划、有针对性地与目标客户联系,通过呼叫中心与客户建立良好的沟通桥梁,了解用户情况、意见及需求,主动向客户宣传公司新政策、新优惠、推荐新业务,以达到保留客户及扩大客户需求的目的。

呼出业务所带来的经济效益是非常明显的,特别是在大型的呼叫中心,由于呼入电话的数量与排班人数的实际处理量始终会有一些差距,如果能将这些时段用来做呼出业务的话(某些系统可以根据话务量情况自动在呼出/呼入模式之间进行转换),对于提高劳动效率将有很大帮助,又可间接为企业节省了人力成本。

第九章　汽车企业的客户关系管理

4. 在客户满意和降低成本间找到平衡点

通常人们认为，客户呼叫中心是成本中心，但也有人认为呼叫中心是利润中心。但如果企业全员都参与到企业的客户接触中心去，企业的市场、销售和服务等都在接触中心中贯彻和执行以客户为中心的流程，都在利用呼叫中心的技术来获得客户创造价值，那么，似乎已经没有分辨呼叫中心是成本中心还是利润中心的必要了。

要把呼叫中心做好，让它能够为企业带来更多的利益，不外乎从两个方面着手：一是合理地运用呼叫中心，让它成为有效的工具来提升企业的管理效率和业绩；二是对成本进行控制。

提高管理效率和业绩，就要把更多的精力放在运营管理上，加强标准化，提升呼叫中心效率，保持通话率，提高话务量等。

降低成本不能以牺牲客户的满意度为代价，因此需要细致分析成本来源，思考有效地降低成本的措施。①要提升座席代表解决问题的能力，尽量使客户问题能在一通电话中得到有效解决。②根据为客户提供服务内容的不同、客户级别的不同等选择不同的服务方式，分流话量到低成本的渠道。③要形成对系统功能、流程定期优化的机制，合理设计知识库，方便查询，提高员工效率，降低成本。④交互式语音应答系统（IVR）设置要尽量简洁、明晰，以提升客户满意度和降低成本。

5. 利用社会化媒体进行客户关系管理

（1）利用社会化媒体进行客户关系管理的必要性

首先，社会化媒体已经成为网络的主流应用，大量消费者聚集于此，使企业很难忽视这样的一个意见集散地。

脸谱网（Facebook）早在2017年的第二季度就宣布月活跃用户数超过20亿，而地球总人口不过70亿而已。紧随其后的社交产品为Messenger、WhatsApp、Instagram、微信、QQ、新浪微博。即使是排在第七位的新浪微博，截至2018年3月，月活跃用户数也已达4.11亿。2017年，微信合并月活跃账户数超过10亿，直接带动信息消费2097亿元，自2014年以来年均增长超30%。

对企业来说，巨大的用户平台是一个抵达消费者的良机。社交媒体的本质在于关系，通过与消费者建立朋友式的粉丝关系，有助于加强双方的沟通。而社交媒体的互动特征，为企业提供了一个与消费者进行直接沟通对话的渠道，企业可以直接了解到消费者对于品牌的看法、他们的消费意向，与他们建立关系。另外，根据新浪公司、北京大学市场与媒介研究中心、第一象限公司联合发布的《新浪微博用户发展报告》显示，在消费的每个环节，用户都会有意利用微博来辅助决策。88%的微博用户认为，企业微博对他们有帮助。这种帮助体现在：了解产品信息，帮助消费决策；参加活动，得到奖品；获得服务信息，预定或购买服务。因此，如果企业缺席社交媒体，可能因此错失大量用户。同时，无法对品牌在社交媒体上的形象进行维护。

其次，传统的沟通方式正逐渐被社会化媒体所取代。

2016年开始的400电话实名认证，是电话呼叫业务大幅下滑的开端。在个人客户端，公众使用电话的频次正在快速下降，平均通话时长也大幅降低，越洋电话、长途电话、亲情电话几乎被微信、QQ音频、视频通话所取代，这种现象代表了电话时代正走向衰退，当然也敲响了以电话为主的呼叫中心的警钟，传统的呼叫中心会被颠覆。当用户碰到问题的时候，第一解决方案都不是拨打400电话，而是直接到网上寻找解决方案，或是到SNS（Social Networking Services，社交网络服务，包括了社交软件和社交网站）上吐槽，使品牌受到深度的负面影响。因此对企业来说，就不能再使用传统的狭义的呼叫中心来实现客户服务，而是要在互联网SNS上实现，必须有实时的工具在各个地方捕获这样的吐槽，给予实时的响应，这才是现代意义上的呼叫中心。

再次，公众号粉丝信息相对安全，与客户互动更加方便。

传统的呼叫中心系统是与CRM系统共生的体系。沉淀在CRM系统内的数据，通常是经年累月积累下来的。而社交媒体为CRM提供了新的数据渠道，如微博和微信公众号的粉丝数据库。公众号的封闭性决定了粉丝均是自愿关注的，而且还可以自主取消关注，粉丝数据不可能批量导入，粉丝信息也是有限度地公开，这就为公众号的信息安全上了保险锁。

在公众号诞生初期，很多企业就意识到了它的重要性，开始主动把客户往公众号引流，并充分运用公众号的媒体属性，定期或不定期给粉丝推送品牌、产品、服务、企业文化类的图文消息内容，取得了较好的效果。与以往运用呼叫中心给客户群发短信相比，公众号的信息量大很多，信息形式也多种多样，可以是文字、语音、图片、图文、视频等多种媒体形式。

但是，公众号的媒体属性决定了它的信息流几乎只能单向流动，即从企业端向粉丝端流动，粉丝端发起的互动请求很难在公众号平台实现，公众号接收到信息后没有提示，且不能永久保存。如果公众号与粉丝之间能方便地双向互动，并且互动信息能够被稳妥地保存下来，粉丝数据能够像CRM那样系统地管理起来，公众号就几乎可以完美取代呼叫中心了。

(2) 利用社会化媒体进行客户关系管理的特点

1) 消费者占据主导地位，企业不仅要关注消费者与企业的互动，还要注重消费者之间的互动。社交媒体绝大部分的用户群是消费者群体，他们利用社交媒体的主要目的在于结交朋友、获取信息、娱乐。在这一过程中，会产生大量不受企业控制的信息，这些信息中可能包含关于品牌的信息，因此，企业不仅要展开与消费者的互动，还要注意消费者之间的互动。加入消费者的舆论场，与他们展开真诚沟通，是企业利用社交媒体进行客户关系管理的一个做法。

2) 社交媒体强调消费者的参与。社交媒体是一个典型的UGC（User Generated Content），即用户生产内容的平台，用户的参与是社交媒体的生命。过去，消费者如果要参与到与企业的沟通中，只能通过客服电话、网站留言或经销店留言等手段，对品牌的参与程度有限。但在社交媒体上，品牌作为用户的朋友，邀请消费者对品牌的发展提出建议，加强与消费者的沟通，变得十分容易。社交网络的出现给品牌厂商一个好的途径去听取消费者反馈并和消费者交流。比起传统采样调查，品牌社交媒体可以做到样本更大而花费更低。

3) 社交媒体上主要的信息与品牌无关，与企业无关。社交媒体首先是一个用户进行社交、交换信息的空间，他们关注的是自己的生活、兴趣爱好。在这样一种情况下，企

第九章 汽车企业的客户关系管理

业与消费者的互动,不应简单地停留在企业、品牌及产品信息方面。传统的 CRM 主要的目的还是销售导向,但在社交媒体时代,关系才是第一位的,交易反而成为附属品,成为结果的一个必然部分。

4) 社交媒体具有开放透明的特点。利用社交媒体,消费者获得了自己的言论渠道,当质疑一切成为时代惯性的时候,企业唯有透明才能赢得消费者的信赖。所谓透明,就是要求企业的信息透明,企业必须开诚布公地向消费者传递自己的信息,真诚沟通,主动解答消费者的疑虑。

5) 利用社交媒体进行客户关系管理使接触用户的行为变得相对简单。利用关键词搜索、行业账号粉丝分析及举办线上活动等,品牌可以很方便地找到目标用户群体。用户利用社交媒体平台,充分表达自己的生活态度,企业据此可以更为深入地了解到用户的需求。在有些情况下,还有机会引发消费者的主动代言,利用消费者关系网提升品牌影响力。社交媒体的一大机制在于分享,如果用户的需求得到满足,并且觉得这些信息对其他人也有用,他们会乐于主动分享企业的信息。这种病毒扩散式的分享,将成为企业的免费广告。利用社会化媒体进行客户关系管理还有助于数据沉淀及时化。相比传统 CRM 漫长的数据收集过程和反馈,社会化媒体的 CRM 的数据都是实时的,品牌与用户可以在社会化媒体平台即时地发生对话与互动,企业可以根据实时交互内容进行数据沉淀。所有的 CRM 都是以人和数据为核心的,但社会化媒体的 CRM 在进行数据收集时,更能帮助企业实现以人为核心的多数据收集,对用户多账号数据进行沉淀与分析。

(3) 汽车企业利用社会化媒体进行客户关系管理的几点建议

1) 社会化媒体的客户关系处理应该与整个客户关系管理框架相协调,将社会化分享贯穿服务的每个环节,创造一种无缝的客户体验。简单地说,社交媒体客户关系管理是利用社会化渠道来进行带有社会化特点的客户关系处理,其系统框架既保留了传统客户关系管理的业务框架,又融合了社会化媒体的社会化特点。社会化渠道应该与传统渠道相互配合,在客户通过传统渠道与企业或经销商沟通的每一个阶段,社会化渠道都应该积极介入,将线下搬到线上,每一次线上转播,都可以成为更多用户了解汽车企业的机会。同时,每一次线上活动的展开,都应努力促使其实现线下转化。

2) 与消费者谈感情,同时给予他们利益。由企业利用社交媒体账号代表自己和经销商,与消费者进行情感沟通。经销商与汽车企业配合,向客户提供本地化的利益激励,多为受众提供一些有用的内容,再去销售产品。从策略上做到:①分享信息,让消费者成为"知情人";②帮助客户彼此交流,建立线上车主俱乐部,加强车主们的联系;③帮助客户获得他们想要的技能和知识,如驾车小贴士、汽车保养、贷款;④帮助客户完成生活目标;⑤为客户提供生活上的便利。经销商的利益激励可以包括提供试驾、车主培训、知识讲座、购车优惠等。表达方式方面:①发布精美的图片(研究发现进入人脑的信息 90% 是视觉信息),包括发布客户购车时开心场景的图片,既表达出企业对客户的感谢,同时也希望引起其他潜在客户或现有客户的情感共鸣;②发布更多本地化内容,这样更容易引起消费者的兴趣,这部分工作可能主要由经销商来完成;③将社交媒体作为一个问题处理平台,大胆转发客户或正面或负面的评论,给予真诚的回答;④进行社交媒体客户满意度调查,以有奖投票等方式,邀请客户参与企业的在线调查,查找不足。

3）利用社交媒体发展潜在客户。从确认一名潜在客户到发展成为企业的车主，需要经历潜客信息获取、信息验证、潜客培育及销售转化这一系列过程。社交媒体的开放性特征，使企业可以方便地利用关键字监听、竞争对手账户以及第三方汽车行业账号分析、意见领袖等渠道，寻找潜在客户。企业既可以用自己的内容吸引到这些潜在客户，也可以主动与他们进行沟通，吸引他们考虑我们的品牌。

4）利用社交媒体建立群组，加强车主之间的连接，为客户提供他们寻求的价值，提升客户的认同感和自豪感，加强潜客的销售转化，促使现车主继续使用企业和经销商提供的售后服务。

5）应该强化客户服务中心对社交媒体的使用，解决道路援助、客户投诉处理，以及客户问询等问题，我们可以利用微信这种移动程度高、覆盖率高，同时形式上具有一对一沟通特点的应用，实现更高的自助服务比例；可以实现客户服务的数据化，有利于加强管理和进行大数据分析。

6）对于二次购买车主，企业和经销商应该在车主购车时或者通过日后的沟通，掌握他们的社交媒体信息，这可以通过邀请车主关注企业的社交媒体账户得到一定优惠的形式获得。随后将车主的社交账户进行分组记录，随时关注他们的动态，如果发现他们存在配件或保养需求，主动进行沟通。在他们表达再次购车意愿时，一定要第一时间向他们传递新车的信息。

第四节　客户数据挖掘

汽车行业买方市场的形成加剧了企业资源重新整合的压力。在深入挖掘企业潜力、提高产品创新能力的同时，企业越来越关注的一个重要资源就是客户数据。"谁拥有客户，谁就拥有未来"，客户在企业生存、发展的进程中的地位是毋庸置疑的。

随着电子商务的开展，很多汽车企业在经过数年的积累后，已经拥有了大量的汽车生产、物流、销售、客户、服务等方面的数据，但是只有庞杂的信息，并不能真正为企业所用，如何把数据转化为知识，使业务人员（包括管理者）能够充分掌握、利用这些知识，并且辅助决策，就是数据挖掘主要解决的问题。目前，很多企业已经把企业网站、呼叫中心、社交媒体作为收集客户数据的重要机会，然后通过数据分析技术，获得有价值的知识，为企业决策提供强有力的支持。

一、数据挖掘与商业智能

从技术术语上说，数据挖掘（Data Mining，DM）特指源数据经过清洗和转换等成为适合于挖掘的数据集。数据挖掘在这种具有固定形式的数据集上完成知识的提炼，最后以合适的知识模式用于进一步分析决策工作。因此狭义的数据挖掘可以定义为：从资料库中萃取有效且有用的、前所未知的、可理解的信息，作为企业决策的依据。

而商业智能（Business Intelligence，BI）则包括数据报表、数据分析和数据挖掘三个层面。虽然目前大部分的企业在商业智能应用方面还仅限于使用数据报表，但未来越来越多的企业会进入数据分析与数据挖掘的领域。商业智能所带来的决策支持功能，会给这些企业带来越来越明显的效益。

从广义上来说,任何从数据库中挖掘信息的过程都叫作数据挖掘。因此从广义上看,数据挖掘就是商业智能,或者说商业智能以数据挖掘为核心。在这里,我们采用广义的数据挖掘概念。

数据挖掘往往也被称作KDD(Knowledge Discovery in Database),即在数据库中发现知识。数据挖掘技术在CRM系统中应用得比较多。CRM中的数据挖掘是指从大量的有关客户的数据中挖掘出隐含的、先前未知的、对企业决策有潜在价值的知识和规则。技术上,客户关系管理系统采用嵌入数据挖掘系统的方式,可以自动地产生一些所需要的信息。更进一步的,还需要企业有统计学、决策科学、计算机科学方面的专业人才制定出相应的挖掘规则以进一步发挥出挖掘系统的优势。

汽车数据挖掘技术能自动分析数据(包括互联网数据和CRM系统数据库),进行逻辑性的推理和分析,寻找潜在客户或者确定客户的购买意向性,从而帮助汽车企业决策者制定市场营销策略。

二、数据挖掘的作用

CRM能够帮助公司通过逐步优化来积累客户价值。而实现客户价值的首要前提是,企业必须深层理解客户及其行为。企业越理解客户,就能越好地与他们交流。而且,理解客户才能服务客户,才能从客户身上获得回报。国外IT分析机构的研究表明,公司利用CRM分析数据的能力,与公司提升客户忠诚的程度成正比。

目前,许多CRM厂商将标准查询、统计分析以及复杂的预测模型等分析技术融入CRM产品中,将数据挖掘技术应用到CRM功能模块中,从而为用户提供更准确、更有价值的决策支持方法和工具。所有这些产品都是来帮助销售、服务和营销部门更好地做出针对客户的决策。

数据挖掘在某种程度上与"决策支持"意义相近,可以帮助企业更加了解客户及其行为,拉近企业与客户之间的距离。从而进一步改善企业的营销与销售效率,降低营销与销售成本,提升客户满意度。具体来说,数据挖掘的作用主要体现在以下六个方面:

1. 正确处理现有的客户数据

基本上汽车企业在正式实施CRM系统之前,就已经存在了很多客户数据,而这些已有的客户数据对于客户信息的管理是非常重要的。对于这些数据,需要考虑其存储数据的媒介、数据升级的时间以及是否有为这些数据进行升级的清楚的流程。

2. 建立完善的数据收集与升级流程

客户情况是不断变化的,客户数据也因此需要不断升级和增补。数据的有效性是有期限的,在信息技术日趋发达的当今社会里,数据有效性的期限更加短暂。数据的收集与升级需要一个完善的流程,以确保数据升级的平稳性和有效性。

3. 客户接触点跟踪

数据挖掘对客户联系点/接触点(如呼叫中心、销售中心)客户行为的跟踪可以确保企业能够获得更多更翔实的资料,更好地了解客户的状况。

4. 客户价值细分

企业的客户对企业的利润贡献程度是不同的，也就是说，不是所有客户对企业来说都是有价值的，因此对客户进行细分是客户关系管理非常重要的前提。客户数据挖掘可以帮助企业从短期、长期以及客户生命周期的角度来审视客户对企业价值的大小。

5. 客户的需求分析

汽车企业要想优化客户价值，首先要知道客户需要什么。只有了解了客户，才能做到"想客户未来所想"，满足客户的需要，甚至能够做到引导客户未来的消费。对客户需求的研究，涉及很多方面的知识，不仅涉及管理知识，还涉及心理学方面的思想与方法，还需要通过先进的信息技术、数据分析技术（如数据挖掘、数据仓库等数据分析工具）来对数据加以分析，使其转化为有用的信息。因此商业智能对客户需求的分析将为企业带来主动优势。

6. 强大的分析能力

数据挖掘具有强大的分析能力。数据挖掘的方法有很多，主要包括关联分析（Correlation）、时序模式（Sequence Discovery）、分类（Classification）、聚类（Clustering）、偏差分析（Deviation）以及预测（Prediction）等，这些方法使用在客户数据纠正、客户行为预测分析、客户行为关联分析、客户行为序列分析、群体行为分析以及黄金客户分析等方面，应用到以客户为中心的企业决策分析及管理的不同领域和阶段。

三、数据挖掘的流程

1. 建立数据仓库

首先汇总整个企业不同产品、不同时期、不同信息系统（如财务软件、ERP、CRM、SCM）中的不同格式的数据，通过通用数据接口按规范进行采集、抽取、整合和转化，建立起总部的数据仓库。这个仓库，是所有智能分析的基础。

2. 数据抽样

从数据仓库内大量客户信息数据中抽取出相关的数据子集。通过对数据样本的精选，不仅能减少数据处理量，节省系统资源，而且能通过对数据的筛选，使数据更加具有规律性。

3. 数据探索

这一阶段对数据进行深入的调查，从样本数据集中找出规律和趋势，用聚类分析区分类别，最终找出多因素相互影响的关系，发现因素之间的相关性。

4. 数据调整

通过上述两个步骤的操作，对数据的状态和趋势有了进一步的了解后，尽可能对解决问题的要求进一步明确化、进一步量化，对数据结构和内容进行适当的调整。

5. 模型化

在问题进一步明确，数据结构和内容进一步调整的基础上建立模型。这一步是数据挖掘的核心环节，运用神经网络、决策树、数理统计、时间序列分析等方法来建立模型。

6. 评价

从上述过程中将会得出一系列的分析结果、模式和模型，多数情况会得出对目标问题多侧面的描述，然后可以通过丰富的图形和立体报表等灵活的形式给出报告。在预测模型的基础上对未来做出判断，发现问题，找出规律，预测将来。数据挖掘的流程如图9-4所示。

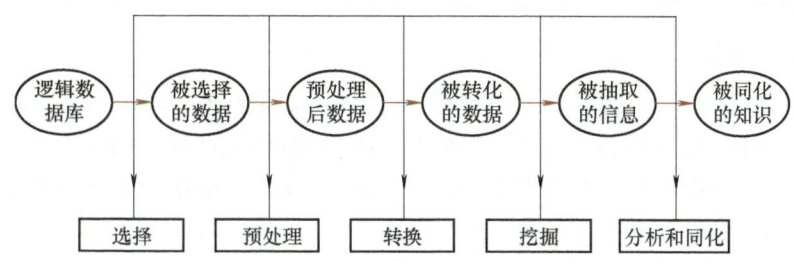

图9-4　数据挖掘的流程

四、CRM中数据挖掘的应用

对于汽车企业来说，客户的消费行为记录是一个巨大的信息源，通过运用适当数据挖掘技术，对这些信息进行加工、整理和提升，就可以形成对客户的"营销属性库"，并成为运营商在数据业务营销中独有的资源。未来汽车营销的手段和大数据的利用趋势就是汽车营销手段和大数据的分析一对一结合，也就是挖掘汽车消费者的特性，并为每一个人提供个人特色的销售体验，进而产生个人价值，与此同时汽车企业也可带来自身的销售利润。

"客户理解"有多种层次的表现，如对客户的自然属性（如性别、年龄、职业）、客户的行为属性（消费行为、使用渠道等）、客户的偏好（对具体业务的兴趣、对渠道的偏好等）等的理解就是属于不同层次的。通过数据挖掘加深"客户理解"，有助于企业实现精细化营销。

1. 客户细分

分类和聚类等挖掘方法可以把大量的客户分成不同的群体，同一群体中的客户对产品的需求以及交易心理等方面具有相似性，而不同群体间差异较大。通过客户细分，针对不同的细分群体推广不同的产品，有助于企业在营销中更加贴近客户需求。通过群体细分，汽车企业可以更好地理解客户，发现群体客户的行为规律。在行为分组完成后，还要进行客户理解、客户行为规律发现和客户组之间的交叉分析。

2. 发现有价值的客户

根据80/20原则，企业利润的大部分是由占小部分的重要客户带来的。由于这些有价值客户对企业具有重要的意义，因此重要客户发现在客户关系管理中具有举足轻重的作用。有价值客户发现主要包括：发现有价值的潜在客户，发现有更多消费需求的同一客户，发现更多使用的同一种产品或服务，以及保持客户的忠诚度。

挖掘汽车潜在客户是汽车企业比较关注的主题之一，在传统的汽车数据挖掘中，潜在汽车客户分析主要通过4S店展厅、来电询问、Web在线分析客户的行为等渠道进行挖掘。而随着大数据、互联网+时代的到来，汽车的潜在客户更多地存在于互联网营销中。同时，互联网大数据存在数据信息量庞大、结构复杂、营销定位不准等问题，这就给传统的挖掘潜在客户技术提出了新的要求。

使用客户数据挖掘，利用一些特别的指标来衡量客户的重要程度，将有利于企业有针对性地进行营销推广，降低营销成本，增加销售量。

3. 客户流失分析

利用数据挖掘技术，能够判断具有哪些特性的客户群体最容易流失，建立客户流失预测模型，从而帮助企业对有流失风险的客户提前采取相应的营销措施，最大限度地保持住老客户。数据挖掘技术中的决策树技术（Decision Tree）能够较好地应用在这一方面。

4. 交叉营销

商家与其客户之间的商业关系是不断发展的，企业应当通过与客户不断地相互接触和交流，使这种客户关系趋于完善。客户得到了更好、更贴切的服务，商家则因为增加了销售量而获利。

交叉营销是指企业向原有客户销售新的产品或服务的过程。它的好处在于：由于企业可以比较容易地得到客户以前购买行为的信息，而这些信息可能正包含着这个客户下一个购买行为的影响因素，甚至决定因素。这种策略成功的关键是要确保推销的产品是客户所感兴趣的，对企业来说，问题就在于如何发现这其中内在的微妙关系。

有几种数据挖掘方法都可以用来解决这个问题。例如，关联规则分析能够发现客户倾向于关联购买哪些商品；聚类分析能够发现对特定产品感兴趣的用户群；神经网络、回归等方法能够预测客户购买该新产品的可能性等。

数据挖掘技术应用在CRM系统中的时间并不很长，但是它所表现出的广阔应用前景令人瞩目。数据挖掘和客户关系管理相辅相成：数据挖掘使CRM的实用价值越来越高，而CRM的良好应用前景也进一步加快了数据挖掘技术的成熟和发展。汽车企业在CRM中有效利用数据挖掘，将可以从多个角度和层面对各种客户数据展开深层次的分析、处理，增强决策者的信息处理能力，拓展决策者的思维空间，延伸决策者的智力，增强决策的合理性、科学性及快速反应，提高公司的效益和效率，降低企业运营成本，增加利润，加速企业的发展。

参考文献

[1] 桂雁军. 我国汽车行业电子商务发展现状 [J]. 中国管理信息化，2014（24）：81-82.
[2] 邱宝华. 浅析电子商务对企业管理的影响 [J]. 中国电子商务，2013（21）：8-8.
[3] 张帆. 试论电子商务对国际贸易的影响及应用现状 [J]. 赤峰学院学报（自然科学版），2017（3）：104-106.
[4] 张雪，刘玉洁. 电子商务中的法律问题浅析 [J]. 中国电子商情（科技创新），2014（11）：51-51.
[5] 李婷婷，赵永永，黄昊，等. 浅谈ERP系统在企业质量管理方面的应用 [J]. 城市建设理论研究（电子版），2014（34）.
[6] 王瑞武. 浅议企业ERP的核心思想 [J]. 时代报告（学术版），2011（9）：7-7.
[7] 李翔晟，蒋淑霞. 汽车服务信息系统 [M]. 北京：中国林业出版社，2011.
[8] 王春红，杨平. ERP系统对企业管理的影响 [J]. 经济师，2016（12）：275-277.
[9] 王春梅，王铁媛，何平基. ERP环境下采购模块的内部控制研究 [J]. 中国管理信息化，2011（5）：2-3.
[10] 徐玉春. 中小企业ERP库存管理模块设计 [J]. 中国管理信息化，2015（10）：84-85.
[11] 李姗姗，李金平. ERP系统中财务管理模块作用的探讨 [J]. 财务与会计，2012（7）：52-53.
[12] 黄李梅. ERP在财务管理中的应用探究 [J]. 商，2013（24）：59-59.
[13] 王宇凡，梁工谦，张淑娟. 基于产品生命周期的制造业全质量管理系统研究 [J]. 制造业自动化，2011，33（7）：1-4.
[14] 藤军勇. 电商时代的传统汽车经销商. [J] 理财顾问，2015（11）.
[15] 刘懂，汪清淼，郑安文. 促进我国汽车网络营销健康发展的对策研究 [J]. 机械设计与制造，2015（5）.
[16] 李淼焱，刘文杰. 中国企业网络营销技术和策略的国际借鉴 [J]. 对外经贸实务，2013（5）：84-85.
[17] 李燕. 我国汽车网络营销发展研究 [J]. 价格月刊，2014（4）.
[18] 程弩. 论企业市场营销中的营销信息化理念 [J]. 全国商情，2016（6）.
[19] 孙雪. 我国汽车企业电子商务物流发展状况研究 [J]. 科技传播，2014（6）.
[20] 孙晋光. 车联网在汽车运输中的应用研究 [J]. 科技创新与应用，2016（35）.
[21] 陈晓宇. RFID技术在港口汽车物流中的应用研究 [J]. 科技展望，2015（23）.
[22] 王萍，胡祥卫. 汽车物流管理 [M]. 北京：北京理工大学出版社，2015.
[23] 贞元. 汽车电商该怎么做？看看TrueCar的案例 [EB/OL]. (2016-01-02). http：//www.sohu.com/a/51839036_115207.
[24] 199IT. Magna：2017年全球网络广告支出2090亿美元 [EB/OL]. (2017-12-19). http：//www.199it.com/archives/662684.html.
[25] 王思民. 2016年中国汽车后市场行业发展前景分析预测（EB/OL）. [2016-05-24]. 前瞻产业研究，https：//www.qianzhan.com/analyst/detail/220/160523-42be431a.html.
[26] 陆澜清. 2018年中国汽车租赁行业现状分析与前景预测（EB/OL）. 前瞻产业研究院，[2018-03-09]. https：//www.qianzhan.com/analyst/detail/220/180309-bcb8ea7e.html.
[27] 博远人才培训中心. 供应链如何应用工业大数据 [EB/OL]. (2017-10-13). http：//www.sohu.com/

a/197963995_100016100.

[28] 中国产业信息.2015—2016年中国汽车物流行业市场现状及发展趋势分析[EB/OL].[2016-02-03]. http：//www.chyxx.com/industry/201602/385651.html.

[29] 中国产业信息.2017年我国汽车物流市场行情动态及投资前景分析（图）[EB/OL].（2018-08-07）. http：//www.chyxx.com/industry/201808/665120.htm.

[30] 中国产业信息.2018年中国汽车物流行业发展现状及行业发展趋势分析【图】[EB/OL].（2018-06-12）. http：//www.chyxx.com/industry/201806/648840.html.

[31] 许建林.汽车企业如何利用社会化媒体进行客户关系管理[J].新闻世界，2014（2）.

[32] 李伟.汽车企业客户关系管理研究——以易车为例[J].现代经济信息，2014（16）.

[33] 刘世军.基于数据挖掘技术的汽车销售状态分析与应用[D].南京：东南大学，2016.

[34] 杜金房，张令考.FREESWITCH权威指南[M].北京：机械工业出版社，2014.

[35] 牛成.2017年中国CRM市场盘点和预测（EB/OL）.[2017-12-26］.https：//www.easemob.com/news/1107.